改訂版
イラストでわかる
給排水・衛生設備の技術

田ノ畑好幸 改訂監修

中井多喜雄 著

石田芳子 イラスト

学芸出版社

改訂にあたって

　建築物の構成要素として、一般的に「意匠」「構造」「設備」の三要素があげられます。いま建築設備とはどのように解説されているのでしょうか。ある辞書には、「建築物の機能を果たすために、建築物に備えつけられたもの」と解説されているように非常にわかりにくいものです。建築基準法では「建築物に設ける電気、ガス、給水、排水、換気、暖房、冷房、消火、排煙もしくは汚物処理の設備又は煙突、昇降機もしくは避雷針」と記載しています。しかし、一般的には、建築設備を要素別に「電気設備」「給排水衛生設備」「空気調和換気設備」「昇降機設備」「その他設備」と分類されています。この本はその設備要素の一つである**給排水衛生設備**に関し、初心者の方にも理解しやすく表現した解説書であります。

　私は、今回の改訂監修の依頼を受けた時、若いころに愛読していた『第3版建築設備ハンドブック』(朝倉書店)のことを思い出しました。とくに、その本の最初に書かれていた「初版の序」(故渡辺要、柳町政之助先生)の中の「建築設備」の役割と進むべき方向について書かれている一節であります。

　「眉目秀麗・容姿端正であっても心臓や肺、胃腸などの内臓器官に欠陥障害があれば最早や健全な人間とはいわれない。建物にとって建築設備はいわば人間の内臓のようなもので、建物における諸設備の占める位置の重要性については何人もこれを否定するものはないであろう…」。

　私はこの一節に感銘し、現在もその姿を目指した一人の建築設備エンジニアとして活動しています。ぜひ、建築設備を学ぼうとしておられる皆さんもこの一節を共有してほしいと思っています。とくにここで言う内臓器官すなわち「給排水衛生設備」は、安全な飲料水の提供、最適な下水処理、適切な衛生器具、安全なガス設備そして水資源の確保、水質の問題と近年非常に重要な機能・分野です。しかし、この分野の若手エンジニアが随分減少してきているのが現状であり、残念に思っています。この解説書を読まれた方々には、興味・関心を今まで以上に抱かれ、ぜひともこの分野のエンジニアを目指していただきたいと切に願ってやみません。また、建築に係る技術者もこの給排水衛生設備の基本を知っておくことが、これまで以上に重要であり必要となってくることでしょう。

　この本が出版され20年、法規制も大きく改訂され、各種の単位も国際基準に統一されてきました。また、新しい省エネルギー・省資源対応の機器・器具も誕生し、新技術は日進月歩進化してきています。そこで、この20年を一つの区切りとして、法規制の見直し・単位の見直し・新しい設備等をポイントに改訂をしました。まだまだ、至らないところもあるかと思いますが、読者の方々の一助としてお役に立てれば幸いでございます。

　最後に、この「給排水衛生設備とは何か」をわかりやすく解説されている素晴らしい本を書かれた中井多喜雄先生、並びにわかりやすいイラストを描いていただいた石田芳子先生に敬意を払うとともに、改訂監修にあたり快く御承諾いただき進めることができました。この場をお借りして厚く御礼申し上げます。

　2012年7月

田ノ畑好幸

初版へのまえがき

　近年における建築物の新設や更新はめざましいものがあり、とくにその高層化が進み、大都会では超高層建築物があいついで建設されるすうせいにあります。それに伴い建築物の諸設備の占める位置の重要性もきわめて顕著なものとなって参りました。建築物と建築設備は串の両輪のようなもので、両者は不即不離の仲であり、端的に言って両者は一体のものとならなければ、いわば建築物として機能しません。

　建築設備は、保健衛生上必要不可欠な**給排水衛生設備**（衛生設備）、環境衛生上重要な**空気調和設備**、各設備に必要な電力源や照明設備のための**電気設備**、熱源供給上必要な**ガス設備**、防災上必要な**消防設備**、ビル内の上下の移動に必要な**昇降機設備**に大別されますが、科学技術の発展の著しい現在、給排水衛生設備においても、新しい機器やシステムがつぎつぎと開発され、高度に複雑化し、法規制の面においても斯界の情勢に対応して大幅に改正されております。

　いずれにしてもこのような情勢下の斯界において、給排水衛生設備の設計、施工およびこれの保全管理に多くの方が従事され、また斯界での活躍を希望される方も多くおられます。ところが、とくに給排水衛生設備の新設や改修のための工事現場で施工を担当される方、あるいは設備の保全管理を担当される方々のための、給排水衛生設備やこれの保全技術に関する適当な入門書が見当らないのが現状です。もちろんこれらに関する書籍は多種発行されていますが、これらはいずれも斯界において設計や施工の管理、監督といった高級技術者を教育するための内容、レベルであり、学校において専門教育を受けておられない方々など、いわゆる初心者が独学で理解できるレベルの書物は皆無といっても過言ではないほどです。

　こういった現状を打破し、設備の施工現場やビル設備管理の職場へ容易に参入していただけるよう、イラストやわかりやすい図表などを用いて、給排水衛生設備に関してやさしく解説した本書を執筆いたしました。この入門書で勉強され、所定年限の実務を経験された後、高級技術者としての建築設備士、建築物環境衛生管理技術者、管工事施工管理技士、建築設備検査資格者など、法的な資格にチャレンジされる方は、市販の多種の専門書を参考にしてください。

　本書は初心者の方の斯界への誘いのため、そしてすでに斯界でご活躍の方々の知識、技能の向上のため、また高度の法的資格をめざしていただくための、糧の一助になればとの願いを込めて、浅学非才の身をも顧みず執筆した次第ですが、繁簡当を得ぬところや誤謬があるやも知れませんので、大方のご叱正を賜わるとともに、本書が読者各位の斯界における実務そして勉強の一助として、お役に立てばこのうえもない幸甚です。

　そして素晴らしいイラストを描いてくださいました石田芳子先生のご尽力に対し厚くお礼申し上げます。

　1992年10月

中井多喜雄

改訂にあたって　2
初版へのまえがき　3

1章　給水設備　8

1・1　給排水設備と衛生設備はどう違うの？
- 1 建築物における給排水衛生設備とは？　8
- 2 給排水衛生設備規準は給排水衛生設備に関する憲法なんだよ！　10

1・2　給水設備のあらまし
- 3 給水設備は血液を心臓から送り出す動脈と同じようなものだ！　12
- 4 超高層ビルにはどのような給水方式が用いられるのかな？　14
- 5 給水装置には2つの意味があるんだよ！　16

1・3　飲料水は規定の水質に維持しなければならないんだ！
- 6 水道水の水質基準はどうなっているのかな？　18
- 7 飲料水の水質検査って難しいのかな？　20
- 8 なぜ大腸菌群を汚染の指標細菌とするのだろうか？　22
- 9 ビル内の飲料水は塩素滅菌しなければならないんだ！　24
- 10 残留塩素を測定する目的は？　26

1・4　ビルで必要とする水の量は？
- 11 1人が1日に使用する水の量はどの位かな？　28
- 12 ビルでの貯水量はどの位が適当かな？　30

1・5　給水圧力のおはなし
- 13 Pa、bar、kgf/cm^2、mAq（mH$_2$O）、mmHg、atm？　圧力のおはなし　32
- 14 水道の蛇口に必要な給水圧力は？　34

1・6　給水配管のあらまし
- 15 給水配管は上水を宅配するための専用一方通行道路だ！　36
- 16 給水配管のために用いる管は？　38
- 17 管継手って何のこと？　40
- 18 バルブは道路（配管）の交通整理をするお巡りさんだ！　42
- 19 給水器具って、はやい話が蛇口のことだ！　44

1・7　貯水槽のはなし
- 20 床下ピットを利用した貯水槽はだめ！　46
- 21 受水槽の水面制御のカラクリ"ボールタップ"　48
- 22 高置水槽の水面制御はポンプをコントロールして行うのだよ！　50

1・8 ポンプは水を運ぶエレベータ
- 23 ディフューザポンプとうずまきポンプ　52
- 24 ポンプの揚程とは？　54
- 25 ポンプの運転・保全のポイント　56

1・9 給水配管にまつわるトラブル
- 26 クロスコネクションって何のこと？　58
- 27 一方通行道路を逆走したらどうなる！　バックフローのはなし　60
- 28 ウォータハンマがひどい場合は、配管設備を破損させるよ！　62

2章　給湯設備　64

2・1 蛇口をひねるとお湯が出るって快適だね！　給湯設備のあらまし
- 29 給湯設備の構成と方式　64
- 30 お湯の使用温度は何度が適当かな、給湯量はどの位がよいのかな？　66

2・2 給湯配管の特徴
- 31 給湯配管はお湯がビル内をグルグル循環するように配管するんだ！　68
- 32 給湯配管に適した配管材料は？　70
- 33 給湯設備の安全は水逃し装置によって保たれるんだ！　72
- 34 保温はエネルギーの無駄を防ぐ着物。給湯設備には必ず着物を着せよう！　74

2・3 お湯をつくるための加熱器と貯湯槽
- 35 ボイラはビル内に必要とする熱をつくりだす機械だ！　76
- 36 法規制を受けなくてもよいボイラ？　温水ヒータのあらまし　78
- 37 貯湯槽もボイラと同様の法規制を受けるんだ！　80
- 38 ガス湯沸器だって加熱器として用いるよ！　82

2・4 給湯設備に発生しやすいトラブル
- 39 困るよなぁー、蛇口から赤い湯が出てきたら！　84
- 40 防錆剤の添加方法　86
- 41 腐食しないはずのステンレス鋼が腐食するって、それホント？　88

3章　排水通気設備　90

3・1 排水設備のあらまし
- 42 水の使用は消費ではなく汚濁して排出することだ！　下水道のはなし　90
- 43 排水系統の分類と方式　92
- 44 間接排水ってどういう意味？　94
- 45 排水管と通気管は車の両輪！　排水通気設備のあらまし　96

3・2 排水配管の構成には多くの問題点があるんだよ！
- 46 排水配管の材料　98
- 47 排水管の管径や勾配と排水量の関係　100
- 48 排水管の方向変換は大きくカーブさせなければならないんだ！　102

3・3 トラップと阻集器
- 49 トラップって何のこと？　104
- 50 トラップの破封とは？　106
- 51 器具排水管とは？　108
- 52 阻集器とは？　110

3・4 排水管を呼吸させてやるための通気設備
- 53 通気方式の種類　112
- 54 通気系統を構成している各部の通気管の名称　114
- 55 煙試験、ハッカ試験って何のテスト？　116
- 56 排水ますとは？　118

3・5 排水槽のあらまし
- 57 排水槽の種類と構造　120
- 58 排水ポンプには水中モータポンプを用いるんだ！　122
- 59 BODって何の記号？　浄化槽のはなし　124

4章　衛生器具設備　126

4・1 衛生器具のあらまし
- 60 衛生器具の定義と分類　126
- 61 器具排水・給水負荷単位は入試の偏差値のようなものかな？　128
- 62 ビルに必要な衛生器具の数はどうして算定するのかな？　130

4・2 洗面器にまつわるはなし
- 63 洗面器の種類　132
- 64 洗面器と手洗器はどう違うの？　134
- 65 ビデは流し類かな？　それとも便器類？　136

4・3 大便器と付属設備
- 66 らくな姿勢で"うんこ"ができる洋風大便器　138
- 67 ほんとに"金隠し"って必要なのかな？　和風大便器のはなし　140
- 68 大便器の洗浄方式には3種類あるんだ！　142
- 69 大便器洗浄弁とバキュームブレーカの仕組み　144
- 70 大便器洗浄弁に生じやすいトラブル　146
- 71 家庭用として広く用いられるロータンク方式　148

72 ロータンクの補助水管とは？　150
73 硬い巨大"うんこ"は大便器を詰まらせる！　152
74 水洗便所でも臭い！　154

4・4 小便器のはなし
75 小便器の種類　156
76 小便器の洗浄方式はいろいろあるよ！　158
77 小便器の等間隔自動洗浄方式とは？　160
78 感知自動洗浄方式は最も合理的な小便器の洗浄方式なんだ！　162
79 小便器は大便器よりも詰まりやすい！　164
80 密閉式便所のはなし　166

4・5 バスタブって何のこと？
81 浴槽の種類　168
82 シャワーって快適だね！　170

5章　ガス設備　172

5・1 ガス設備のはなし
83 ガス設備とは？　172
84 中圧供給方式はビルの用途によっていろいろあるんだ！　174
85 ビルで使用するガス機器にはどんなものがあるかな？　176
86 ガス機器に必要な換気量は？　178
87 ガス設備の安全装置は多岐にわたるんだ！　180
88 ガス配管における留意点　182

5・2 ガスは都市ガスと液化石油ガスがあるんだ！
89 都市ガスは便利だね！　184
90 液化石油ガスは厳しい法規制を受けるんだ！　186
91 ベーパライザって何のこと？　188

付録　SI単位って何のこと？　190
索引　192

初版へのあとがき　196
改訂版へのあとがき　197

1章 給水設備

水道局より水道水の供給を受け、これをビル内の厨房設備や洗面、入浴用などとして、衛生的に供給する設備が給水設備です。いったんビル内に供給された水道水はビル管理者の方で水質の保持管理を行わなければなりません。

1 建築物における給排水衛生設備とは？

"衛生設備"といいますと一般の方は、診療所や病院などにおける医療に関する衛生設備と解釈されるようですが、これは無理からぬことと思われます。ちなみに"衛生"の意味については三省堂『新国語辞典』によりますと、「からだの健康を守り、病気にかからないようにすること」と示されています。

いずれにしてもビルの衛生設備については、例えば「なぜ、ビルディングには医療機関を必ず設けなければならないんですか？」と、医療機関の衛生設備（広義の医療設備）と意味を混同したり、勘違いされる場合が多々あるという経緯があったわけです。

こういった誤解や弊害を解消するため、従来の用語であった「衛生設備」（plumbing system）を近年では「給排水衛生設備」（plumbing system）とするようになっています。参考までに示しますと医療関係でいう「衛生設備」の対応英語は health facilities です。

では、建築物いわゆるビルディングの建築設備における**給排水衛生設備（衛生設備）**とは、どういったことを意味するのかといいますと、「建築物内および敷地内において、人の生活で飲用、炊事用、浴用、清掃用などに使用する水や湯を供給し、使用した水を他に影響を与えることなく排除し、保健衛生的環境を向上・実現するための設備で、給水・給湯・排水・通気・衛生器具設備および特殊設備などにより構成されるもの」です。

早い話が家庭における水道や台所設備、ガス瞬間式湯沸器、お風呂、トイレ、下水管など身近にある設備を総称して、給排水衛生設備というわけです。ビルにおける給排水衛生設備はその規模が著しく大きいだけのことです。したがって、肩ひじ張らずに軽い気持ちで、皆様方とともに勉強していきましょう。

給排水衛生設備はつぎのような設備から構成されます。

- **給水設備**　　（給水管、給水タンク、給水ポンプなど）
- **給湯設備**　　（給湯管、給湯ヘッダ、給湯ボイラ、ガス瞬間式湯沸器、ガス設備など）
- **排水通気設備**（排水管、通気管、トラップ、排水処理設備など）
- **衛生器具設備**（洗面器、厨房セット、浴槽、大便器、小便器など）
- **ガス設備**　　（ガス配管、厨房用ガスレンジ、ガス湯沸器、排気装置など）
- **ごみ処理設備**（ダストシュート、ごみ容器、ごみ焼却炉など）

なお、書物によっては"消防設備"も給水に関連するということで、給排水衛生設備の範ちゅうに含め説明されていますが、本書では割愛します。

1・1 給排水設備と衛生設備はどう違うの?

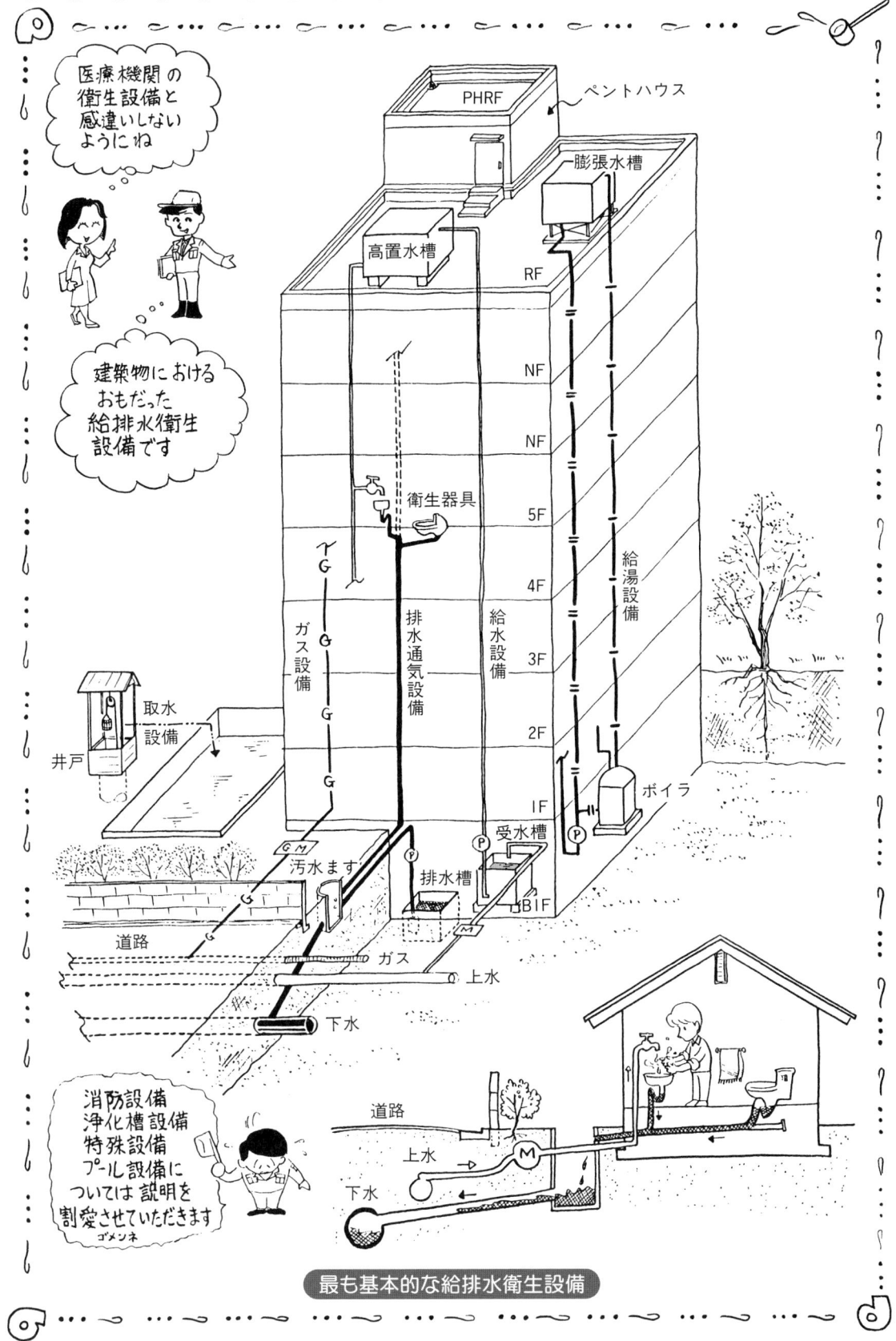

最も基本的な給排水衛生設備

2 給排水衛生設備規準は給排水衛生設備に関する憲法なんだよ！

　給排水衛生設備で取り扱われる設備の範囲は相当幅広いのですが、その中心的な存在は、給水、給湯、排水・通気、衛生器具の諸設備であり、その目的とするところは建築物内の居住者あるいは働いている人々の保健衛生の保全と、生活や労働環境の向上を図ることです。

　ご存知のように建物を建築する場合の基本的な法律は**建築基準法**ですが、この規定に基づき昭和50年（1975年）に、建築物に設ける飲料水の配管設備および排水のための配管設備を安全上、衛生上支障のない構造とするための基準が告示されました。これを**給排水設備技術基準**といい、給排水設備の計画、設計、施工、維持管理に関する技術的な指針を定めたものです。

　一方、斯界の学術団体である（公益社団法人）空気調和・衛生工学会でも、早くからアメリカ規格全国衛生工事規準を参考にして、誤った設計、施工、メンテナンスにより給排水衛生設備が逆に非衛生的設備になることを避けるための基本原則を示しました。これが空気調和・衛生工学会規格である**給排水衛生設備規準**（SHASE-S 206）であって、46条項の基本原則が示されています。

　この給排水設備基準は斯界において必ず守らなければならない基本原則で、**プラミングコード**ともいい、いわば憲法のようなものといってよいでしょう。

　もちろん本書も、この"給排水衛生設備規準"に基づいて説明していくわけです。

 point

▶**プラミングコードの基本原則とは**
要約するとつぎのようなことになります。
①人の居住または使用を目的とする建物や敷地内には、上水が常に使用される状態になっていなければならないが、この給排水系統はすべて、プラミングコードの各条項および関連法規に従って、設計、施工、維持管理をしなければならない。
②上水の汚染防止を厳守しなければならない。したがって、クロスコネクション、バックフローなどの危険を生じないように配管しなければならない。
③各衛生器具や装置などには、その機能を十分に果たすことのできる水量を、適正な水圧で供給できる給水、給湯配管を設置し、ウォータハンマなどを生じないように設計、施工しなければならない。
④排水系統は衛生的な排水が行えるようにしなければならない。
⑤排水系統へ直結した衛生器具には、各個に封水トラップを備えなければならない。
⑥給排水設備系統は工事の不完全などによる、漏れや欠陥がないようにするため、適切な試験・検査をしなければならない。
⑦給排水設備系統は、衛生的で故障のない状態を常に保持するため、恒常的な保全・維持管理を行わなければならない。

1・1 給排水設備と衛生設備はどう違うの？

3 給水設備は血液を心臓から送り出す動脈と同じようなものだ！

建物内および敷地内において、管類、継手類、弁類、タンク類、ポンプなどの機器や配管などを用いて、用途に適した水質の水を必要とする衛生器具などへ供給する設備を**給水設備**といい、これを系として見る場合は**給水系統**といいます。

給水系統は、厨房設備などへ飲料水、調理用水などとして**上水**（飲料に適するきれいな水、いわゆる**水道水**）を供給する**上水系統**と、雑用水系統に分けられます。

雑用水系統というのは、水洗便所の洗浄水や掃除用、散水用など、飲料水、衛生用以外の用途に使う水いわゆる**雑用水**として、雨水、あるいは洗面器、流し、浴槽などからの排水、いわゆる**雑排水**を簡単に浄化した水を利用（再利用）する方式をいい、この再生利用する雑用水のことを**中水道**あるいは**雑用水道**と称しています。ただし、大便器や小便器からの排水（し尿水）である**汚水**は雑用水道としては用いられません。

給水系統としては、上水系統と雑用水系統の併用が理想的です。もちろん省資源、ランニングコストの見地からすれば、雑用水系統を併用するのが良いわけですが、併用方式は初めにかかる設備費いわゆるイニシャルコストが著しく高くつき、かつ、設備が複雑となり、また設備スペースを大きくとるという難点があるため、小規模の建物にはほとんど採用されていませんが、大規模建物には省資源の観点から採用されてきています。

いずれにしても給水系統としては、一般に上水系統のみが用いられ、上水系統における給水設備の方式、つまり**給水方式**には、水道直結方式、高置水槽方式、圧力水槽方式、ポンプ直送方式、直結増圧方式の5つに大別されます。

note

▶**水道直結給水方式とは？**
水道本管の水圧をそのまま利用して建物内の器具や給水栓へ上水を給水する簡単な方式で、一般家庭に主に採用されます。

▶**高置水槽給水方式とは？**
屋上タンク給水方式や重力式給水方式ともいい、屋上など高所に水槽を配置し地下または1階の受水槽に上水を受入れ、これをポンプで高置水槽に揚水し、高置水槽と各給水栓との落差を利用して給水する方式です。

▶**圧力水槽給水方式とは？**
圧力給水方式や気圧給水方式ともいい、受水槽内の上水をポンプで圧力タンクへ送り込み、タンク内の空気を圧縮加圧し、その圧力により給水する方式です。

▶**ポンプ直送給水方式とは？**
タンクレス加圧給水方式ともいい、受水槽に受け入れた上水を、給水ポンプの連続運転により加圧し直結給水する方式で、水の使用量に応じてポンプの運転台数を制御したり、ポンプの回転数を変化させたりして、給水量と給水圧力がコントロールされます。

▶**直結増圧給水方式とは？**
水道本管から引き込まれた給水を、受水槽を介在せず直結増圧給水装置を利用して直接中高層階へ給水する方式です。

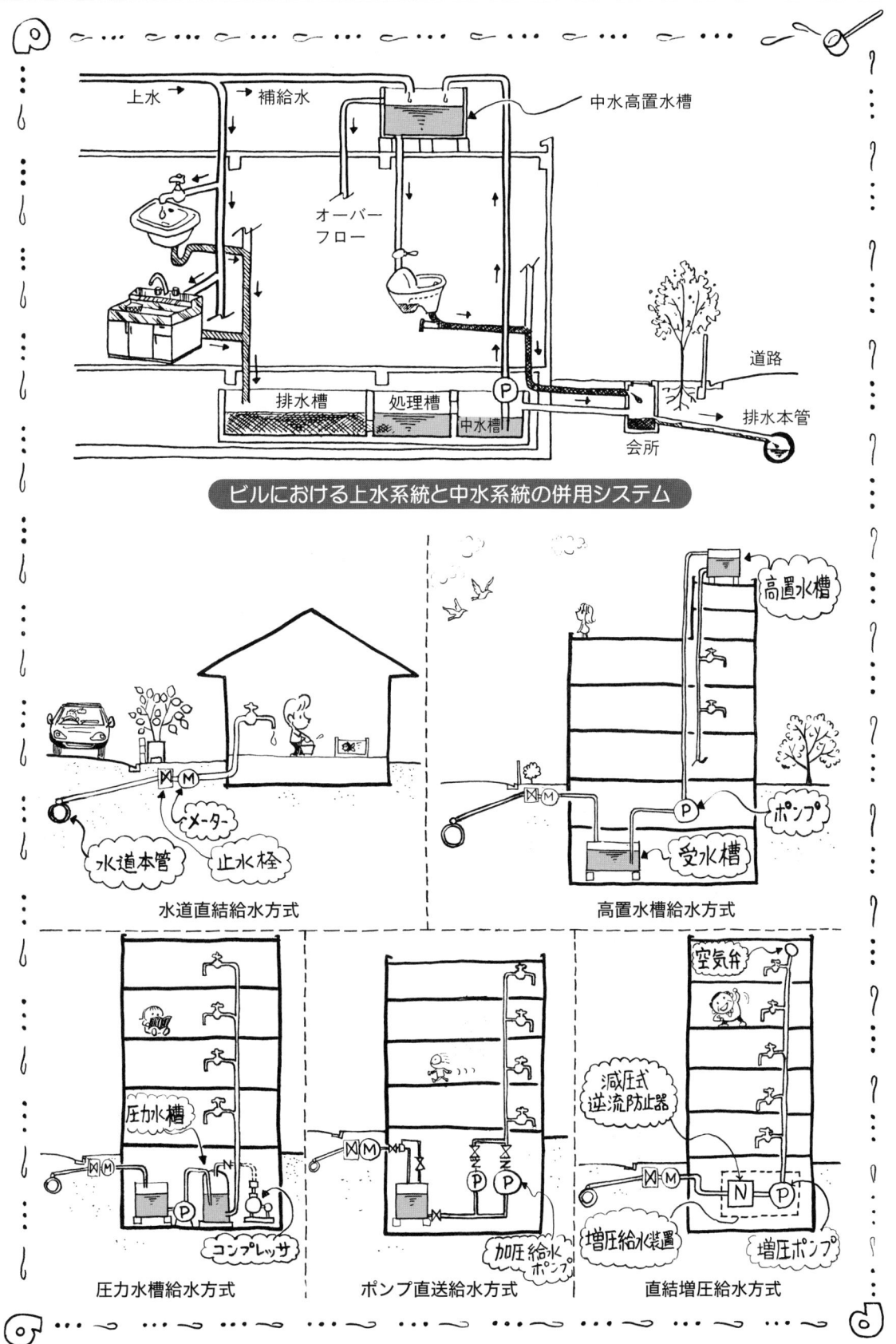

4 超高層ビルにはどのような給水方式が用いられるのかな？

　地上31mを超えるいわゆる"超高層ビル"に、一般的なビルと同じような給水方式をそのまま適用することは問題点が多過ぎるので、いろいろな工夫がなされています。超高層ビルの給水方式としては、基本的にはゾーン別給水方式、中継式給水方式、調圧ポンプ式給水方式、圧力タンク式給水方式に分けられますが、これらを種々に組み合わせたものが採用されます。

　ゾーン別給水方式は建物を上下の方向でいくつかのゾーンに分け、各ゾーンごとに、そのゾーンの最高階の水栓より6～7m以上（必要圧力の確保）高所に高置水槽を設置し、建物の最下階に揚水ポンプを設けて、各ゾーンの高置タンクへそれぞれ揚水して給水する方式です。

　中継式給水方式は同じく上下の方向でいくつかのゾーンに分け、その各ゾーンの最高階の水栓より6～7m以上高所に高置水槽を設置し、屋上以外の高置水槽（中間水槽）にはそれぞれ揚水ポンプを付属させる。そして地階の揚水ポンプで10階の中間水槽へ揚水し、この中間水槽で7階以下の各階へ給水するとともに、この中間水槽に付属の揚水ポンプで屋上の水槽に揚水するというようにステップアップして行う給水方式で**ステップアップ式給水方式**ともいいます。

　調圧ポンプ式給水方式は同じく上下の方向でいくつかのゾーンに分け、各ゾーンの最高階に給水圧力を一定に保つ自動制御装置を設けて、この自動制御装置の信号により、建物の最下階にゾーンの数だけ設置した揚水ポンプが、それぞれ信号に応じて揚水量を自動的に変化させ、水圧を一定に保つようにする給水方式で、ポンプ直送給水方式を応用したものです。

　圧力タンク式給水方式は同じく建物を上下の方向でいくつかのゾーンに分け、低層階（地階～5階）および中層階（6～14階）ではそれぞれの設備の圧力水槽方式で給水し、15階以上の高層階においては、適当な階に受水槽と圧力タンクおよび給水ポンプを設け、最下階（地階）の揚水ポンプでそれぞれの受水槽へ揚水し、受水槽付属の圧力タンクと給水ポンプにより受持ち階へ、いわゆる圧力水槽給水方式で給水する方式です。いわば圧力水槽給水方式の応用です。

　以上の方式の他、高置水槽給水方式を採用し、中層階や低層階が過大な水圧となるのを防止するため、各階または数階ごとに分けたグループのそれぞれに適応した水圧となるよう、減圧弁を設ける**減圧弁付き高置水槽給水方式**などがあります。

note

▶ゾーンって何のこと？
　超高層ビルでは建物全体を1つの方式で給水しますと、中層階や低層階に著しく過大な水圧を受け、適正な給水が行えません。このためビルを上下に、例えば高層階（15～23階）、中層階（6～14階）、低層階（地階～5階）と分割し、分割した各層階（区域）のことをゾーンといい、各ゾーンごとに給水の条件を制御できるように整備することを**ゾーニング**といいます。

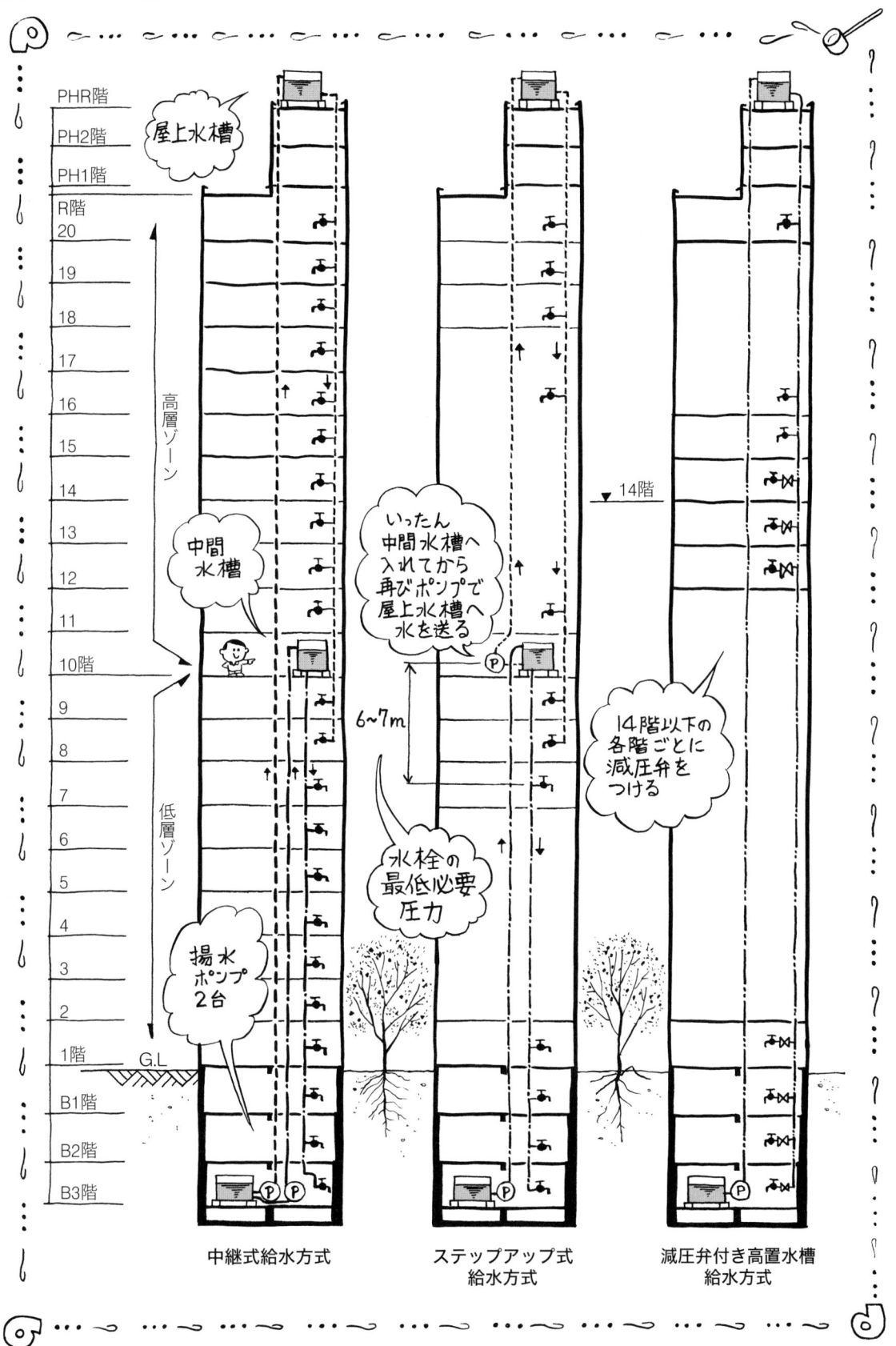

5 給水装置には2つの意味があるんだよ！

　水道法にいう給水装置とは「需要者に水を供給するために水道事業者の施設した配水管から分岐して設けられた給水管及びこれに直結する給水用具をいう」と規定されています。この条文でいう**給水管**は直結部分の給水管で、"給水設備"にいう給水管とは区別されています。そして給水用具には分水栓、止水栓、量水器（水道メータ）および直結給水管の末端に取り付けられる各種の水栓類も含まれます。したがって、水道直結方式による給水設備の各部はすべて水道法にいう給水装置に含まれ、水道直結方式以外の給水方式においては受水槽のボールタップまでが水道法にいう給水装置となり、それ以降の設備は受水槽も含めていわゆる給水設備となります。いずれにしても水道法にいう給水装置については、水道局の責任、権限となります。

　建築設備における給水装置とは、受水槽、揚水ポンプ、揚水管、ポンプユニット、給水管など給水するための機器、配管を総称していいます。そして建築設備における給水装置は、水道局の責任、権限の範囲外となり、水質の維持、設備の保全管理などは、ビルなどの所有者や管理者の責任において、水道法の規定に適合するよう行わなければなりません。

　話が横道にそれますが、例えばいまでてきた"給水装置"という用語は、法令用語の意味の場合と建築設備関連学会や協会などでいう概念の意味の場合とがあります。建築設備関係では給水設備なども含め、1つの用語であっても、法令用語の場合と学会や斯界における概念的な意味合いの場合という具合いに、2つの意味に分かれる場合がありますので留意してください。

　話が前後しましたが、水道法にいう**水道施設**（水道のための取水施設、貯水施設、導水施設、浄水施設、送水施設および配水施設であって、当該水道事業者の管理に属するものを**水道施設**といいます）の工事はすべて水道事業者が行い、水道法にいう給水装置に該当するもののうち、水道施設の配水施設（配水管）から分水栓で分岐した止水栓までについては水道事業者（水道局）が工事を行い、止水栓以降の給水装置についてはその設計施工は**指定水道工事店**が行うことになっています。その理由はバックフローやクロスコネクションによる水質事故などを防ぎ、各需要者に安全に水道を供給するためです。

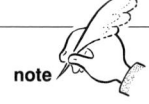
note

▶水道事業者とは？
　厚生労働大臣の許可を受けて水道事業を経営する者をいいます。例えば、地方自治体の水道局や水道課がこれに該当します。

▶指定水道工事店とは？
　水道局によって公認され、施工する資格を与えられた施工業者をいい、資格試験に合格した給水装置技術者および給水装置配管技能士がいます。上水道管直結配管工事は、指定工事店だけが施工できるのです。

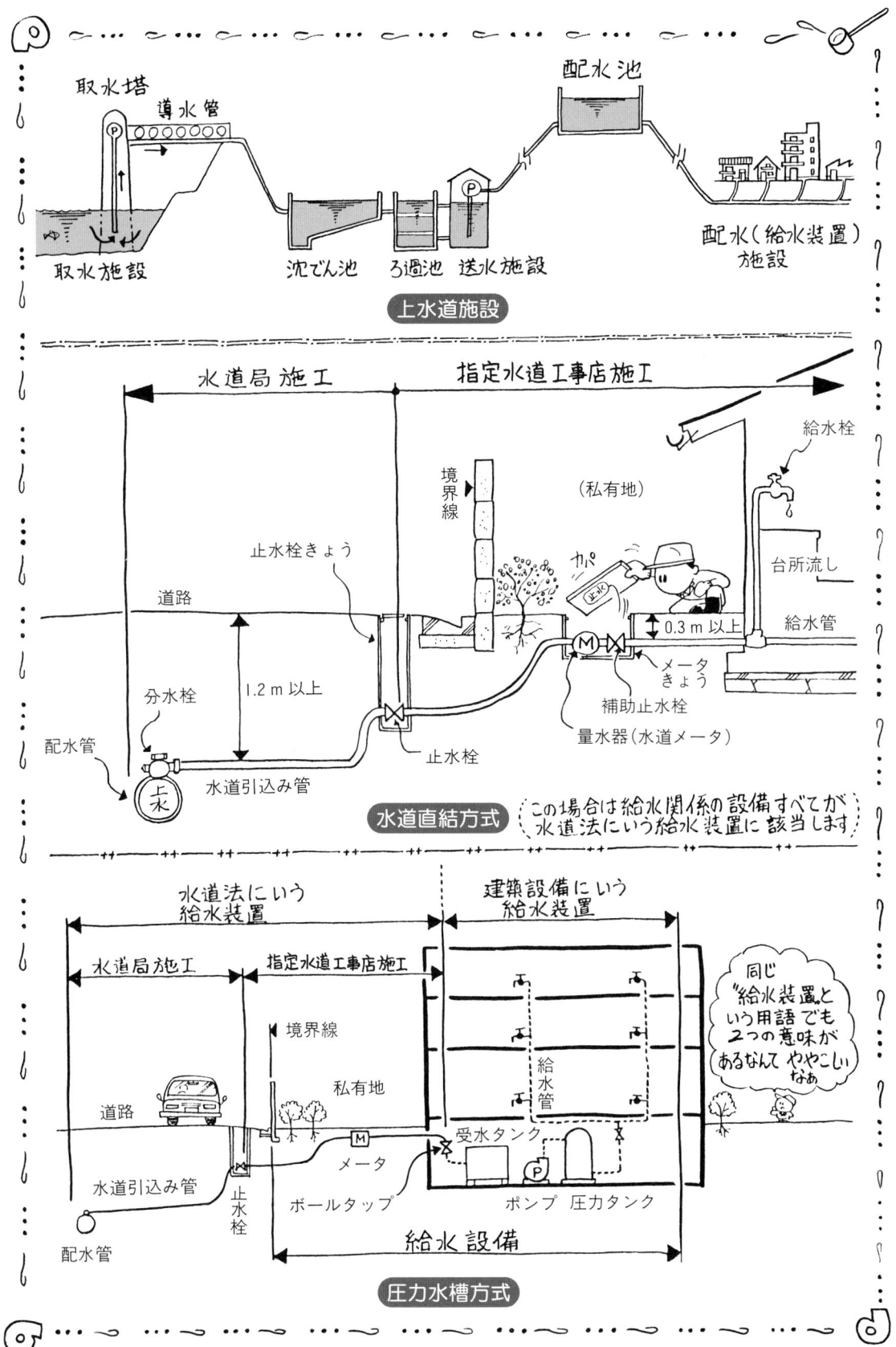

6 水道水の水質基準はどうなっているのかな？

飲料水に使用される水は、保健衛生上、人間にとってまったく無害でなければならないのは当然で、水質は飲料水の基本的条件です。そこで水道法の第1条1項に、水道により供給される水が備えなければならない要件として、下記の事項を定めています。

①病原生物に汚染され、または病原生物に汚染された疑いのある生物もしくは物質を含まないこと
②シアン、水銀その他の有害物質を含まないこと
③銅、鉄、ふっ素、フェノールその他の物質をその許容量を超えて含まないこと
④異常な酸性またはアルカリ性を呈しないこと
⑤異常な臭味がないこと。ただし消毒による臭味を除く
⑥外観はほとんど無色透明であること

以上のほか、水質基準に関する厚生労働省令において、この要件ごとの基準が定められています。

この水質基準のなかでも、とくに**大腸菌群**は汚染指標として最も重要なもので、**検出されないこと**が飲料水として第1条件となります。いずれにしても水質基準に適合する水質の水いわゆる水道水として各家庭やビルなどの需要者に、水道局より供給されますが、ビルや工場などの受水槽内へいったん供給されますと、つまり水道法による給水装置を離れ、ビルなどの建築設備にいう給水装置に入った水道水の以後の水質については水道局の責任はなくなり、需要者であるビルの方で水質などを維持管理する義務が生じます。

その水質の維持のなかでも、とくに**塩素消毒**は重要な事項で、ビルなどの末端の給水栓において、遊離残留塩素を 0.1 mg/ℓ （0.1 ppm）（結合残留塩素の場合は 0.4 mg/ℓ）以上に保持しなければならず、したがってビル内において塩素消毒を実施しなければなりません。

note

▶ pH（ピーエッチ、potential Hydrogen）って何のこと？
　濁りのまったく感じられない透明できれいな水と思われても、水には必ず溶解性の物質が溶解しています。したがって化学的には、水は"水溶液"というわけです。この水（水溶液）が酸性やアルカリ性の度合を示す数値で、水素イオン濃度の指数です。
　中性の水は pH7、pH 値が7より小さくなるほど酸性が強く、この数値が大きくなるほどアルカリ性が強いことを表わしています。飲料水としては中性の水が望ましく、pH 値はその水質に変化のない限りほとんど変化しません。

▶硬い水ってほんとにあるの（硬度のはなし）？
　水中に存在するカルシウムイオンとマグネシウムイオンの濃度を示すものを水の**硬度**といい、これらの物質を硬度成分といいます。濃度の合計値が多いほど硬度は高くなり、硬度の高い水を**硬水**、硬度の低い水を**軟水**といいます。硬水は石けんでの洗濯の場合や工業用水としては不適です。

1・3 飲料水は規定の水質に維持しなければならないんだ！

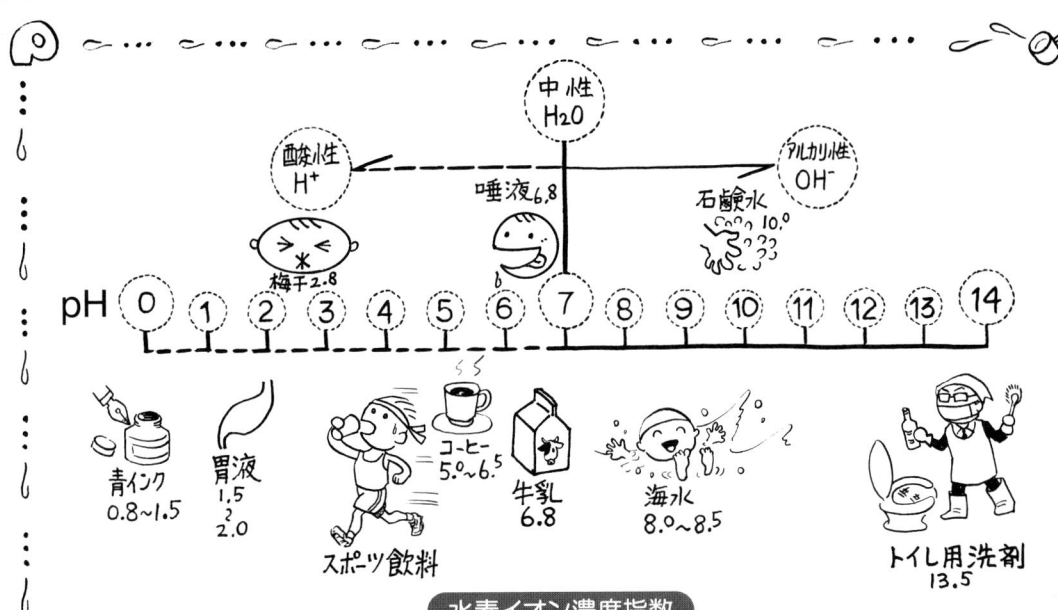

水素イオン濃度指数

水質基準に関する省令で定める水質基準項目と基準値

No.	項目	基準（以下）	No.	項目名	基準（以下）
1	一般細菌	100 個/ml	26	総トリハロメタン	0.1 mg/l
2	大腸菌	不検出	27	トリクロロ酢酸	0.2 mg/l
3	カドミウム及びその化合物	0.003mg/l	28	ブロモジクロロメタン	0.03 mg/l
4	水銀及びその化合物	0.0005 mg/l	29	ブロモホルム	0.09 mg/l
5	セレン及びその化合物	0.01 mg/l	30	ホルムアルデヒド	0.08 mg/l
6	鉛及びその化合物	0.01 mg/l	31	亜鉛及びその化合物	1.0 mg/l
7	ヒ素及びその化合物	0.01 mg/l	32	アルミニウム及びその化合物	0.2 mg/l
8	六価クロム化合物	0.05 mg/l	33	鉄及びその化合物	0.3 mg/l
9	シアン化合物及び塩化シアン	0.01 mg/l	34	銅及びその化合物	1.0 mg/l
10	硝酸態窒素及び亜硝酸態窒素	10 mg/l	35	ナトリウム及びその化合物	200 mg/l
11	フッ素及びその化合物	0.8 mg/l	36	マンガン及びその化合物	0.05 mg/l
12	ホウ素及びその化合物	1.0 mg/l	37	塩化物イオン	200 mg/l
13	四塩化炭素	0.002 mg/l	38	カルシウム、マグネシウム等（硬度）	300 mg/l
14	1.4－ジオキサン	0.05 mg/l	39	蒸発残留物	500 mg/l
15	シス－1.2－ジクロロエチレン及びトランス－1.2－ジクロロエチレン	0.04 mg/l	40	陰イオン界面活性剤	0.2 mg/l
16	ジクロロメタン	0.02 mg/l	41	ジェオスミン	0.00001 mg/l
17	テトラクロロエチレン	0.01 mg/l	42	2_メチルイソボルネオール	0.00001 mg/l
18	トリクロロエチレン	0.01 mg/l	43	非イオン界面活性剤	0.02 mg/l
19	ベンゼン	0.01 mg/l	44	フェノール類	0.005 mg/l
20	塩素酸	0.6 mg/l	45	有機物（全有機炭素(TOC)の量）	3 mg/l
21	クロロ酢酸	0.02 mg/l	46	pH値	5.8～8.6
22	クロロホルム	0.06 mg/l	47	味	異常でないこと
23	ジクロロ酢酸	0.04 mg/l	48	臭気	異常でないこと
24	ジブロモクロロメタン	0.1 mg/l	49	色度	5 度
25	臭素酸	0.01 mg/l	50	濁度	2 度

（出典：平成15年厚生労働省令第101号、最終改正平成23年）

7 飲料水の水質検査って難しいのかな？

　もちろん"水質検査"は難しいことで、専門家でないと行えません。ビルの給水については、水道局より供給された上水がいったんビル内に入ると、以後はビル側で上水（飲料水）の水質を維持しなければなりません。ビル給水の衛生管理においては残留塩素を測定したり、水質が変化したときにその原因を追究し、対策を講じたりして「水質を常に水道法に定められた水質基準に維持しなければならない」と**建築物における衛生的環境の確保に関する法律**（ビル管理法と略称）に定められ、このようにビル給水を管理することを**水質管理**といいます。

　ビル管理法では、つぎのようなことをビル側に義務づけています。

　給水栓（蛇口）における水の遊離残留塩素の含有率を 0.1 mg/ℓ 以上保持するため、塩素消毒を行うとともに、給水栓末端で、1週間に1回以上残留塩素の有無を測定すること。この残留塩素測定の方法は簡単ですので、ビル設備管理担当者で実施できます。

　水質検査を年2回以上行うこと。水質検査というのはビル給水が飲料水としての水質基準に適合しているか否かを調べる検査で、方法としては物理的、化学的、細菌学的および生物学的試験の4種があり、いずれにしても専門家でないとできません。したがって水質検査は専門家に依頼するとして、その時期などについてはよく理解しておきましょう。

　一般に行われている方法では、1年に1回以上義務づけられている貯水槽の掃除を行った直後に、貯水槽内の水について外観検査を行い、1週間後に末端の給水栓より試験用として採水し、水道水の水質基準の全項目中の20の検査項目について検査を行います。

　つぎに約6ケ月後に、再び給水栓末端の水について水質基準の検査項目について検査を行うのですが、前回の水質検査で全検査項目が合格のときは、汚染指標としての亜硝酸性窒素および硝酸性窒素、塩素イオン、有機物質（過マンガン酸カリウム消費量）、一般細菌、大腸菌群、そしてpH値、臭気、味、色度、濁度の10項目のみの検査を実施するだけで、残りの項目については検査を省略してもよいとされています。

 point

▶**ビルでは空気環境測定も行うんだ！**

　延べ面積が 3,000 m² 以上の建築物（ビル）および 8,000 m² 以上の学校の建築物を**特定建築物**といい、ビル管理法の規制対象となります。特定建築物は**建築物環境衛生管理技術者**免状を有する者を監督者として選任し、知事に届出なければなりません。

　特定建築物はビルの環境衛生を維持するため、飲料水の水質検査を年2回以上、残留塩素測定を1週間に1回以上、空気環境測定および照度、騒音の測定を2ケ月に1回以上実施すること。貯水槽の掃除を年1回以上、排水設備の掃除を年2回以上実施することなどが義務づけられます。

1・3 飲料水は規定の水質に維持しなければならないんだ！

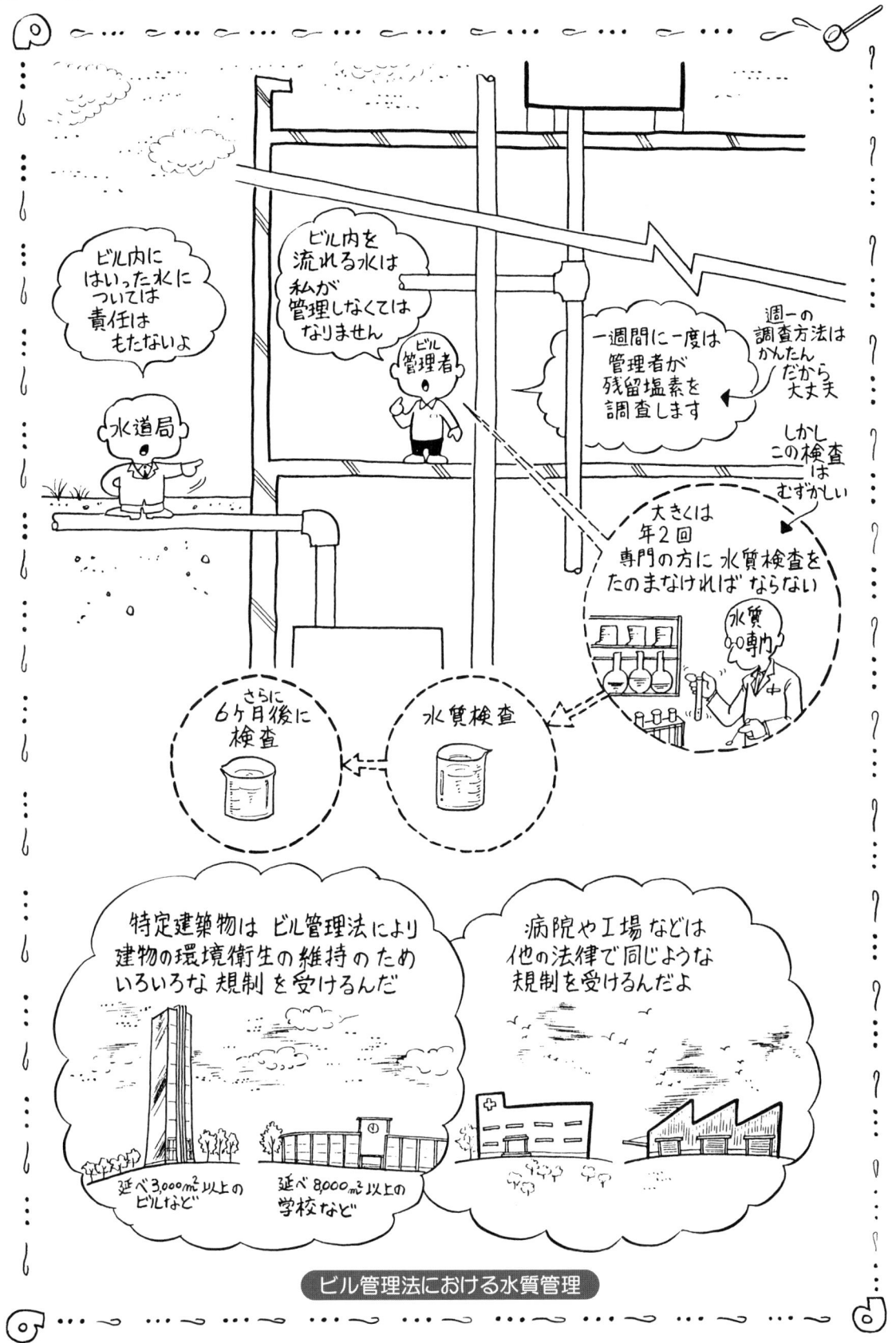

ビル管理法における水質管理

8 なぜ大腸菌群を汚染の指標細菌とするのだろうか？

　人類や哺乳類の結腸内に寄生する長さ2〜4μmの短桿菌で、乳糖を分解して酸とガスを生成する好気性あるいは通性嫌気性細菌を総称して**大腸菌群**といい、大腸菌とよく似た性質をもつ菌の総称です。**大腸菌**自体は腸内に大量に生息して消化を助けている菌であり、糞便（し尿）中に多く存在し、直接には有害なものではありません。しかし大腸菌群が大量に検出される場合には、大腸菌以外の病原菌も大量に存在していることが多く、それらの病原菌が人体に害をおよぼすわけです。

　したがって、大腸菌群は水がし尿汚染を受けているか否かの、重要な汚染指標として用いられ、飲料水の水質基準ではもちろん検出されないこととされています。すなわち、大腸菌群が水中に含まれていることは、飲料水がクロスコネクションなどにより、汚水（し尿水）汚染されていることを意味します。

　では、なぜ大腸菌群を重要な汚染指標の細菌とするのかといいますと、つぎの理由によります。

① 成人が1人1日に排出する大腸菌の数は、冬で約1,500億個、夏には約4,000億個と、人体の排せつ物中につねに大量に共存し、しかも大腸菌は消化器系伝染病菌といっしょに存在するため。

② 消化器系伝染病菌よりは生物学的な抵抗がやや強いため、水中で他の病原菌よりは少し長く生存するので、大腸菌が検出されないときには、もし汚水汚染があっても他の病原菌はすでに死滅し、いわば無害となっているため。

③ 検出方法が簡便でしかも時間がかからず、推定試験なら24時間でよいため。

④ 微量でも明確に検出できる。つまり試料水50cc中で1個の細菌を発見できるほど鋭敏な検査ができるため。

memo

▶ **鉄分はなぜ規制されるのかな？**

　鉄分が多い水は赤くなるので簡単に見分けられます。つまり外観検査でわかります。鉄は造血剤であり、人間の健康上、微量の摂取は必要不可欠です。それなのに飲料水中の鉄の含有量が0.3mg/ℓ以下と規制されるのは、衛生上の観点よりはむしろつぎの問題点からなのです。

　すなわち、鉄分の多い水は異臭、異味があり、お茶やコーヒーなどの味を損う。また洗濯物に黄かっ色の色がつく、そして工業用水として不適である。などといった弊害があるからです。

1・3 飲料水は規定の水質に維持しなければならないんだ！

9 ビル内の飲料水は塩素滅菌しなければならないんだ！

　水中に存在する細菌を除去、つまり滅菌（消毒）するために塩素が用いられます。塩素を用いるというより、水道水の消毒はすべて塩素で行わなければならず、このことを**塩素滅菌**または**塩素消毒**といいます。もちろん水道局の浄水場で塩素滅菌されたいわゆる水道水がビルに供給されるのですが、このままではビル内の給水設備中を水が流動している間に殺菌効果がなくなって水が汚染し、飲料水として不適なものになってしまいます。したがってビル内において、再び上水を塩素滅菌して殺菌効果を持続させ、安全な飲料水として供給しなければなりません。

　塩素は水と反応して次亜塩素酸カルシウムやアンモニアと結合してクロラミンを生じ、これが殺菌作用をするわけです。消毒剤の塩素としては塩素ガス、さらし粉、次亜塩素酸ナトリウム溶液、次亜塩素酸カルシウム（高度さらし粉）などがありますが、塩素ガスは窒息性の猛毒ガスで著しく危険であり、その操作も難しいので、水道局の浄水場でしか用いられず、ビルにおける**塩素消毒剤**としては、主に次亜塩素酸ナトリウム溶液が用いられます。

　次亜塩素酸ナトリウム溶液は、塩素ガスをかせいソーダ（水酸化ナトリウム）溶液に吸収させてつくった塩素剤で、安価で効果も良好です。変質を避けるために乾燥した冷暗所に保存することが肝要です。

　塩素消毒剤を水中に注入する（水と混合させる）方法としては、加圧式と点滴式がありますが、これの装置を**塩素滅菌機**や**塩素注入機**といいます。

　加圧式塩素注入機は次亜塩素酸ナトリウム溶液貯留用の薬液槽と、薬液注入ポンプで構成され、注入管は給水ポンプの揚水管に接続され、薬液ポンプは給水ポンプと連動して給水管内に薬液が注入されます。

　点滴式塩素注入機は、給水タンクの上に置いた薬液タンクに次亜塩素酸ナトリウム溶液を貯留し、給水タンクへ直接、薬液を点滴するのです。

　市販されている次亜塩素酸ナトリウム溶液は、その有効塩素が6～10％のものが多いようです。塩素消毒溶液の必要注入量の計算は次式で行います。

$$塩素消毒溶液の必要量〔ℓ/日〕= \frac{1日当りの給水量〔ℓ/日〕\times 注入塩素量〔mg/ℓ〕}{10,000 \times 消毒薬液の有効塩素の割合〔％〕}$$

　なお、注入塩素量〔mg/ℓ〕は一般に0.2～1 mg/ℓ程度とします。

1・3 飲料水は規定の水質に維持しなければならないんだ！

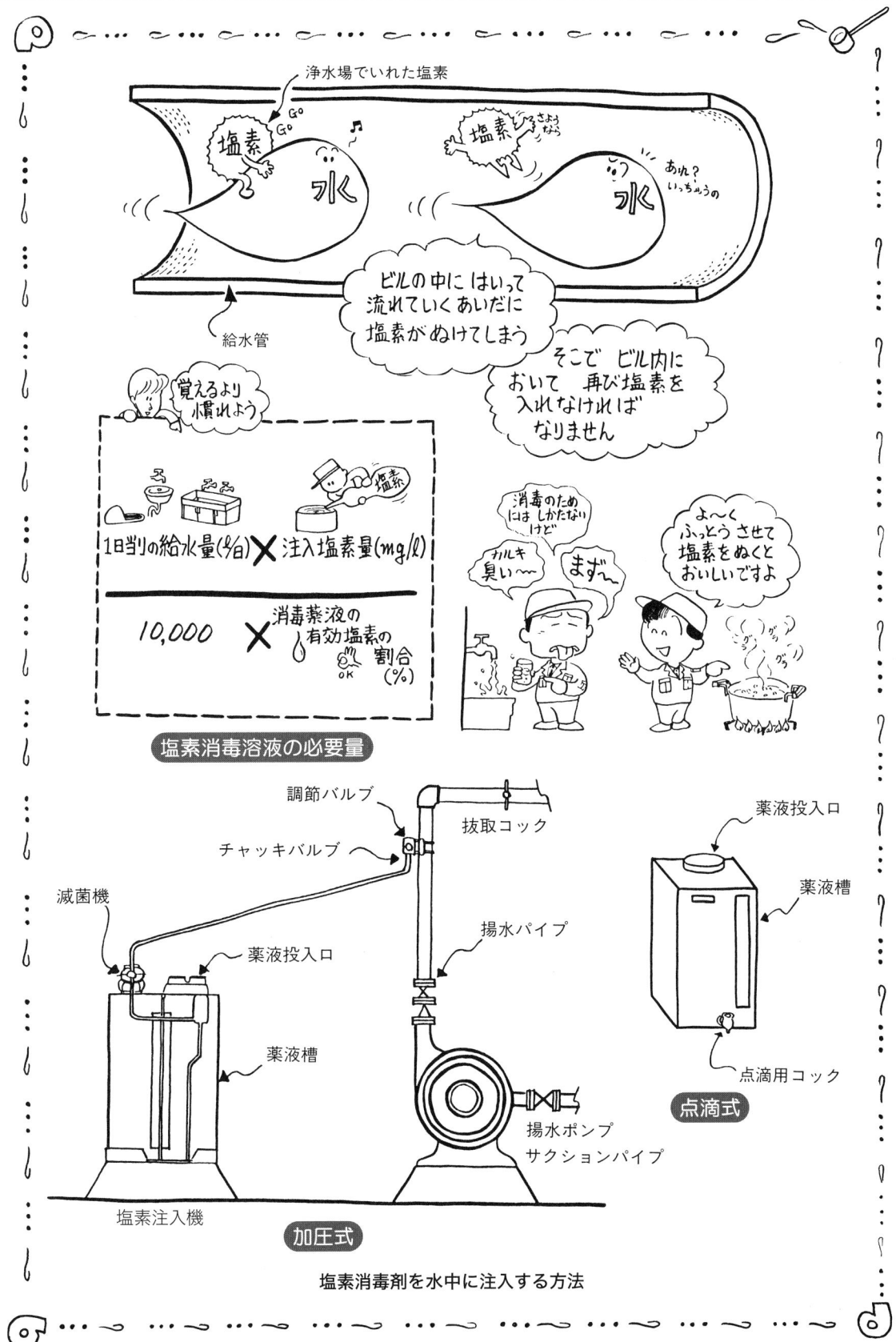

塩素消毒剤を水中に注入する方法

10 残留塩素を測定する目的は？

　ビルの飲料水として適するよう、水道局より供給される水道水を再び塩素滅菌するのは、水中の塩素が殺菌の働きをすると同時に、水中の有機物、無機物あるいは給水管、貯水槽などを酸化するために、ビル内の給水設備内を流動している間に消費されてしまうためです。水中の塩素がなくなっているということは殺菌力がなくなり、その水質がし尿などで汚染されている疑いもあります。したがって衛生上、安心して飲料水として使用できません。

　殺菌のため塩素が注入され、ビル内の末端の給水栓にまで残っておれば、その水は殺菌力があり、飲料水として適しているという証拠となるわけです。

　水道水は水道法によって「給水栓における水が遊離残留塩素 0.1 mg/ℓ（結合残留塩素の場合は 0.4 mg/ℓ）以上保持するように塩素消毒をすること。ただし、病原生物による汚染の疑いがある場合（ビル内に消化器系伝染病が発生しているときなど）、配管工事の直後などでは、遊離残留塩素 0.2 mg/ℓ（結合残留塩素の場合は 1.5 mg/ℓ）以上検出しなければならない」とされています。ビル給水についてもこれと同様の規定がビル管理法によって適用され、かつ、1週間に1回以上、末端給水栓での残留塩素の有無の測定（検査）が義務づけられているのです。

　塩素滅菌した水に残っている塩素のことを**残留塩素**といい、末端の給水栓において残留塩素があるということは、水の滅菌（消毒）が十分に行われていることを意味し、もしなければクロスコネクションなどによって水が汚染されている疑いがあるということで、残留塩素の有無やその程度は水質汚染を探知する指標となるのです。

▶簡単な残留塩素の測定、比色法とは？

　比色法というのは給水栓より採取した検水を"比色管"（透明ガラスの試験管）に入れ、これに**オルトトリジン塩酸溶液**という試薬を数滴（0.5 mℓ）加えると、検水に含まれている塩素の量の程度に応じて水が濃淡の黄色に変化するので、ただちに測定器付属の標準比色管列と比べ、同色の標準比色管を見つけだして塩素の含有率を判定するのです。検水に試薬を数滴入れたとき、ただちに発色する色が**遊離残留塩素**となり、これは微量であっても迅速な殺菌効果があります。

　そして遊離残留塩素の測定後、そのまま放置しておくと次第に黄色が濃くなっていき、15分経過後に再び比色して得た値から先の遊離残留塩素量を差し引いたものが**結合残留塩素**となります。結合残留塩素は遊離残留塩素に比べて殺菌効果が著しく劣ります。

　残留塩素の測定箇所（採水箇所）はビル各階の末端の給水栓など、残留塩素が最も少ないと考えられる箇所を選び、水栓を全開して十分に放流した後に行います。測定の結果、

①残留塩素が一定の場合は**安全信号**
②残留塩素がない場合や残留塩素が変動する場合は**注意信号**

注意信号がでたときは、塩素注入量の不足か、クロスコネクションの疑いが濃厚です。

1・3 飲料水は規定の水質に維持しなければならないんだ！

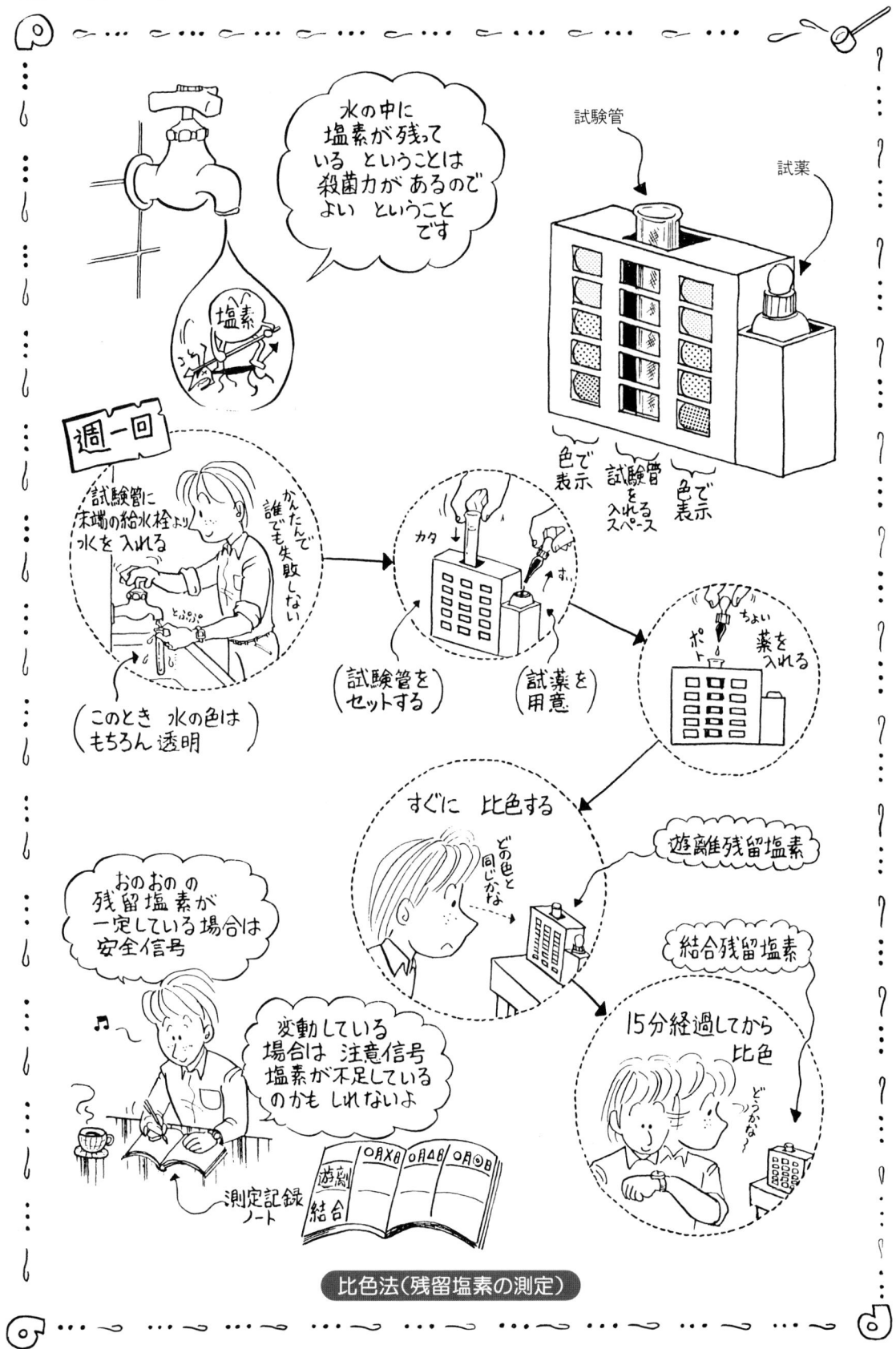

比色法（残留塩素の測定）

11 1人が1日に使用する水の量はどの位かな？

建物内で水使用のために供給される水の量を**給水量**または**使用水量**といい、原単位として1人当り、単位面積当りなどの給水量が基本となっており、建物の種類や用途あるいは季節や曜日、さらに時間帯によって給水量は異なり、その実態をつかみにくい面があります。

建築物の給水設備を計画するに際しては、一般的には水の使用目的、設置される器具や装置の給水特性、器具の使われ方などを考慮し、経験値をベースにした建物種類別の1人1日当りの給水量を原単位とし、使用人員を乗じて1日の建物総給水量を算定します。そして使用人員は有効面積当り人員、定員あるいは居住人員をもとに算出するのです。

1人1日当りの給水量（使用水量）は、例えば一般事務所ビルいわゆるオフィスビルでは80〜100 ℓ/d・人（冷房装置の冷却塔補給水を除く）が、設計数値として用いられています。そしてこのうち60〜70%が大便器と小便器のいわゆるトイレの洗浄水として使用されており、また全館冷房の場合、夏期総使用量の最高値は冬期使用量の約2倍にも及び、冷却塔補給水はピーク時には夏期総使用水量の20〜25%にも及びます。

建物における大まかな給水量は"建物用途別使用水量概算値"に基づいて算出します。

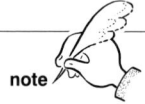
note

▶**一般家庭の1日の使用水量は？**
　現在、一般住宅用の給水量の設計数値としては、200〜300 ℓ/d・人が用いられています。使用水量の内訳は、洗濯25%、水洗便所、食事、風呂用がそれぞれ18%、洗面、手洗い14%、掃除その他7%程度です。

▶**時間平均予想給水量とは？**
　時間平均給水量ともいい、1日の給水量をその大部分が使用される時間数（使用時間）で除した給水量をいいます。時間平均予想給水量は給水引込み管や機器容量などの算定に用いられます。

▶**時間最大予想給水量とは？**
　時間最大給水量ともいい、一定時間内に生じる給水負荷の総量の中で、最も多量の水が使用される一定時間内の給水量のこと、つまり建築物で1日のうちの1時間当りの最大給水量をいい、機器容量の算定などに用いられます。

▶**瞬時最大予想給水量とは？**
　瞬時最大給水量ともいい、ビル内で1日のうち最も多くの水が使用される時間帯で、瞬時に流れる最大の給水量をいい、給水管の管径計算やポンプ直送給水方式の機器容量決定に用いられます。

▶**給水負荷とは？**
　給水設備における機器容量や管径を計算するために、建物用の水の使用状態を量的に予測したものをいい、一定時間内に生じる給水負荷の総量を示す**時間給水負荷**と、水が使用される時間帯で瞬時に流れる給水負荷を示す**瞬時給水負荷**に大別されます。

1・4 ビルで必要とする水の量は?

建物用途別使用水量概算値の例

建物用途	有効面積当り人員(人/m²) または実人員	有効面積率 (%)	1日1人当り給水量 (ℓ/d・人)
事務所・官庁・銀行	0.1～0.2	60	80～100
シティホテル (客) (従業員)	宿泊客人員 3～5%/客数	45～50	350～450 150
旅館 (客) (従業員)	宿泊客人員 従業員	50	250 150
図書館	0.4	40～50	25
デパート (客) (従業員)	2.0 3～4%	55～60	3～5 100～120
喫茶・パーラー (客) 飲食店・レストラン (客) 従業員	0.65～0.95 席/m² 0.55～0.85 席/m²	75～80 65～80	20～30 70～100 100～120
独身寮 (男子) (女子)	寮生＋管理人		150～200 200～250
マンション　{高級 アパート　{普通 住宅　　　{高級 　　　　　{普通	常住者		300～350 250～300 250～300 200～250
医院・診療所	外来患者診療室等の 床面積×0.3人/m²×(5～10)		10
医師・看護師 病院・中規模	実数 病床数		100～120 ℓ/d・人 1,500～2,500 ℓ/d・床
映画館 劇場	席数×4回/日 席数×2回/日		10～25 ℓ/d・席 30～50 ℓ/d・席

給水量算定の手順

(出典：国土交通省大臣官房官庁営繕部設備・環境課監修、社団法人公共建築協会編集『建築設備設計基準　平成21年版』財団法人全国建設研修センター、をもとに作成)

12 ビルでの貯水量はどの位が適当かな？

　ビルの給水では水道直結方式が採用できないので、いずれの給水方式を用いるとしても受水槽および高置水槽や圧力水槽といったいわゆる**貯水槽（給水タンク）**を設け、ここで水道局より供給される上水を一定量貯えておかなければなりません。

　貯水槽における貯水量が使用水量（給水量）に比べて極端に多いと、タンク内の水の入れ替わりが悪くなり水の静止状態が長時間続くことになり、残留塩素の喪失の恐れを生じ、飲料水として好ましくない水、いわゆる**死水**と化す弊害を生じます。

　逆に極端に貯水量が少ないと、水道局側のいわゆる水道本管で断水事故が発生した場合はビル側でもすぐ断水状態になり、また揚水ポンプを頻繁に発停させなければスムーズに給水が行えないなどの弊害を生じることになります。

　したがって、受水槽における貯水量つまり受水槽容量（受水槽の大きさ）は1日当りの給水量を超えないようにしなければならず、一般的に貯水量は受水槽で1日当りの給水量の4/10～6/10程度、高置水槽で1/10程度が適量とされています。ただし、各自治体により指導基準等があるので、事前打ち合わせが必要です。

　なお、圧力水槽給水方式における圧力水槽の貯水量は有効水量でもって示しますが、**有効水量**とは圧力水槽において、ポンプ停止時から、水が使用され、ポンプが起動するまでに使用可能な水量をいいます。

topics

▶**死水?！ 水が死んでしまうこと??**
　水路や給配水管内あるいは貯水槽内などで水が流動することなく、長期間にわたり滞留し静止状態にあると、上水中の残留塩素は消費されつくしてしまって飲料水として不適となり、さらにそのまま水が動かない状態が続くと水の汚濁がすすみ、溶存酸素が5 mg/ℓ以下になり、魚介類も生きられないといったことになり水が腐敗します。
　このように給水設備のいずれかの箇所などで、水が長期間移動することなく停滞している状態のものや、これがさらにすすんで水質が著しく悪化した水のことを、動かない水という意味から**死水**といいます。そして、死水の状態にある箇所を**死水域**といいます。
　貯水槽において死水をつくらないための適当な貯水量は、受水槽では1日当りの使用水量の4/10～6/10、高置水槽では1/10といわれています。そして給水配管や給湯配管の行き止まり部は死水域となりやすいので、各階の末端部に配置されている給水栓や給湯栓で、日常あまり使用されない箇所にあるものは、点検の意味を込めて、1日に1回以上はこれらの蛇口を開いて適当量を放流してやることが肝要です。

1・4 ビルで必要とする水の量は？

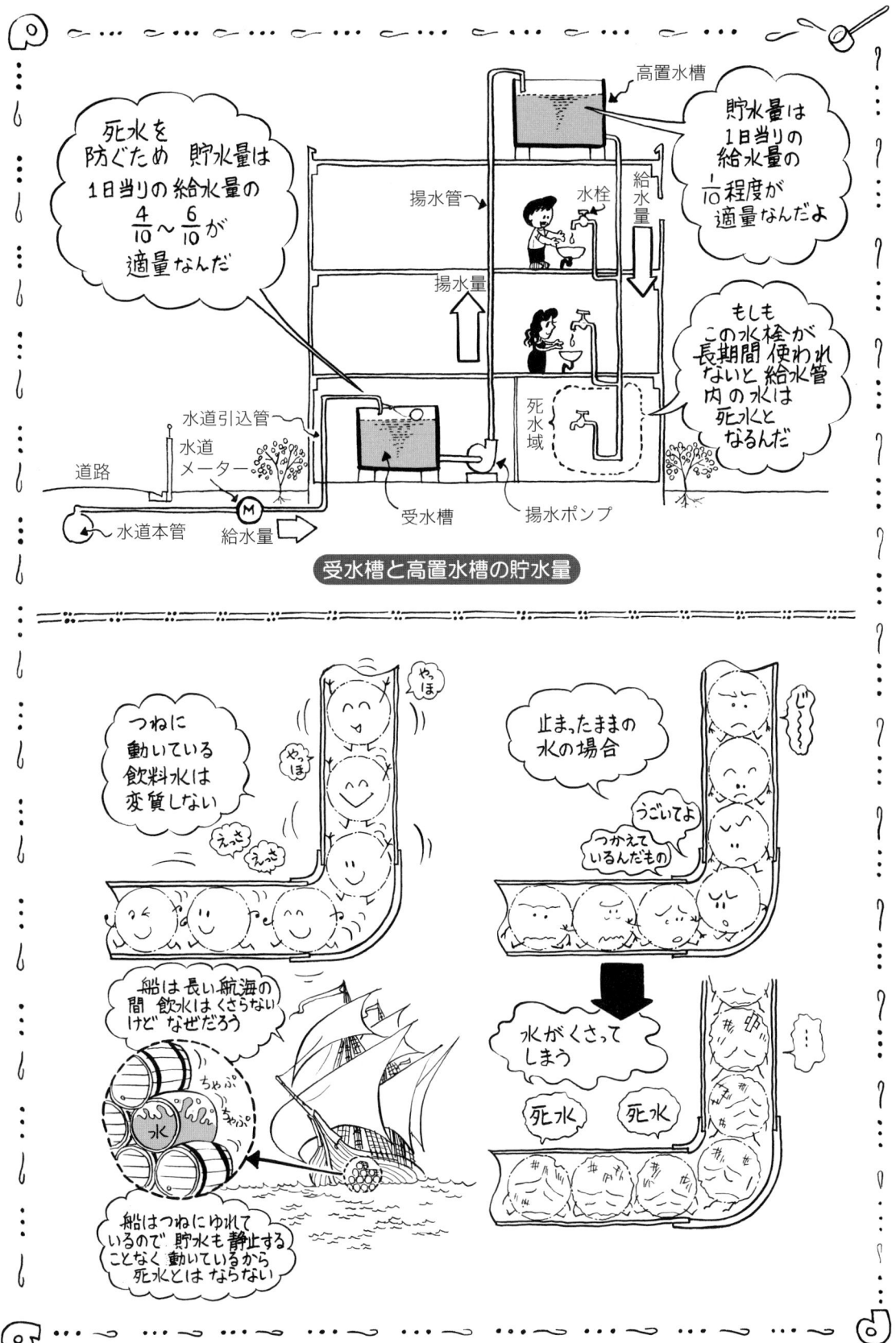

13 Pa、bar、kgf/cm²、mAq（m H₂O）、mmHg、atm？ 圧力のおはなし

上記の意味わかりますか？

Pa（パスカル）、bar（バール）、kgf/cm²（重量キログラム毎平方センチメートル）、mAq（水柱メートル〔mH₂O とも示します〕）、mmHg（水銀柱ミリメートル）、atm（標準大気圧）、いずれも圧力の単位記号です。

主として流体内および流体が固体に及ぼす力について、面に垂直な力の単位面積当りの大きさを**圧力**といいます。そして圧力の単位として以上の単位が広く用いられているわけです。しかし現在では、圧力の標準的な単位としては SI 単位である Pa を用いることになっています。

わが国で、工業上最も基準的に用いられてきた圧力の単位は重量キログラム毎平方センチメートル（kgf/cm²）であり、バール（bar）は 1 bar が 1 気圧（1 atm）とも 1 kgf/cm² とも近似していて、工業的にわかりよい単位であるため Pa より優先的に用いられてきました。また、圧力測定の便宜から水柱メートル（mAq または mH₂O と記号）、水銀柱ミリメートル（mmHg）の単位も広く用いられてきました。

標準とすべき SI 単位である**パスカル**（Pa）が「1 m²（平方メートル）につき 1 N（ニュートン）の力が作用する圧力」といっても、正直なところ何がなんだかさっぱりわかりません。給水設備や給湯設備での圧力としては水頭で説明するのが理解しやすいと思います。

水頭はヘッドともいい、単位重量の流体がもつ機械的エネルギーを地球上でその流体柱（水柱）の高さで表わしたもので、通常その単位は水柱メートル（mAq または mH₂O）で示し、微小な水頭の場合は水銀柱で表わす水銀柱ミリメートル（mmHg）で示します。なお、水頭を**圧力水頭**や**水頭圧**、**水圧**ともいいます。圧力の単位ってほんとうにややこしいですね。

memo

▶**圧力ってほんとうにややこしいね!?**

圧力は工業的には大気圧との差をいう場合が多く、標準大気圧を基準、つまり 0 とする**ゲージ圧力**と絶対真空を基準（0）として測る**絶対圧力**に分けられ、工業的には前者、学問的には後者で示します。そして大気圧よりも高い圧力を**正圧**といい、通常、圧力といえば正圧のことを意味しており、大気圧以下の圧力のことを**負圧**（真空）といいます。

▶**圧力計にもいろいろあるよ！**

正圧を測定する計器を**圧力計**といい、真空度を測定するものを**真空計**といいます。そして両者を測定できるものは**連成計**といわれています。また、大気圧前後の微圧を測定する圧力計のことを**差圧計**（マノメータ）といいます。そして水頭圧を測るものを**水高計**といい、構造的には圧力計の場合と同じくブルドン管式が用いられます。

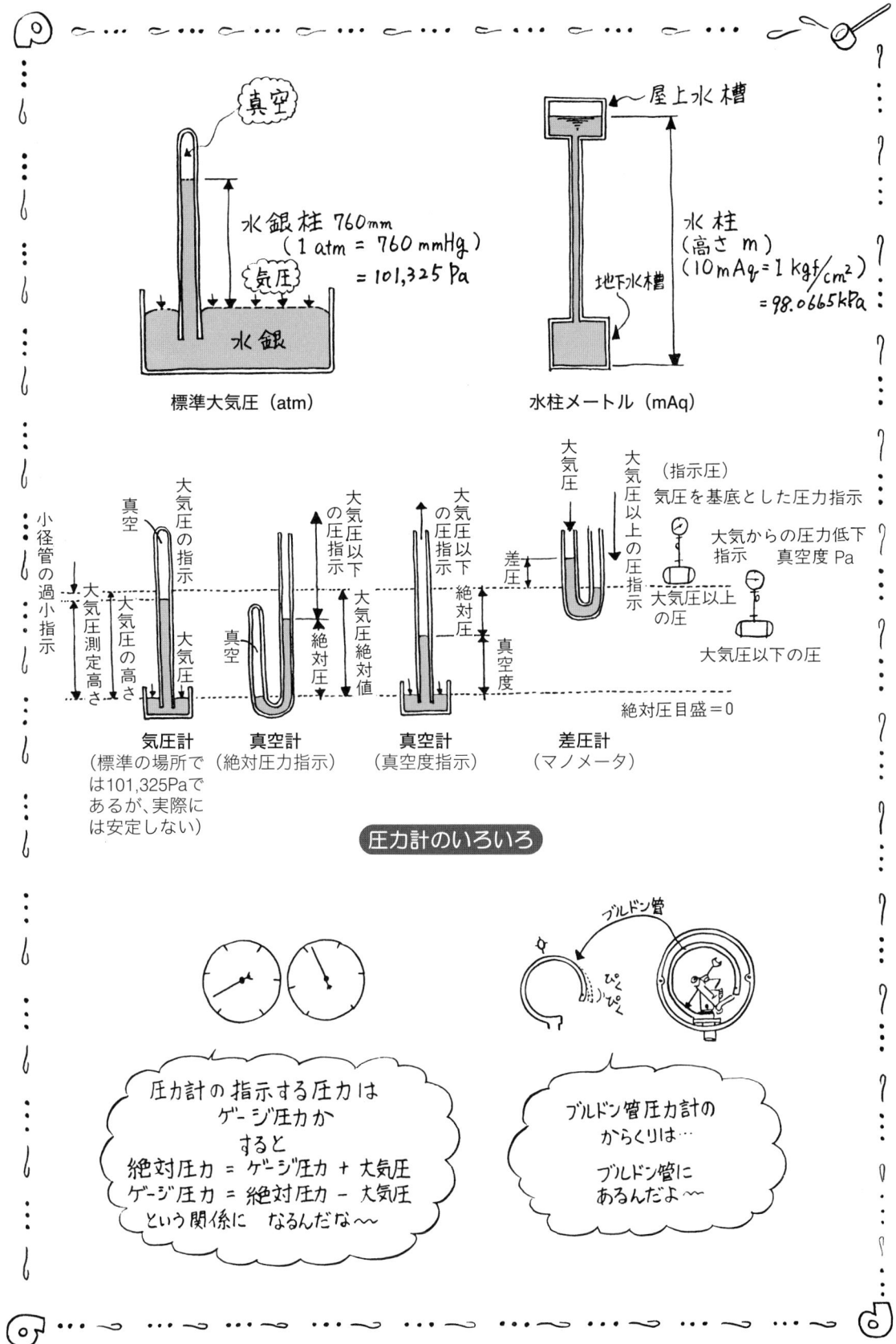

14 水道の蛇口に必要な給水圧力は？

給水系統における配管や給水栓、洗浄弁などの給水器具にかかる圧力いわゆる水圧、いい換えると給水栓などから吐水する圧力（放水圧）を**給水圧力**といいます。

給水圧力が低いと水量が十分であっても、水の流れに勢いがなくチョロチョロとしか流れず、例えば大便器のフラッシュバルブからの水に勢いがないと"ウンコ"が排出できなくなるなど、器具として機能が果たせなくなります。逆に給水圧力が高すぎると、例えば洗面器で顔を洗おうと蛇口を開いた瞬間、まるで消防ホースのノズルからのようにものすごい勢いで水が噴き出し、洗面器で水が跳ね上がり水が器外にとび出して付近の床は水浸しとなり、また洗面の用をたせません。給水圧力が高すぎるとこのような弊害の他に、配管の振動や騒音、ウォータハンマなどのトラブルを生じることになります。

給水栓など給水器具に適正な給水圧力（水圧）は 98.0665 〜 294.2 kPa とされており、高くても 490.33 kPa 以下とし、最低必要給水圧力は各給水器具によって 9.80665 〜 68.65 kPa と定められています。

なお、1 kg/cm² は 98.0665 kPa です。

▶消防用ホースの放水圧力はどの位かな？

ビルにはもちろん**消火設備**を設けなければなりませんが、消火設備は消防法により 10 種類に区分されています。ホースより放水する主な消火設備はつぎの 2 つです。

屋内消火栓設備は、ビル各階の所定箇所に、設けられる屋内消火栓をいい、例えば 1 号消火栓の場合、消防ホースのノズルの先端において、放水圧力が 166.71 kPa 以上で、かつ放水量が 130 ℓ / 分以上の性能を必要とします。

屋外消火栓設備はビル 1 階の外壁などに設けるもので、ホースのノズル先端において放水圧力が 245.17 kPa 以上で、かつ法水量が 350 ℓ / 分以上の性能が義務づけられています。

〈余談〉

消防の"ホース"に関連する"チン談"を披露しましょう。消防学校を卒業して消防署に配属された新米の若い消防士クン。勤務時間中に入浴しておりました（勤務時間帯によって、仮眠や入浴は認められているそうです）。そのとき「火災発生！ 出動！」の命令です。初陣で武者ぶるいの新米の消防士クン、慌てふためいて生まれたまんまのスッポンポンの姿で消防車に乗り込んだのです、「コラ！ そんな小さな"ホース"で火事が消えるか！」と降ろされ、消防車はケタタマしくサイレンを鳴らして出動していきました。責任感の強いこの消防マン、裸の身に消防服を着用してバイクがあるのも忘れて"自転車"で大汗をかきながら必死の思いで火災現場へ遅まきながら駆けつけました。このど根性のある若き消防マンの"チン勇伝"笑うたらあかんで！

1・5 給水圧力のおはなし

器具名		最低必要圧力 (kPa)
洗浄弁		68.65
一般水栓		29.42
自閉水栓		68.65
シャワー		68.65
瞬間湯沸器	大	49.03
	中	39.23
	小	9.81 (低圧用)

圧力は
強すぎず
弱すぎず
その器具の用途に
あった 圧力に
しましょう

困ったぞ
流れて
くれない

ひゃあ
プシャ

マジメ?な
話が
飛び火して
どうも
すいやせん

15 給水配管は上水を宅配するための専用一方通行道路だ！

　いろいろな設備や装置などにおいて、所定の位置に配置した各機器を連絡する流体の通路として、連結し配設された管（導管）のことを総称して**配管**といいます。ここで留意してほしい点は、管を配置する工事いわゆる配管工事のことも"配管"といわれることです。

　そして、水を必要な装置へ供給するための配管を総称して**給水配管**と呼びます。

　給水配管は給水方式によって、水道直結給水方式配管、高置水槽給水方式配管、圧力水槽給水方式配管、ポンプ直送給水方式配管などに区分され、給水の流れの方向により上向き給水配管方式、下向き給水配管方式、上向き下向き混合配管方式などに分けることもあります。

　上向き給水配管方式というのは、水道直結給水方式配管や圧力水槽給水方式配管のように、地階あるいは1階から上階に向かって給水する配管方式のことを指します。**下向き給水配管方式**は高置水槽給水方式配管のように、いったん高置水槽にポンプで揚水し、上階より下階へ順次給水する配管方式のことをいいます。**上向き下向き混合配管方式**は、例えば、1階および2階は水道直結給水方式の上向き給水配管方式とし、3階以上については高置水槽給水方式のいわゆる下向き給水配管方式とする給水配管方式のことをいいます。

　給水配管はいずれの方法をとっても、給水栓など水を供給する給水器具へ水が一方的に供給され、いわば"一方通行"の形態をとらなければなりません。これが上水（飲料水）の給水配管の大きな特徴の1つです。そして給水配管のように送り管のみで返り管のない、流体が一方通行の配管を**単管式**または**一管式**、**行き止まり式**といいます。

　この"一方通行"の特徴を利用して、その配管の流速を回転数に変換して流量を測定するものとして流量計（量水器）があります。

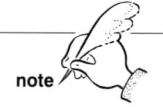

---

note

▶**配管各部の呼称は？**

　配管は同じ材料（同質の管）を用いても、その配置箇所や流体の方向、用途などによりいろいろ呼ばれます。例えば、給水用の配管は給水配管、給湯用の場合は給湯配管と呼ばれます。

　揚水管は地階や1階の水槽より屋上の高置水槽へ、揚水ポンプにより水を汲み上げる（揚水する）ための配管をいい、**給水管**も揚水管の場合と同じく用途による呼称で、給水のために設ける配管をいいます。

　そして主流を通すための**主管**、配管系で主管から分岐された管を**枝管**（**分岐管**）と区分し呼称することもあります。流体が管内を流動する方向や管の配置方向などによって、垂直方向に配管される**立て管**、流体を下降させるための立て管の**立下り管**、液体を上昇させるための立て管である**立上り管**、水平方向または水平と45°以内の角度で配管された**横走り管**（**横引管**）に分けられます。

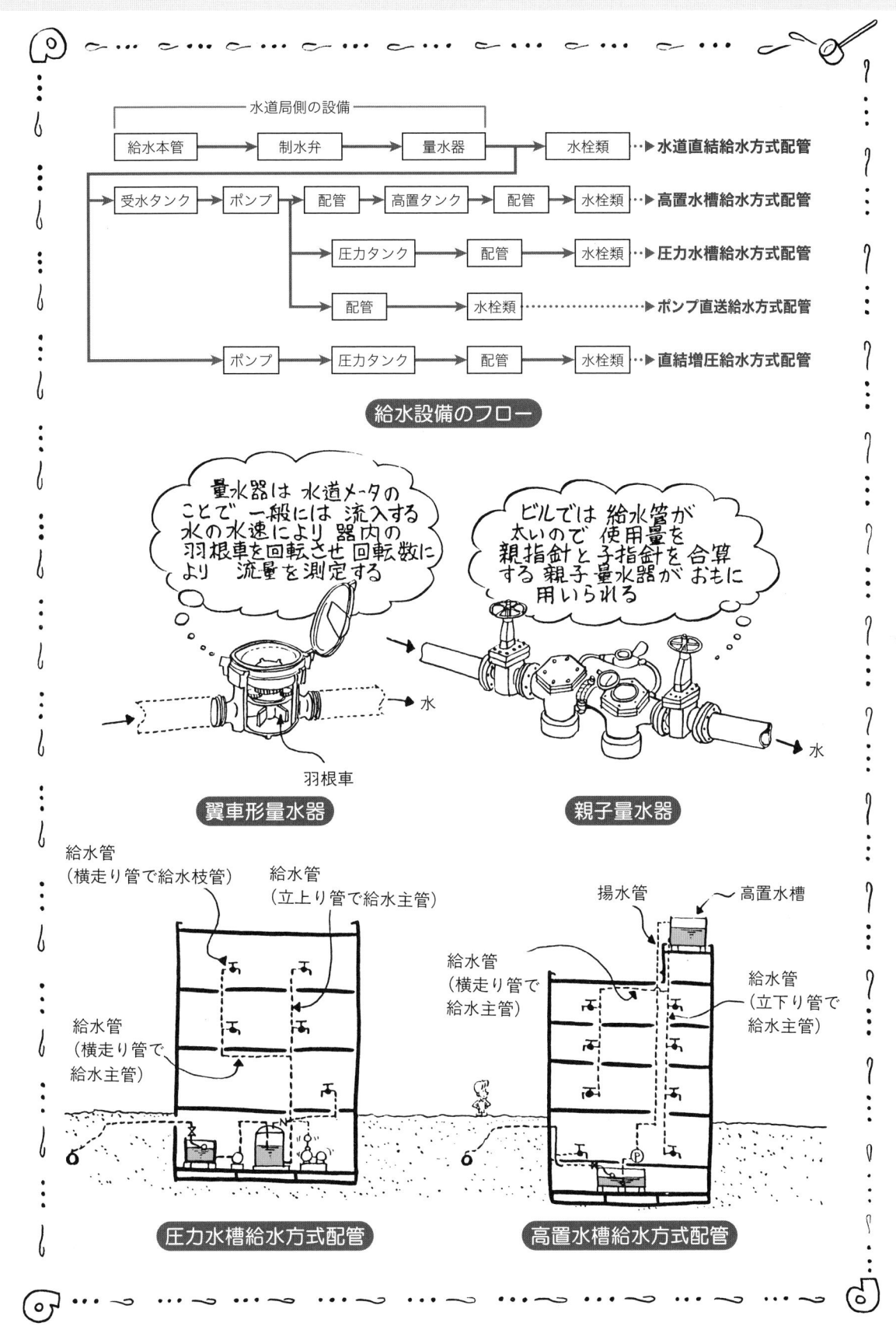

1・6 給水配管のあらまし

給水設備のフロー

```
水道局側の設備
給水本管 → 制水弁 → 量水器 → 水栓類 ▶ 水道直結給水方式配管
         → 受水タンク → ポンプ → 配管 → 高置タンク → 配管 → 水栓類 ▶ 高置水槽給水方式配管
                              → 圧力タンク → 配管 → 水栓類 ▶ 圧力水槽給水方式配管
                              → 配管 → 水栓類 ……… ▶ ポンプ直送給水方式配管
         → ポンプ → 圧力タンク → 配管 → 水栓類 ▶ 直結増圧給水方式配管
```

翼車形量水器：量水器は水道メータのことで、一般には流入する水の水速により器内の羽根車を回転させ、回転数により流量を測定する

親子量水器：ビルでは給水管が太いので、使用量を親指針と子指針を合算する親子量水器がおもに用いられる

圧力水槽給水方式配管

給水管（横走り管で給水枝管）
給水管（立上り管で給水主管）
給水管（横走り管で給水主管）

高置水槽給水方式配管

揚水管
高置水槽
給水管（横走り管で給水主管）
給水管（立下り管で給水主管）

16 給水配管のために用いる管は？

配管は設備や装置に必要な各機器や器具間に所定の流体を流動させるために、これらの間に設ける管（導管）のことですから、配管に必要な主な材料は管、管継手およびバルブとなります。**管**は給水、給湯、排水あるいは石油などの液体、気体燃料（ガス）といった気体などを移送するための流路となるもので、形状（断面）は真円をなしています。そして管は管の材質、肉厚などにより多種に分類され、またその接続法も多岐にわたっているので、流体の種類や用途などに適応したものを用いる必要があります。ビルの給水配管用の管としては主に次のものが用いられます。

水道用硬質塩化ビニルライニング鋼管は配管用炭素鋼管の内面に硬質塩化ビニルをライニングして腐食を防止するようにしたもので、5～60℃の範囲で、静水頭100 m以下の給水配管に用いられます。

水道用鉛管は**鉛管**と俗称され、鉛の化学成分によって、1種（純鉛管）と2種（合金鉛管）、3種（合金鉛管）に分けられます。鉛管は鉛のもつ耐久性、加工性、屈曲性がよく、施工、修理が容易といったメリットがありますが、強度が小さく重量も大きく、平成15（2003）年に鉛に関する水質基準が0.05 mg/ℓから0.01 mg/ℓに改訂されたこともあり、最近はほとんど使用されず、まれに衛生機器接続用の排水管として用いられています。

水道用硬質塩化ビニル管は、俗に**塩化ビニル管**や**塩ビ管**と略称され、塩化ビニル重合体を主体とした非金属管の代表的なもので、低価格で、耐食性が大きく、軽いので現在ではビル内の給水用、排水用、通気管用などとして広く用いられています。静水頭75 m（735.51 kPa）以下の場合に用い、安全使用上、直接管にねじを切ってはなりません。

水道用ポリエチレン管はエチレンを主体とした重合体のポリエチレンを原料としたもので、塩化ビニル管に比べて軽量で柔軟性があって衝撃に強く、約90℃で軟化しますが、低温に強く−60℃で脆化しないので寒冷地の給水配管に適しています。

ポリブデン管・架橋ポリエチレン管は、超高分子の樹脂管であり、耐食性に優れ、プレハブ加工も容易で集合住宅等の小口径給水管として広く採用されています。

---

memo

▶管は"かん"？　それとも"くだ"？

　管のことを機械分野では"くだ"と読み、建築工学の分野では"かん"と発音しています。しかし"くだ"と読んでも、配管を「ハイクダ」とはいいません。でも機械分野では管継手を「くだつぎて」、管径のことを「くだけい」と読み、一般には、かんつぎて、かんけいと発音します。ややこしいですね。

▶管径とは管の直径のこと？

　そうです。しかし管径は一般に**呼び径**をいい、管の内径を指します。そして鋼管の場合、その実内径は呼び径よりやや大きいのです。

1・6 給水配管のあらまし

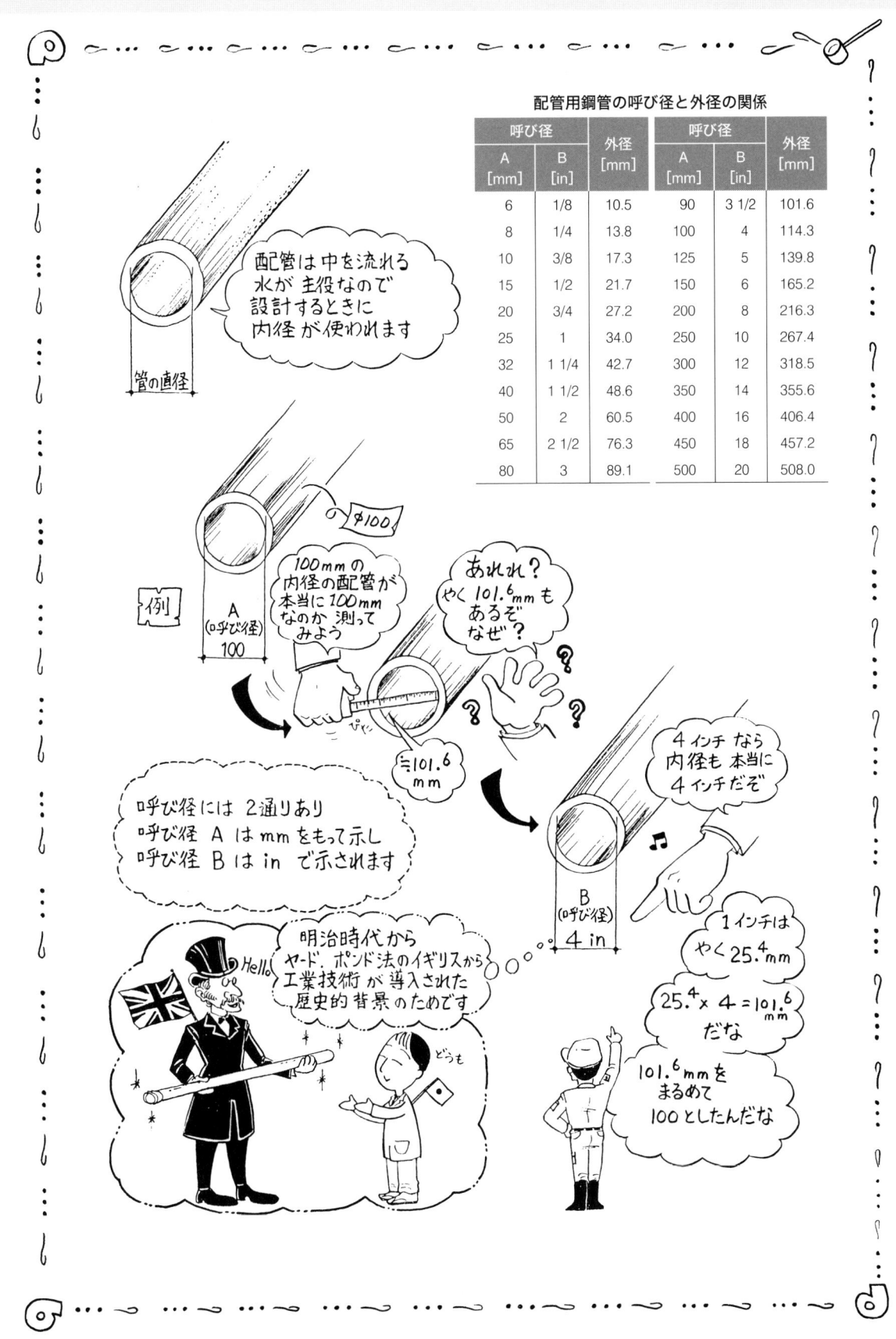

配管用鋼管の呼び径と外径の関係

呼び径 A [mm]	呼び径 B [in]	外径 [mm]	呼び径 A [mm]	呼び径 B [in]	外径 [mm]
6	1/8	10.5	90	3 1/2	101.6
8	1/4	13.8	100	4	114.3
10	3/8	17.3	125	5	139.8
15	1/2	21.7	150	6	165.2
20	3/4	27.2	200	8	216.3
25	1	34.0	250	10	267.4
32	1 1/4	42.7	300	12	318.5
40	1 1/2	48.6	350	14	355.6
50	2	60.5	400	16	406.4
65	2 1/2	76.3	450	18	457.2
80	3	89.1	500	20	508.0

配管は中を流れる水が主役なので設計するときに内径が使われます

管の直径

例
A (呼び径) 100

100 mm の内径の配管が本当に 100 mm なのか測ってみよう

あれれ？やく 101.6 mm もあるぞ なぜ？

≒101.6 mm

呼び径には2通りあり
呼び径 A は mm をもって示し
呼び径 B は in で示されます

4インチなら内径も本当に4インチだぞ

B (呼び径) 4 in

1インチはやく 25.4 mm

$25.4 \times 4 = 101.6$ mm だな

101.6 mm をまるめて 100 としたんだな

明治時代からヤード・ポンド法のイギリスから工業技術が導入された歴史的背景のためです

Hello

どうも

17 管継手って何のこと?

管継手はたんに**継手**ともいい、配管において、管の接続、流体の方向転換、流体の分岐や集合、管径の異なる管との接続、管の末端の閉鎖、管と計器やバルブその他の機器などとの接続、配管の膨張と収縮の吸収などの目的に用いる継手をいいます。いわば配管の接続部品ともいえるもので、管とともに配管材料の主たるものです。管継手の材料（品質）は、例えば、水道用亜鉛めっき鋼管の管継手としてはこれと同様の材料でつくられたものを用い、塩化ビニル管の管継手は同じ材料でつくられています。しかし、鋼管と銅管、銅管とプラスチック管など、異種の管と管、管と機器やバルブなどとの接続するための管継手である**媒介継手**もあります。

管継手は媒介継手も含めて、材質、継手の目的や用途、径の大きさなどから実に多種ありますが、目的や用途などの見地から、主に用いられる管継手のみを示しておきます。

管と管を直線上に接続するものとしては、**ソケット**、**ニップル**があり、管の継手部で簡単に管を取りはずしできるようにした**ユニオン**、**フランジ（管フランジ）**があります。

管の方向転換のために用いるものとしては、**エルボ**があり、方向転換の角度により**90°エルボ**、**45°エルボ**に大別されます。

流体の分岐や集合のためのものとしては、**ティ（TやT字管またはチーズともいう）**、**クロス（十字管）**があり、管の末端の閉鎖用としては**キャップ**や**プラグ（栓）**があります。

そして以上の管継手でも径の異なる管と接続する場合のものを**径違い管継手**といい、これには**径違いソケット**、**径違いユニオン**、**径違いエルボ**、**径違いT**、**径違いクロス**などがあります。

さらに以上の管継手の接続方法により、接続部にねじを切り、いわゆるねじ込み結合方式の配管に用いる**ねじ込み式管継手**、溶接によって接続する溶接結合方式の配管に用いる**溶接結合式管継手**、塩化ビニル管やポリエチレン管のように**差込み結合方式**の配管に用いる**差込み継手**に分けることができます。

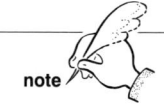

▶ねじ込み結合方式とは?

接続する管端部あるいは管継手にテーパねじを切り、シールテープなどのシール剤を巻いたおすねじ部をめすねじ部にねじ込んで管を接続する方式で、これは鋼管の場合で、管径が呼び径150A以下で、管内の水圧が2,000.51 kPa以下の場合に広く用いられます。

▶溶接結合方式とは?

鋼管の接続部をアーク溶接やガス溶接で接合する方法で、**差込み溶接式**と**突合せ溶接式**があり、前者はおす部である管端をめす部の管継手などに差込み溶接するもので、呼び径40A以上の配管に用いられます。後者は同径の管を突き合わせて溶接するもので、呼び径50A以上の配管に用いられます。

1・6　給水配管のあらまし

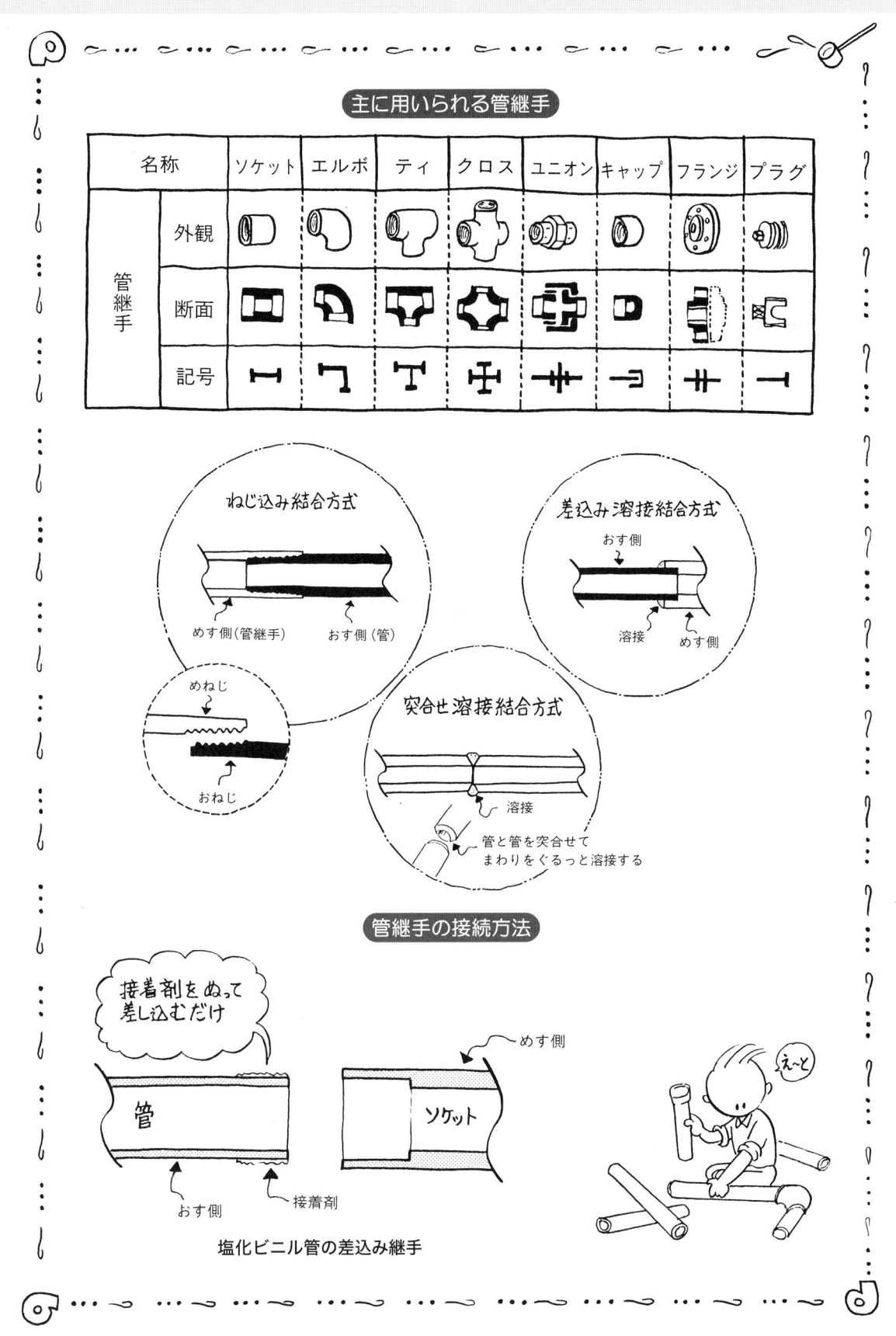

主に用いられる管継手

名称		ソケット	エルボ	ティ	クロス	ユニオン	キャップ	フランジ	プラグ
管継手	外観								
	断面								
	記号	⊢⊣	⌐|	T	✢	⊣⊢	⊐	‖	⊣

ねじ込み結合方式
- めす側（管継手）
- おす側（管）
- めねじ
- おねじ

差込み溶接結合方式
- おす側
- 溶接
- めす側

突合せ溶接結合方式
- 溶接
- 管と管を突合せてまわりをぐるっと溶接する

管継手の接続方法

接着剤をぬって差し込むだけ

- 管
- ソケット
- おす側
- 接着剤
- めす側

塩化ビニル管の差込み継手

え〜と

18 バルブは道路(配管)の交通整理をするお巡りさんだ！

　バルブというのは流体を通したり、止めたり、制御したりするため、配管の途中や容器や装置などに取り付け、流路を開閉することができる可動機構をもつ機器の総称で、基本的には弁体と弁座が主要部分となり、弁体の上下作用によって開閉が行われます。なお、バルブは用途、種類、形式などを表わす修飾語が付くものには"弁"（べん）という用語を用います。

　バルブは用途、種類、形式などの要素が複雑に組み合わさり、その体系化はなされておりません。しかし一般的には止め弁、仕切り弁、逆止め弁、圧力逃し弁、水栓などに大別され、バルブの開閉操作方法により、手動弁、自動制御弁に大別されます。

　止め弁は弁体が弁棒によって、弁座に直角な方向に作動するバルブの総称で、玉形弁やアングル弁が該当します。**玉形弁**は**グローブ弁**ともいい、一般に球形の弁箱をもち入口と出口の中心線が一直線上にあり流体の流れがＳ字状となるバルブ、**アングル弁**は弁類の入口と出口の中心線が直角で、流体の流れ方向が直角に変わるバルブです。

　仕切り弁は**ゲート弁**または**スルース弁**ともいい、また、弁軸を90度回転させて開閉させる**バタフライ弁**（円盤状の弁体）や**ボール弁**（球状の弁体）があります。弁体が流体の通路を垂直に仕切って開閉を行い、流体の流れが一直線上になる形の弁で、その構造からも流体の流れ抵抗は小さい。

　逆止め弁は**チェッキ弁**や**戻り止め弁**ともいい、流体の流れを一方向のみ許し、反対方向に流れることを阻止するように作動するバルブで、その逆流防止の原理からスイング式、リフト式に大別されています。**スイング式逆止め弁**は弁体がちょうつがい式に取り付けられ、入口側の圧力が高いときのみ弁体が押し開けられて流体が直線的に流動し、もし逆流しそうになったときは弁体が弁座面に垂直に圧着（閉止）するもので、水平配管、立て配管においても使用します。**リフト式逆止め弁**は弁体が弁箱またはふたに設けたガイドによって、弁座に対し垂直に作動し流体の逆流を防止するもので、これは原理上、水平配管にしか用いられません。

　圧力逃し弁は流体の圧力が一定限度（危険圧力）になったとき、自動的に開いて流体を管外へ放出し、危険圧力を超えないようにするためのバルブの総称で、流体が液体の場合に用いるものを**逃し弁**、流体が気体の場合に用いるものを**安全弁**といいます。

　自動制御弁は**自動弁**ともいい、これの分類方法もいろいろありますが、電動弁と電磁弁に分けておぼえておくのもよいでしょう。**電動弁**は自動制御装置の調節部よりの操作信号に応じ、回転する、コントロールモータと連動し開閉する形式のバルブで比例制御の場合に用います。**電磁弁**は電磁石の電磁力によって弁体を開閉するバルブで、構造上、瞬時閉、瞬時開の開閉動作をするのでオンオフ制御の場合に用います。

バタフライ弁

ボール弁
（提供：株式会社キッツ）

1・6 給水配管のあらまし

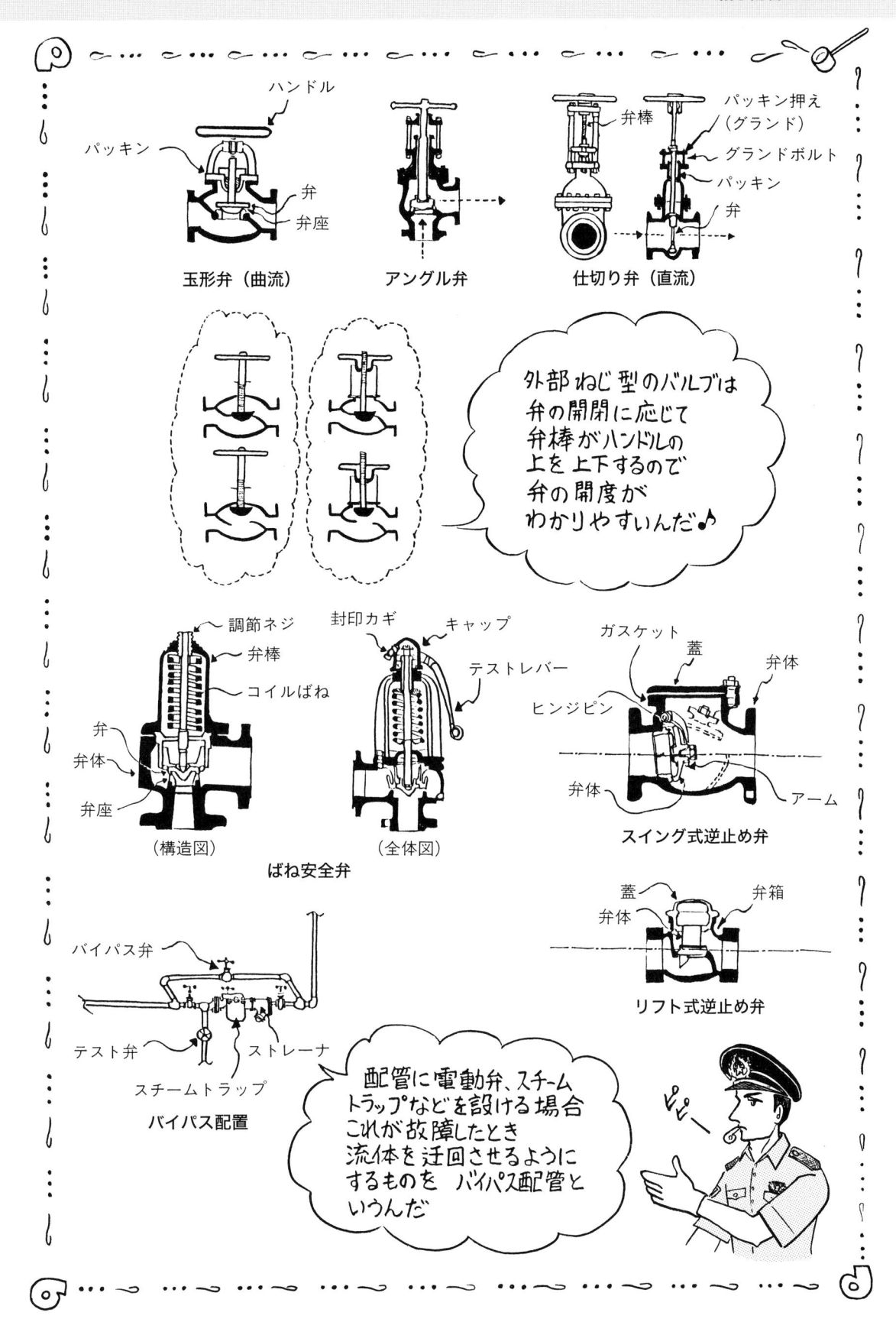

玉形弁(曲流) / アングル弁 / 仕切り弁(直流)

外部ねじ型のバルブは弁の開閉に応じて弁棒がハンドルの上を上下するので弁の開度がわかりやすいんだ♪

ばね安全弁 (構造図)(全体図)

スイング式逆止め弁

バイパス配置

リフト式逆止め弁

配管に電動弁、スチームトラップなどを設ける場合これが故障したとき流体を迂回させるようにするものをバイパス配管というんだ

19 給水器具って、はやい話が蛇口のことだ！

　衛生器具のうち、給水栓、止水栓、ボールタップなど、とくに水および湯を流し台や浴槽などに供給するための器具を**給水器具**といいます。その主なものは給水栓です。
　給水栓は**水栓**ともいい給水、給湯配管の末端に取り付けられ、開閉により水または湯を供給、止水するための器具の総称で、多種ありますが、いずれにしても給水栓はむかしから**カラン**や**蛇口**（じゃ口）と俗称されており、つぎのようなものがあります。
　横水栓：給水管を取り付ける接続口が横方向にある構造の給水栓で最も広く用いられます。
　自在水栓：これは吐水口部分を左右に動かすことができるようにした給水栓で、台所流しなど厨房用に広く用いられます。
　立て水栓：これは給水管に取り付ける接続口が下向きにある構造の給水栓で、主として洗面器に用いられます。
　湯水混合栓：これは**温水混合栓**や**混合弁**などともいい、ハンドル操作によって、湯と水が混合され吐水する給水栓で、流し台、浴槽、洗面器などに用いられます。
　手洗衛生水栓：ハンドルが吐水口の下にあり、ハンドルを開くと、手と同時にハンドルも洗浄される給水栓で、便所や厨房などの手洗い器に取り付けられます。
　手洗衛生フラッシュ弁：吐水口の下部の軸棒を押し上げ手を離すと、一定時間内に一定水量が流れて自動閉止するもので、便所や厨房などの手洗器に用いられます。
　以上の他、**散水栓**、プールなどで用いられる**洗眼水栓**、実験室などで用いられる**化学水栓**などがありますが、いずれも寸法としては管径に合わせて、呼び径は 10 mm、13 mm、20 mm、25 mm のものが主につくられています。

---

note

▶給水栓はコマによっても分類される
　コマとは給水栓の給水の開閉を行う弁に該当する部分で、こまパッキンがねじ止めされていて、給水栓の故障はほとんどがパッキンの摩滅によるものです。コマの状態によって給水栓はつぎの 3 種に分けられます。
　コマ式水栓：これはスピンドルとコマが完全に分離しているもので、断水しているときにハンドルを開いてスピンドルを持ち上げても、コマが自重で下がって栓を閉じた状態となり、給水管内への空気の侵入を防止します。これは凍結することがほとんどない関東以西で使用されます。

　固定式水栓：これはスピンドルにコマ（パッキン）が固定されているもので、水抜きの際スピンドルがコマと一緒に上がるので給水管内の水を完全に抜くとともに、給水管内へ空気が入ります。固定式水栓は**ビス止め式水栓**ともいい、北海道など寒冷地域で用います。
　吊りコマ式水栓：これはコマ式と固定式の両機能を備えたもので、リングをスピンドルにはめ、リングの一端をスピンドルの横穴から差し込んでコマをつくったもので、主に東北地方で用いられます。

1・6 給水配管のあらまし

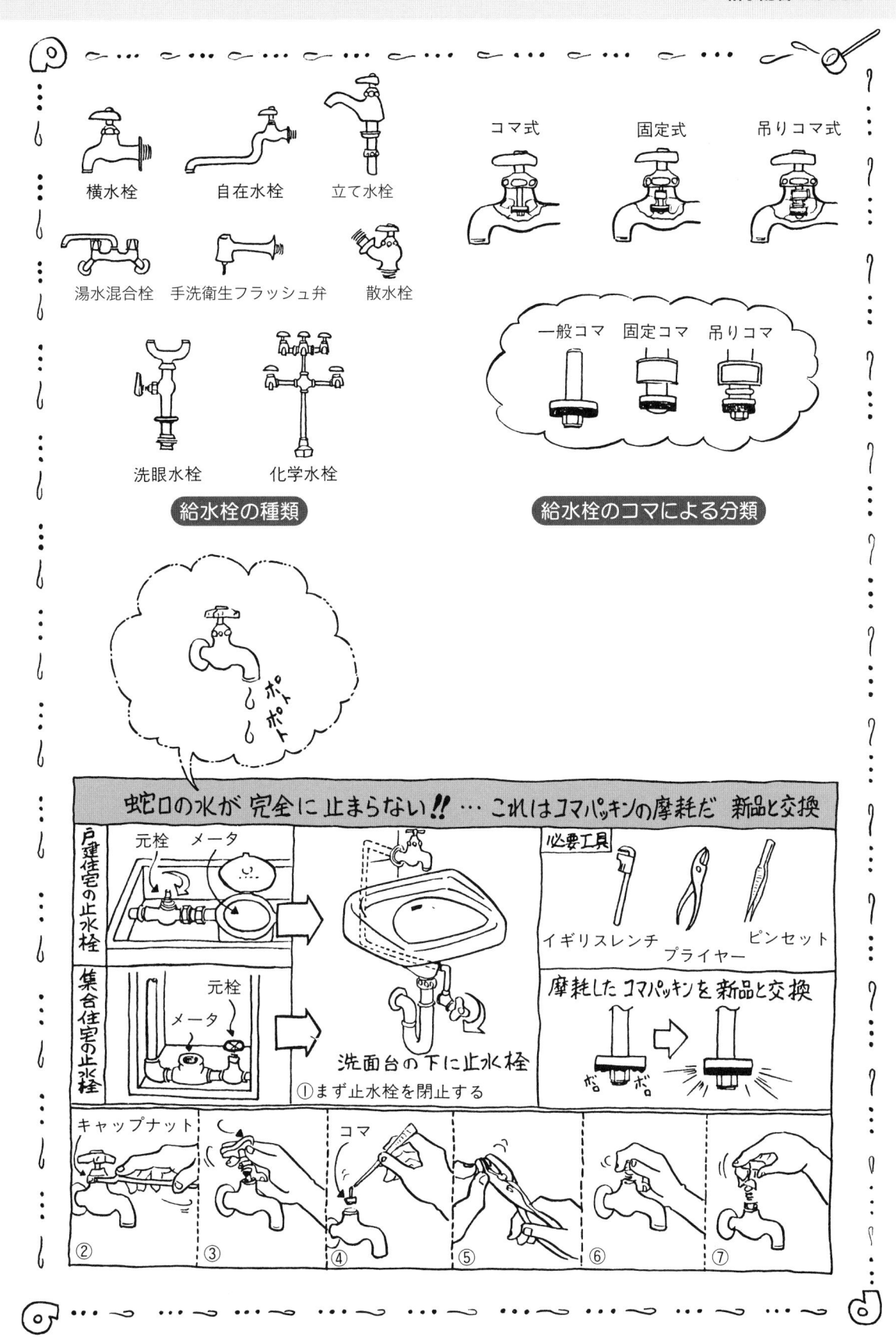

横水栓　自在水栓　立て水栓　　コマ式　固定式　吊りコマ式

湯水混合栓　手洗衛生フラッシュ弁　散水栓

一般コマ　固定コマ　吊りコマ

洗眼水栓　化学水栓

給水栓の種類　　**給水栓のコマによる分類**

蛇口の水が完全に止まらない‼ … これはコマパッキンの摩耗だ　新品と交換

戸建住宅の止水栓：元栓　メータ
集合住宅の止水栓：元栓　メータ

洗面台の下に止水栓
①まず止水栓を閉止する

必要工具：イギリスレンチ　プライヤー　ピンセット

摩耗したコマパッキンを新品と交換

②キャップナット　③　④コマ　⑤　⑥　⑦

20 床下ピットを利用した貯水槽はだめ！

　ビルの給水設備に必要とする受水槽、高置水槽、圧力水槽など飲料水を貯えるタンク（槽）を総称して**貯水槽**または**給水槽**といいます。貯水槽は材質面からは、木製、鋼板製（ステンレス製を含む）、FRP製と略称される強化プラスチック樹脂製に大別されますが、主にFRP製が用いられます。これは軽量で錆びることがなく、価格が安いからです。貯水槽は建築基準法によりその構造基準が示され、建物の床や壁などと兼用しない構造つまり貯水槽は単体の独立した構造、そして衛生上有害なものが入らない構造とし、かつタンクの天井や周囲および底部の保守点検が可能な構造としなければなりません。したがって衛生上、問題の多い床下ピットを利用した貯水槽は禁止されます。

　受水槽は一般に水道引込み管からのいわゆる給水源から供給される上水をいったん貯水するために設けられるタンクで、1階または地階に設置されます。受水槽を設ける理由は、水道引込み管にポンプを直結すると揚水時に大量の水が吸引され、付近の水道本管の水圧が低下し、近隣の水の出が悪くなったり濁ったりする弊害を生じるためで、水道法の規定により水道水はいったん受水タンクに貯留後、ポンプで揚水、給水するのです。

　受水槽の容量は1日の使用量の4/10～6/10を標準とし、タンク内で水が停滞する箇所（死水域）があるとその箇所の水は死水と化すおそれがあるので、容量の大きいタンクでは隔壁などを設けます。そして、タンク内の最高水位を超えて水が入った場合にこれを外部へ排出するための**オーバーフロー管**の末端部は排水管に直結してはならず、管径の2倍以上離した吐水口空間を設けて、排水管へ放流するという**間接排水**としなければなりません。なお、丘陵地などで水道本管の水圧が低くなる地域では、地階に受水層を設ける場合に、付近の水圧低下の影響を少なくするため、地上1.5 mの高さに**副受水槽**の設置が義務づけられます。

　高置水槽は高置水槽給水方式に用いられ、ビル内の水使用箇所へ位置水頭を利用して重力の作用によって給水するため、屋上、中間階などに設置されるタンクをいい、その構造やまわりの配管などは受水槽とほぼ同じです。容量は1日の使用量の1/10を標準とします。

　圧力水槽は圧力水槽方式に用い、水の入ったタンクに圧縮空気を送り、水に圧力を与えてビル内に給水するもので、一般に1階または地階に配置されます。受水槽や高置水槽がタンク内上部の空所が大気圧と同じようになる**開放式タンク**であるのに対し、圧力水槽は密閉容器でかつ内圧（空気圧）を有するので労働安全衛生法による**第2種圧力容器**に該当します。

1・7 貯水槽のはなし

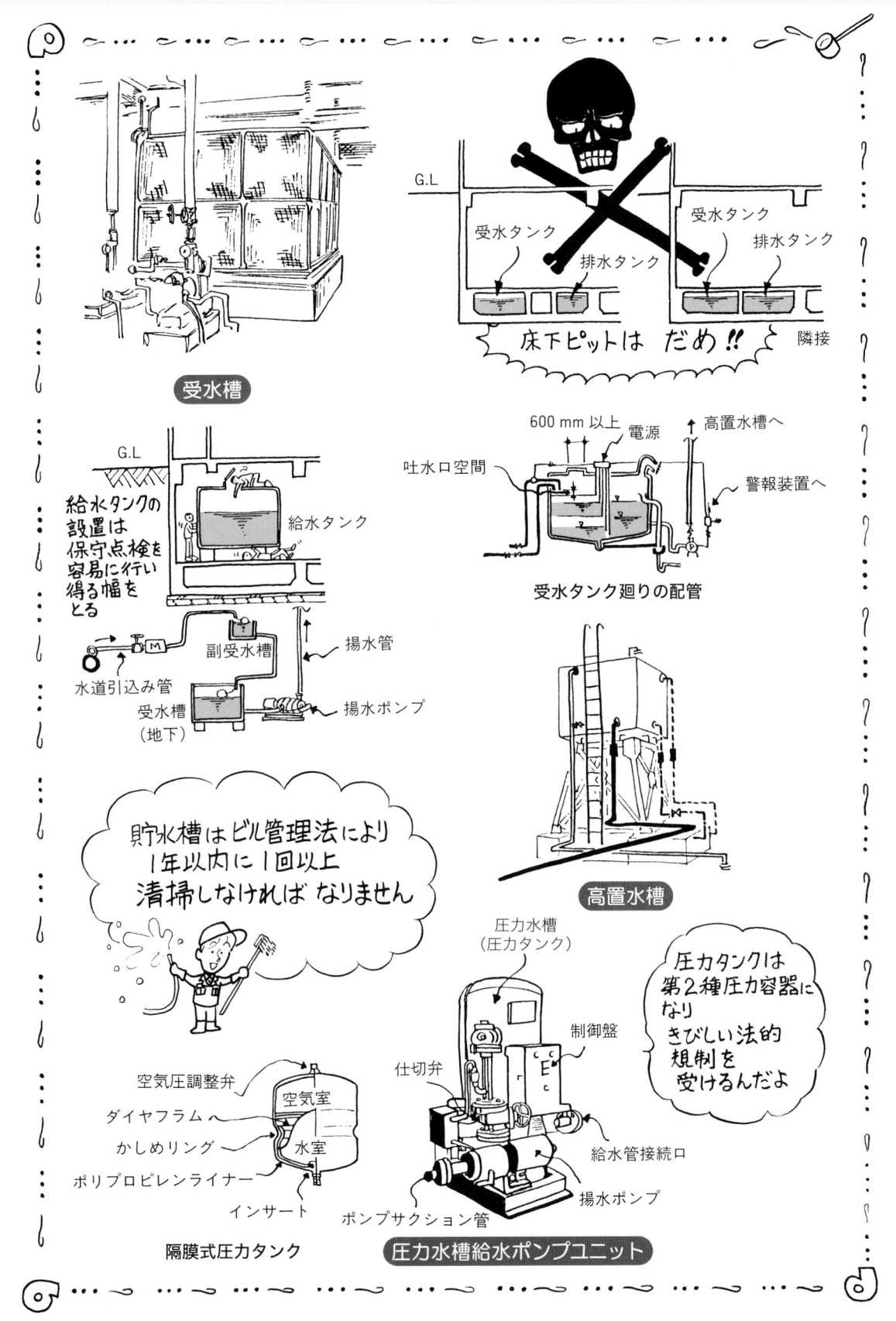

受水槽

床下ピットはだめ!! 隣接

給水タンクの設置は保守点検を容易に行い得る幅をとる

受水タンク廻りの配管
600 mm 以上　電源　高置水槽へ
吐水口空間　警報装置へ

水道引込み管　副受水槽　揚水管
受水槽（地下）　揚水ポンプ

貯水槽はビル管理法により1年以内に1回以上清掃しなければなりません

高置水槽

圧力タンクは第2種圧力容器になりきびしい法的規制を受けるんだよ

空気圧調整弁　空気室
ダイヤフラム
かしめリング　水室
ポリプロピレンライナー
インサート

隔膜式圧力タンク

圧力水槽（圧力タンク）　制御盤
仕切弁
給水管接続口
ポンプサクション管　揚水ポンプ

圧力水槽給水ポンプユニット

21 受水槽の水面制御のカラクリ"ボールタップ"

　貯水槽にはつねに所定の範囲内の貯水量がなければならず（タンク内の水面の高さが所定範囲内にあることを必要とし）タンク内の貯水量がつねに適量であるように調整することを**水面制御**といいますが、受水槽の水面制御はボールタップまたは定水位弁によって行われます。

　水道引込み管より受水槽への水の供給は、水道本管の水圧によりタンク内に流入するのですが、その水面制御は一般的には**ボールタップ**というフロート（浮子）の浮力により、弁が自動開閉する機構のバルブ（一種の自動給水器具）によって行います。

　ボールタップは水面をフロートという浮力によって、水面の高低に応じて上下し、これにレバーによって連結された弁がフロートの所定低位置より低い場合は全開し、最高の流量で給水され、所定低位置より高くなるにつれてフロートの位置も高くなり、その動きに比例して、弁の開度が減じ給水量が比例的に減少していき、所定の高位置（最高水面）に達した時点で弁が完全に閉止し、給水が自動的に停止される仕組みになっています。

　ボールタップは弁という操作端を電気や空気圧などのエネルギーを必要としない自力制御方式で、弁の開度に比例して給水されるという比例制御ができ、その構造もごく簡単で場所もとらないので受水槽はむろんのこと、トイレの便器洗浄用のロータンクやハイタンクなど、タンク類の水面制御に広く用いられます。しかし受水槽のように大きなタンクで用いると弁の全開時には流量が多いため、水道引込み管側（水道本管側）が水圧低下し近隣の建物に対する給水に悪影響を与え、またウォータハンマを発生するおそれがあり、かつ完全閉止する高水位の位置が一定しない欠点があります。

　このようなボールタップの欠点を是正するために用いられるのが定水位弁です。**定水位弁**は主弁と副弁（パイロット弁）に分かれ、主弁はタンクの外部で水道本管と接続され、パイロット弁はタンクの内部に取り付け、タンク内水面の上下によってパイロット弁が開閉し、パイロット弁の開閉によって主弁が作動し、トラブルを生じることなく安定した水面制御が行えるようになっています。パイロット弁としては一般にボールタップが用いられますが、電磁弁＋電極棒方式のものもあります。定水位弁は**複式自動給水弁**などともいわれ、主弁をタンクの外に設置できるため、保守点検が容易で大容量の受水槽の水面制御に広く用いられています。

---

memo

▶"ボールタップ"と"フロート弁"
　ボールタップは機械工学分野ではフロート弁と呼ばれますが、フロート弁が建築設備に用いられるときは"ボールタップ"と称されるのです。

1・7 貯水槽のはなし

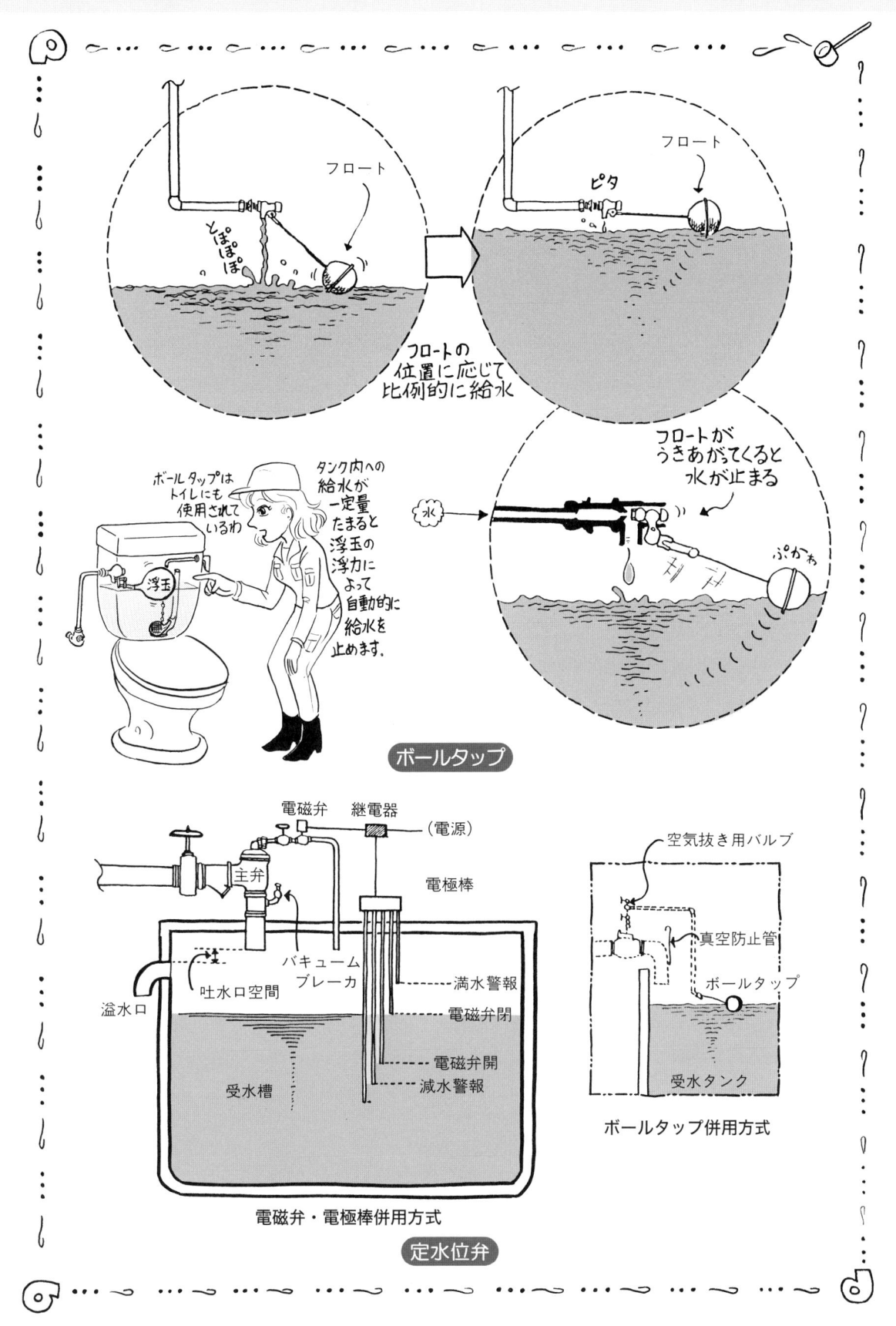

フロートの位置に応じて比例的に給水

フロートがうきあがってくると水が止まる

ボールタップはトイレにも使用されているわ

タンク内への給水が一定量たまると浮玉の浮力によって自動的に給水を止めます。

ボールタップ

電磁弁・電極棒併用方式

ボールタップ併用方式

定水位弁

22 高置水槽の水面制御はポンプをコントロールして行うのだよ！

　高置水槽はその使用目的から文字通り高所に配置されるため、地階の受水槽の上水を揚水ポンプで汲み上げなければなりません。したがって高置水槽の水面制御は、タンク内の水面が所定の低水面まで低下した時点で揚水ポンプを稼動（オン）させて給水し、そして所定の高水面に達したときポンプを停止（オフ）させ給水を停止するという、ポンプをオン・オフ制御することによって行うのです。高置水槽の水面制御はつぎの2つの方式が用いられます。

　フロートスイッチ方式水面制御は浮力によりタンク内水面を検出するセンサであるフロートに、ロッドまたはロープにより水銀スイッチあるいはマイクロスイッチが連結された**フロートスイッチ**を利用するものです。すなわち、水面が所定低水面に低下した時点で水銀スイッチの接点が閉じ（オンし）、ポンプが稼動し、水面が所定高水面に達したとき接点が開き（オフし）、ポンプが停止するということを繰り返しながら、水面が常に所定範囲にあるよう制御されます。

　フロートレススイッチ方式水面制御は**電極棒スイッチ方式**ともいい、水の電気伝導性を利用したもので、ステンレス製の棒いわゆる電極棒をタンク内に数本そう入し、この電極棒間に低圧の交流電圧を加えておき、電極棒が水につかっていれば電極棒間に微小電流が流れ、電極棒の下端以下に水面が低下すれば電流が流れなくなります。このように水中に流れる微小電流の有無により水面を検出、これを増幅して電磁リレーを働かせ接点を開閉し、ポンプの操作回路を制御して、ポンプをオンオフさせ水面制御する方式で、高置水槽の水面制御として最も多く用いられます。図の(a)のように水面が電極棒 E_2 の下端より低下した時点が、ポンプをオンさせるために設定した低水面となり、図(b)のように水面が電極棒 E_1 の下端に接触しはじめるときが、ポンプをオフすべき設定の高水面となります。

　このフロートレススイッチ方式は電極棒の数を増やせば、ポンプのオンオフだけではなく、何らかの原因でポンプが停止せず、設定高水面を水面が超えてタンクのオーバーフロー管から水が流出するという異常高水面に達すれば、異常高水位警報を発するようにすることができ、逆にタンク内の水がなくなるほどの異常低水面まで低下してもポンプが稼動しない場合にも警報を発し、担当者に異常を知らせるシステムが簡単にできます。

---

topics

▶ホントは水は電気を通さないんだよ!?
　真の純水つまり不純物をまったく含まない水、H_2O ならば電気を通さない非電導性です。なぜ、水は電気を通す電導性物質とされるのでしょうか？　この理由は水はその特性上、気体や固体や液体を溶解しやすい物質で、必ず何がしかの水以外の電導性の成分や物質が含まれているからです。

1·7 貯水槽のはなし

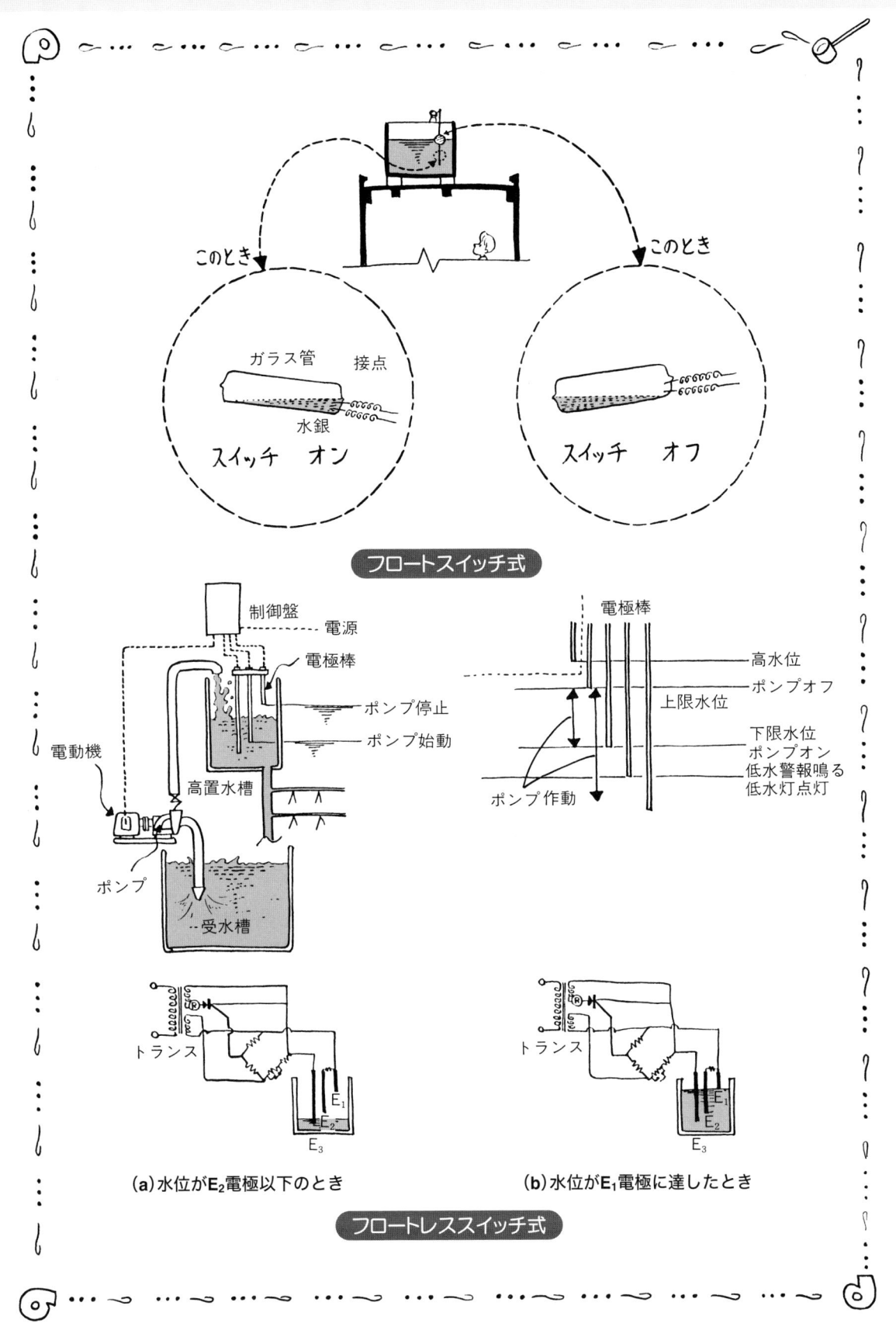

ガラス管　接点

水銀

スイッチ　オン

スイッチ　オフ

フロートスイッチ式

制御盤
電源
電極棒
ポンプ停止
ポンプ始動
電動機
高置水槽
ポンプ
受水槽

電極棒
高水位
ポンプオフ
上限水位
下限水位
ポンプオン
低水警報鳴る
低水灯点灯
ポンプ作動

トランス　　　　　　　　　　　　　　　トランス

(a) 水位がE_2電極以下のとき　　　(b) 水位がE_1電極に達したとき

フロートレススイッチ式

23 ディフューザポンプとうずまきポンプ

　モータから機械的エネルギーを受け、水にエネルギーを付与して高い所へ供給したり、遠方へ送り出す機械を**ポンプ**といいます。ポンプを用途別に分けると、高所へ汲み上げるための**揚水ポンプ**、給湯設備や空調設備において熱の運搬などの目的で2つ以上の装置間で湯や水を循環させるための**循環ポンプ**、給水設備に用いる**給水ポンプ**、汚水槽より汚水を排除するための**汚水ポンプ**などです。

　そしてポンプを作動原理により分類すると、ターボ型、容積型、特殊型に大別されますが、給水設備や給湯設備ではターボ型ポンプが主に用いられます。**ターボポンプ**は、流体にエネルギーを与える羽根をもつ回転体である**羽根車（インペラ）**の回転により、水にエネルギーを与えるポンプの総称で、ターボポンプは遠心式ポンプ、軸流ポンプ、斜流ポンプに分けられますが、その中の遠心式ポンプが主に用いられるのです。

　遠心式ポンプの原理は水車状の羽根車の高速回転による遠心力で水にエネルギーを与え、速度を圧力に変換し送り出す（吐水）ものであり、羽根車に案内羽根が有るか無いかにより、うずまきポンプとタービンポンプに分けられます。

　うずまきポンプは**ボリュートポンプ**ともいい、羽根車を高速回転させて遠心力で水を送り出すもので、外観と内部の水の運動がともにうずまき状になっています。うずまきポンプは98.0665〜588.399 kPaと比較的低い揚程ですが、大量の揚水ができます。うずまきポンプは一般に水頭圧196.133 kPa以下の低揚程で、揚水量が比較的大きい場合に用いられます。

　ディフューザポンプ（タービンポンプ）は羽根車の外側に流線型の固定羽根いわゆる**案内羽根**を設けたものをいいます。案内羽根を設けることにより効果的に水の速度が圧力に変換され、高圧となってうずまき室に入って吐き出されることになります。そして高圧の水として送り出すには、案内羽根を設けた羽根車を同一軸に何段も設け、前段の案内羽根から吐き出された流水を、つぎの羽根車の吸い込み側に導き、加圧を繰り返すことにより、それに比例して送水圧力を増加することができます。案内羽根付き羽根車を一段増すごとに294.21〜588.399 kPa送水圧力が増し、1段の場合を**単段ディフューザポンプ**、2段以上のものを**多段ディフューザポンプ**といい、ディフューザポンプは多段とするのが原則で、一般に2〜6段が多く使われ、10段ぐらいのものもあります。

　多段ディフューザポンプは490.33 kPa以上の高揚程ポンプとして使用されますが、水量はうずまきポンプに比べて少なくなります。ディフューザポンプはビルの地下受水槽から屋上の貯水槽へ揚水するための揚水ポンプ、消火ポンプなどとして広く用いられます。

　なお、揚程 10m = 1 kgf/cm^2 = 98.0665 kPa です。

1・8 ポンプは水を運ぶエレベータ

うずまきポンプは たくさんの水を 送れるのですが 実用上の揚程は 20m程度です

ディフューザポンプは 送水圧が すごい！ 揚程 20〜200mも あります

高置水槽

高置水槽

受水槽

受水槽

うずまきポンプ

ディフューザポンプ

多段 ディフューザ ポンプ

案内羽根付き 羽根車を 何段も かさねると 送水圧は さらに ふえます

24 ポンプの揚程とは？

　ポンプ運転によって、水に与えられる単位重量当りの機械的エネルギーである水頭（ヘッド）の値は、その水柱の高さと一致し、これを**揚程**といいますが、水をポンプで高所に汲み上げる場合、低所の水面から高所の水面までの垂直距離（高さ）を mAq（m 水柱）で表しますが、単位は m です。これを**実揚程**（静水頭）といいます、しかしポンプで揚水する場合、揚水管（吐出し管）や吸込み管を水が通るときに吸込み弁や吐出し弁などのバルブ、管継手などの抵抗を受けるため、この抵抗を一定の方式により水頭に換算しますが、これを**摩擦損失水頭**といいます。そして、静水頭と摩擦損失水頭を加えたものを**全揚程**（ポンプ揚程）といい、これが揚水に必要なポンプの吐出し圧力です。

note

▶**フート弁って？**
　ポンプの吸込み管の先端（下端）に取り付けて、吸込み管や吐出し管の水が逆流するのを防止するための逆止め弁のことをいいます。フート弁の下部には、水中のゴミなどが吸い上げられるのを防ぐため、**ストレーナ**と呼ぶろ過器具を設けなければなりません。

▶**呼び水って何の水？**
　ポンプを運転する場合、ポンプ内部および吸込み管内に空気があると運転（揚水）不能、揚水不良などのトラブルを生じます。すなわち、ポンプ内および吸込み管内は満水となっていなければなりません。このため、ポンプの始動前にポンプ本体と吸込み管を満水とするために、ポンプの**呼び水装置**（呼び水弁や呼び水じょうご）より注水する操作のことや、その水のことを**呼び水**といいます。

▶**サージング？**
　これはポンプに発生するトラブルの1つで、流量をしぼって運転すると、水の吐出し圧力や吐出し量が変動し、振動や騒音を発生する現象をいい、サージングがひどいとポンプの運転が不可能となります。

▶**ポンプアップとは？**
　ポンプを用いて水を汲み上げること、つまり揚水することをいいます。

▶**ポンプの口径とは？**
　ポンプや送風機など流体機械の吸込み口、吐出し口の直径をいい、なかには口径の呼び名で機械の大きさを表わすものがあります。

▶**ポンプの性能曲線とは？**
　機器の種類や形式などで定まる性能の顕著な傾向あるいは特徴をグラフ上に示した曲線を**性能曲線**といいますが、横軸に水量をとり、縦軸に揚程、動力、効率をとって表したものをポンプの特性曲線といい、標準状態における性能を表わしています。ポンプの回転数が変わると特性が変わり、水量は回転数に比例します。

▶**ポンプの効率はどのくらいかな？**
　機械や装置が行う有効な仕事とこれに供給したエネルギーとの比を**効率**といい、％で表わします。摩擦抵抗の小さいものほど効率は高くなりますが、いずれの機械などでも 100 ％にはなりえません。そして水動力とポンプ軸動力の比を**ポンプ効率**といい、一般に 60 〜 80％といわれております。

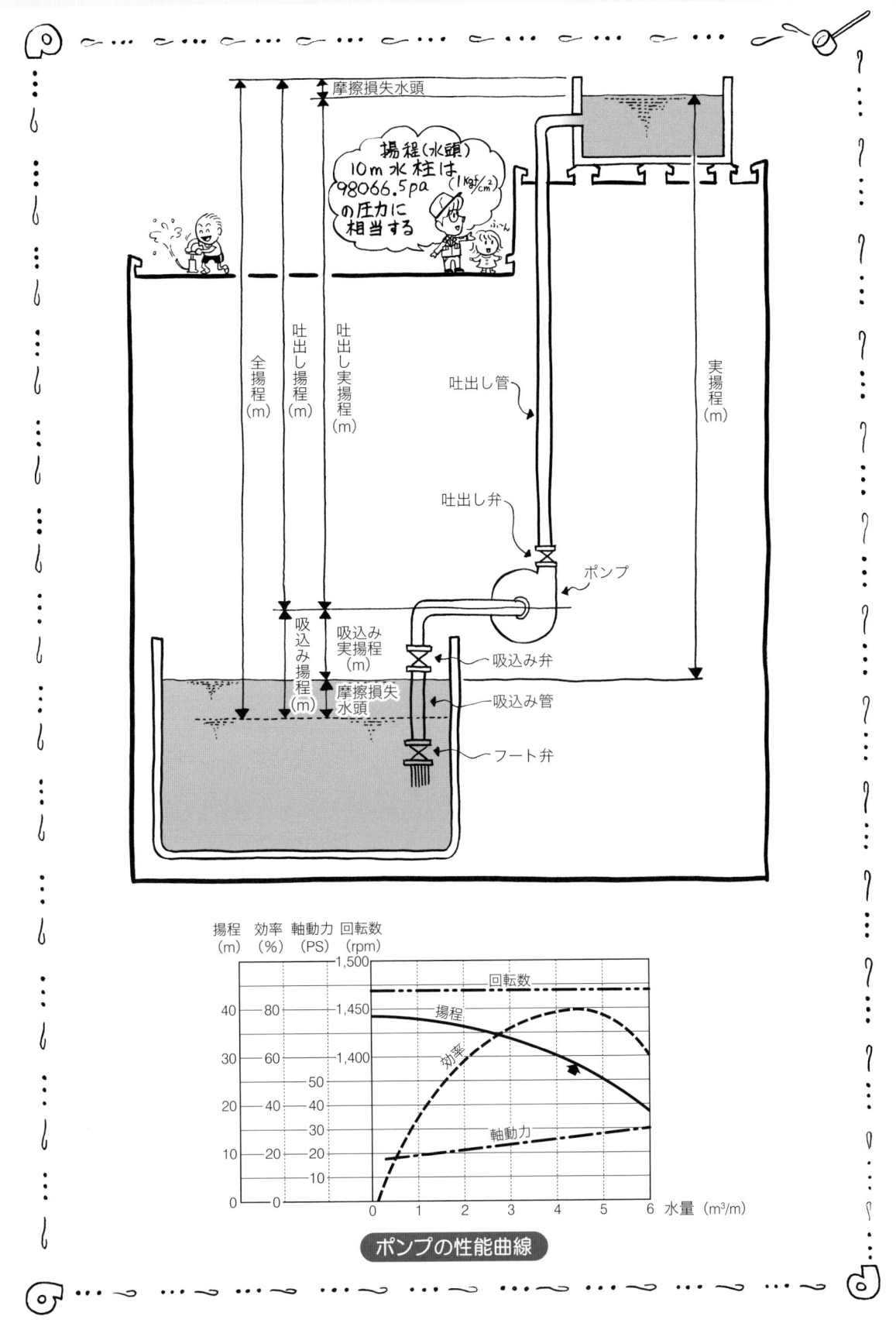

1・8 ポンプは水を運ぶエレベータ

摩擦損失水頭

揚程(水頭)
10m水柱は
98066.5pa (1kgf/cm²)
の圧力に
相当する

全揚程(m)
吐出し揚程(m)
吐出し実揚程(m)
吐出し管
吐出し弁
ポンプ
実揚程(m)
吸込み実揚程(m)
吸込み揚程(m)
摩擦損失水頭
吸込み弁
吸込み管
フート弁

揚程(m)　効率(%)　軸動力(PS)　回転数(rpm)

回転数
揚程
効率
軸動力

水量(m³/m)

ポンプの性能曲線

25 ポンプの運転・保全のポイント

　給排水衛生設備には給水設備における上水揚水ポンプ、給水ポンプ、給湯設備における循環ポンプ、排水設備の排水ポンプなど多くのポンプが用いられ、かつ、ポンプはすべて自動制御により運転されます。したがってポンプを正しく運転管理し、点検保全に努めることは重要な事がらです。ポンプの運転・保全管理のポイントを示すと次のようなことになります。

　ポンプをいつも正しい運転状態に保つ基本は、正常運転時における各部の状況、運転音などをまず"五感"で把握することです。

①ポンプ吸込み側の真空計、呼出し側の圧力計は、いつもの正しい指度を示しているか。

②制御盤のポンプモータの電流計は定格電流値以下で安定しているか、電圧計は定格電圧を指しているか。

③軸受温度が適温か否か、軸受ケーシングに手を触れてみる。

④運転音は正常かどうか、振動や騒音に異常はないかを耳で確かめる。

⑤スタフィングボックスからの水漏れ状態はどうか。メカニカルシールの場合は水漏れがあってはならず、グランドパッキンの場合は一般に水滴がポト、ポトと連続的に滴下するくらいが適当とされています。

⑥原則として3ケ月ごとに軸受油を取り替えましょう。

⑦グランドパッキンは年に1回は交換します。スタフィングボックスからの水漏れが多過ぎたとき増し締めしても減らない場合には、臨時にグランドパッキンの交換をします。

⑧メカニカルシールの場合も年1回は交換し、途中でも水漏れが生じたら交換しましょう。

⑨潤滑油は年に1回交換します。途中でも油が黒ずんでいるときなどには交換しましょう。

⑩なお、適宜、ポンプ停止時にポンプが軽くまわるかどうか、カップリングを手でまわしてみましょう。この場合、自動運転のポンプの場合は必ず制御盤のポンプ電源スイッチを切ってから行ってください。そうでないと、停止中であるからと思ってそのまま手で触れているとき、ポンプが自動運転に入ることがあり大ケガをするからです。

> **memo**
>
> ▶増し締めって何のこと？
> 　ポンプのグランドパッキンに限らず、機器などのパッキンその他のシール剤を交換した場合、ある程度運転すると、パッキンが収縮し、シール部のボルトのナットがゆるんだ状態となり、漏れを生じることになります。したがってある程度の運転時間が経過すれば、ボルトのナットを再び締め直す必要があります。この作業を**増し締め**というのです。
> 　増し締めに限らずシール部のボルトのナットを締め付ける場合、1つだけのナットを一気に締め付けるという**片締め**を行ってはならず、各ナットを順に少しずつ締めていき、各ナットが平均して締まるようにするのがコツです。

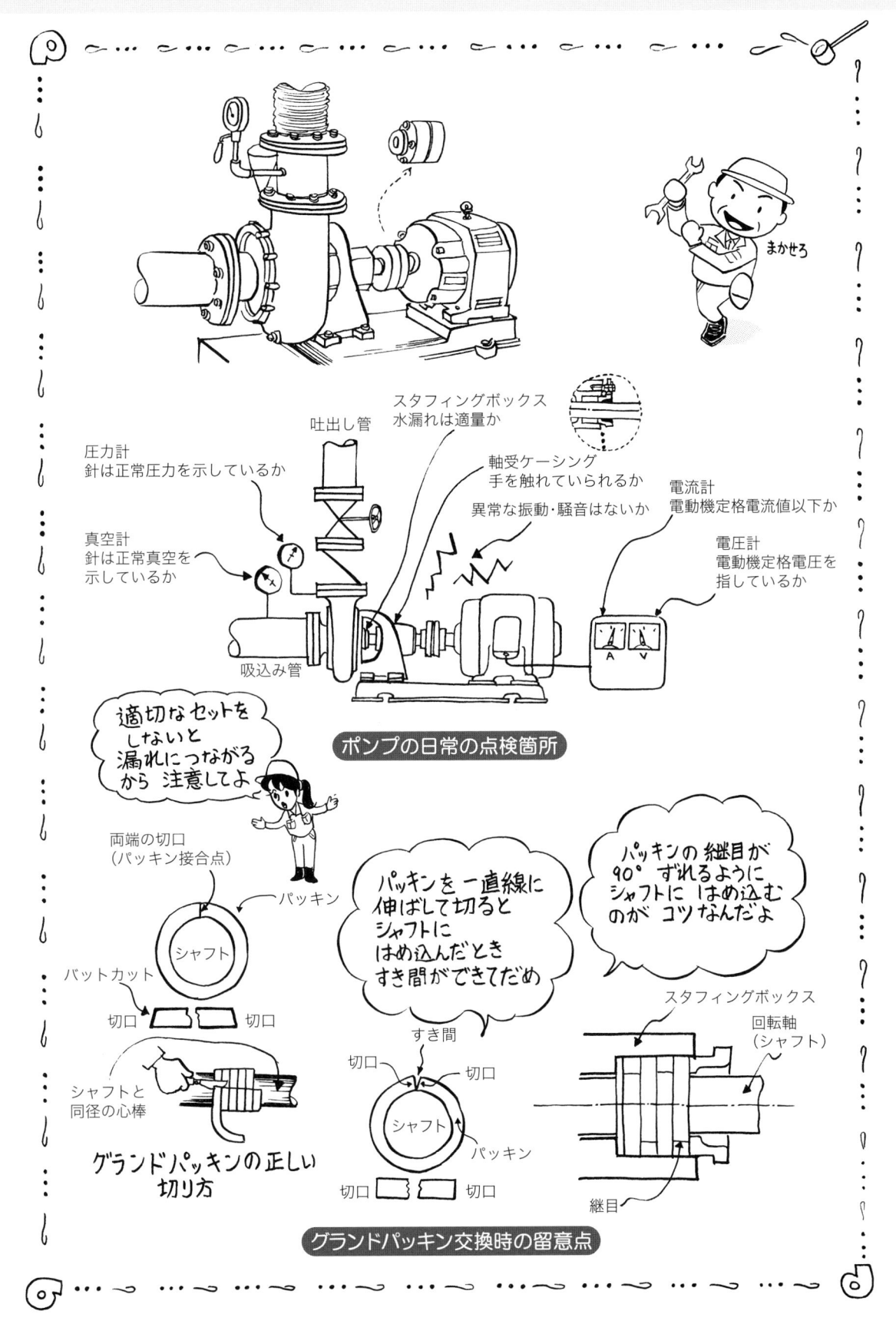

1・8 ポンプは水を運ぶエレベータ

まかせろ

ポンプの日常の点検箇所

- 圧力計　針は正常圧力を示しているか
- 真空計　針は正常真空を示しているか
- 吐出し管
- スタフィングボックス　水漏れは適量か
- 軸受ケーシング　手を触れていられるか　異常な振動・騒音はないか
- 電流計　電動機定格電流値以下か
- 電圧計　電動機定格電圧を指しているか
- 吸込み管

適切なセットをしないと漏れにつながるから注意してよ

パッキンを一直線に伸ばして切るとシャフトにはめ込んだときすき間ができてだめ

パッキンの継目が90°ずれるようにシャフトにはめ込むのがコツなんだよ

- 両端の切口（パッキン接合点）
- パッキン
- シャフト
- バットカット
- 切口
- シャフトと同径の心棒
- すき間
- スタフィングボックス
- 回転軸（シャフト）
- 継目

グランドパッキンの正しい切り方

グランドパッキン交換時の留意点

26 クロスコネクションって何のこと？

　上水（飲料水）系統の給水配管と、雑用水、汚水、雨水系統など衛生上の安全性をおびやかすおそれのある配管系統との間に、不用意な連絡があったり、両系統の配管が一部で連結されていたりして、飲料水系統へ汚染物質が混入するおそれがある配管状態のことを**クロスコネクション**または**混交配管**といいます。

　上水系統の衛生的な給水系統に、汚染された水が混入してくると、当然、上水を汚染し飲料水として不適となり、人の健康を害し、最悪の場合には危険をおよぼします。クロスコネクションは上水汚染の最大原因であり、このような不衛生なことを防止するために、法的に厳しく規制されているのは当然であり、またこれの防止のためにさまざまな工夫や対策がなされています。クロスコネクションはつぎのような2つのタイプに分けることができます。

　直接クロスコネクション：これは上水系統の配管と不純な水の配管とが、どこかで直接に接続されている場合をいいます。なお、良質の井水を使用している場合「良質な井水だから問題はなかろう」と、水道水の給水配管と接続されることがありますが、井水は自然条件などで水質が変化することがあるので、やはりクロスコネクションであるといわねばなりません。この場合「では、上水配管と井水配管の接続部に閉止弁や逆止め弁を設けておけば文句ないだろう！」といわれる人もいるようですが、細菌類は閉止弁を完全に閉じておいても弁のディスクを透過するといわれ、安全は保障できません。点検などのおりバルブを開いて、完全に閉じていなかったり、うっかりして閉め忘れることもあります。したがって、仮に水質良好の井水であっても、上水系統との直接クロスコネクションは行ってはなりません。

　間接クロスコネクション：これは直接クロスコネクションではないが、受水槽や貯水槽内へ雨水が浸入したり、上水の給水系統が事故などで断水したとき給水管内が真空状態（負圧）となり、洗面器や流し台などに貯まっている水（汚染水）が、給水管へ吸引（逆流）するという現象、いわゆる逆サイホン作用による**バックフロー**によって、上水を汚染する危険性のある器具接続配管のことをいいます。したがって間接クロスコネクションといわれるのです。

　クロスコネクションの防止対策としては、直接クロスコネクションは絶対に行わないことと、上水の給水配管系統で必要に応じてバキュームブレーカを設けること、および洗面器や流し台など上水を用いる衛生器具設備や厨房設備などには必ず吐水口空間を設ける。そして維持管理面では、洗面器や流し台の給水栓に短いホースを差し込んで使うという、吐水口空間を無視した使用は避け、バックフローつまり間接クロスコネクションを防止する必要があります。

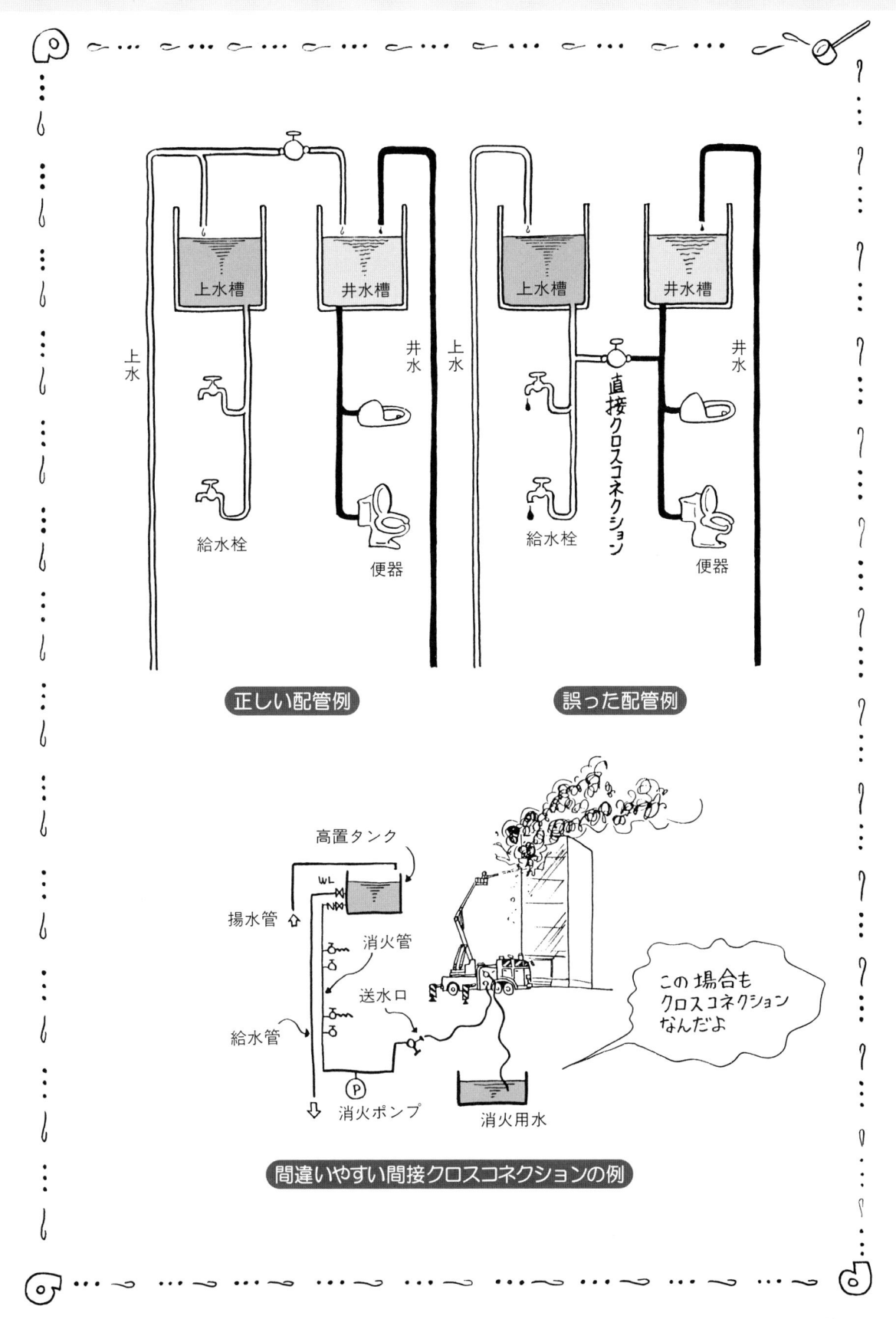

1・9 給水配管にまつわるトラブル

正しい配管例

誤った配管例

間違いやすい間接クロスコネクションの例

この場合もクロスコネクションなんだよ

27 一方通行道路を逆走したらどうなる！ バックフローのはなし

バックフロー（逆流）といえば文字通り、一定方向に流れている流体が何らかの原因で反対方向に流れることを意味するわけですが、給排水衛生設備においての用語としては給水設備と排水設備とに分ける必要があります。

給水設備におけるバックフローとは「上水給水管内へ、それ以外の水、液、その他の物質が流れ込むことをいう」と定義され、上水汚染の用語とされています。すなわち、上水の給水配管（給湯配管も含む）系統が断水などにより負圧（真空状態）となり、給水栓などが取り付けられている流出側の衛生器具その他の水受け容器の水（汚染された水）が、逆サイホン作用により給水管側へ逆流することをいい、いわゆる間接クロスコネクションとなることです。

排水設備におけるバックフローとは、下流側より上流側へ流れることをいい、この場合のバックフローは**逆流**という用語が用いられているようです。もちろんこの場合もトラブルということになります。

両者のバックフローのうち、ここでは給水設備のバックフローを説明します。

バックフローを防止することは即、クロスコネクション（間接クロスコネクション）を防止するということであり、この対策の基本としては逆サイホン作用を防止することであり、そのためにはバキュームブレーカの使用と吐水口空間を設けることです。

バキュームブレーカ（真空防止器） は、給水管の内部に負圧を生じたとき、自動的に空気を吸引し給水管内部が大気圧となるようにした、いわば真空防止装置で**バックフロー防止器**です。負圧が生じると同時に空気を吸引させ大気圧とし、逆サイホン作用を防止してバックフローを防ぐというものです。バキュームブレーカには大気圧式と圧力式が用いられ、これをよく見掛ける場所はビルの便所です。つまり、大便器の洗浄弁に付属しているからです。

point

▶**逆サイホン作用とは？**
　給水管内に生じた負圧により、衛生器具または水受け容器中に吐き出した水、または使用して汚染した水が、サイホン作用により給水管内へバックフローすることをいいます。

▶**吐水口空間って何の空間？**
　衛生器具や水受け容器に吐水（水を供給）する給水管の管端または水栓の吐水口端と、その容器のあふれ縁との垂直距離をいうのですが、逆サイホン作用を防止しバックフローを防ぐための、有効な吐水口空間の数値は給排水設備基準に定められています。その最小限の概略は吐水口径の有効断面の直径の2倍以上とされます。

▶**あふれ縁って何ですか？**
　衛生器具の排水口に栓をして水を流すと、やがて満水となり、水は器具の上縁をあふれ、流出しはじめますが、この上縁のことをあふれ縁といいます。

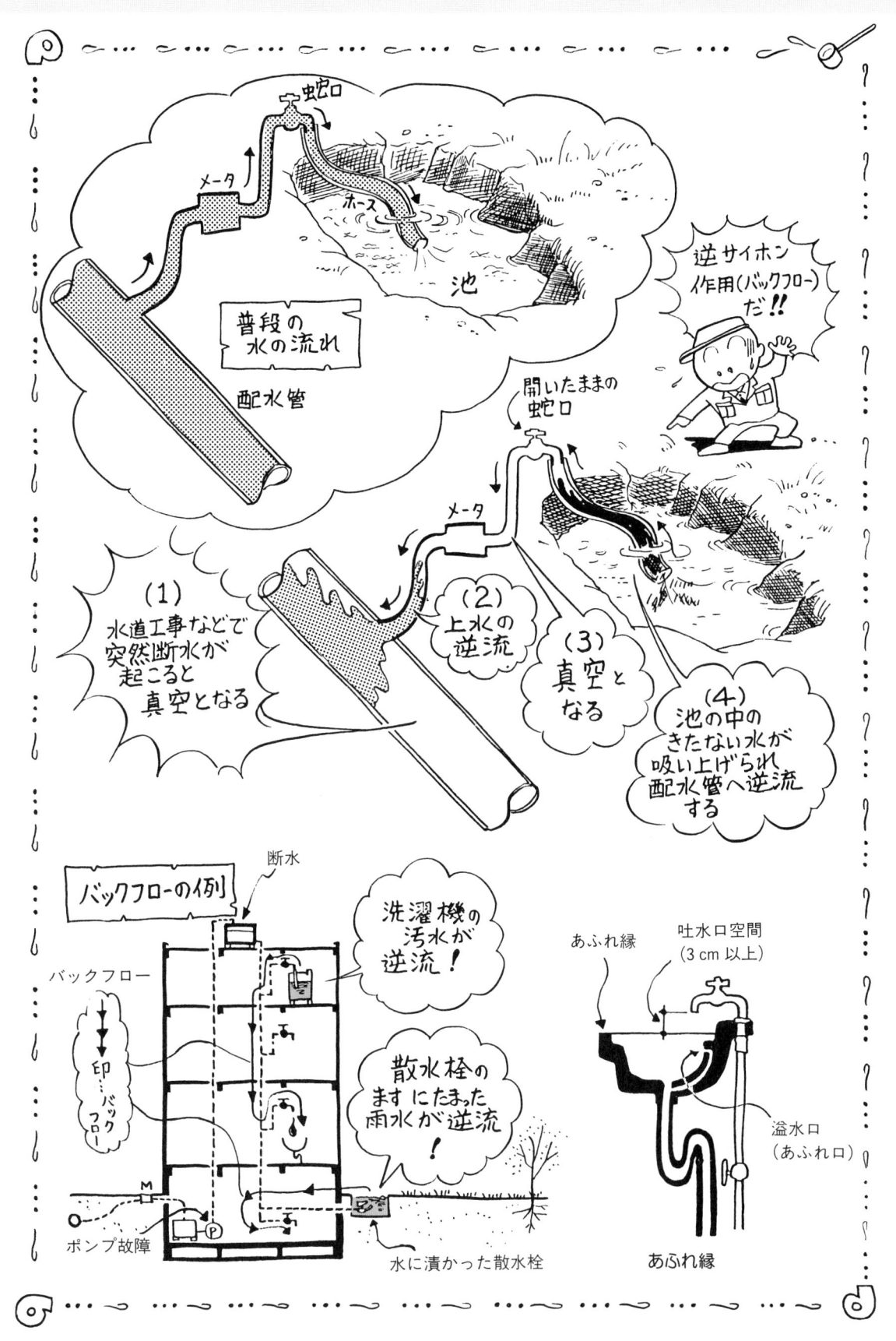

1・9 給水配管にまつわるトラブル

28 ウォータハンマがひどい場合は、配管設備を破損させるよ！

　ウォータハンマは**水撃**や**水撃作用**ともいわれ、配管内を水（圧力水）が充満して流れている状態のときや、給水栓などを全開し圧力水が流出しているときに、給水栓やバルブを急閉止すると、水の流速は瞬時にゼロとなるわけで、水は"非圧縮性"であるために、閉じた点（バルブ）の上流側で水のもっていた速度のエネルギーは瞬時に圧力のエネルギーに変換して、圧力（動水圧）は急激に上昇します。この急上昇した水圧が配管内で等しくなろうと作用して圧力波となり、管路末端に達するとそこで圧力波がストップさせられ、今度は逆に急閉止したバルブ側へと逆戻りし、このような圧力波がいったりきたりということを配管内の全水圧が一定するまで繰り返される現象をいうのです。この動水圧の圧力波はものすごいエネルギーをもち、管末部やバルブあるいは配管の曲がり部などに衝突するごとに、ズシーン！　ズシーン！　と異様な恐ろしい音を発生するとともに、配管設備を破損させる原因となります。

　このウォータハンマは逆に給水栓などを急激に開いて放水し、静止中の配管内の水を急激に流動させた場合にも発生します。この場合は一方の側で急激に圧力降下するために、配管内の他の水が同圧となろうと急激に押し寄せて圧力波となるわけです。

　ウォータハンマの原因は取扱い上としては、配管設備などにおけるバルブなどの急開や急閉の操作にあります。したがって給水栓などはつねにゆっくりと開閉することが肝要です。その他の原因は設計不良や施工ミスによる配管内の著しく過大な水圧、不適当な流速などです。

　しかし、ウォータハンマの発生を完全に防ぐ配管方法は物理的に不可能で、とくに揚水ポンプは停止するごとにウォータハンマが発生しやすく、高揚程の揚水配管の場合には揚水管の下部（ポンプの吐出し管）に衝撃をやわらげるための、**スプリングリターン式逆止め弁（ウォータハンマ防止用逆止め弁）**が設けられます。そして給水管などの枝配管部には必要に応じて、容器内に窒素ガスを封入したベローズを設け、このベローズ部分でウォータハンマによる水撃圧を吸収させる**ベローズ型ウォータハンマ防止器**や、同じく容器内に空気で膨らませたゴム袋を内蔵した**エアバッグ型ウォータハンマ防止器**が配置されます。

---

memo

▶非圧縮性って？
　流体でも、液体は気体とは異なり圧縮しにくい特性があります。すなわち、液体は温度が一定なら圧力により体積がほとんど変化しません。このため液体は**非圧縮性流体**と呼ばれます。ところが気体は圧力により密度を変化し得るつまり圧縮しやすい特性があり、気体は**圧縮性流体**といいます。したがって、空気はウォータハンマ防止用としてだけではなく、自動車の衝突時における人命保護のためのエアバッグなどにも応用されるのです。

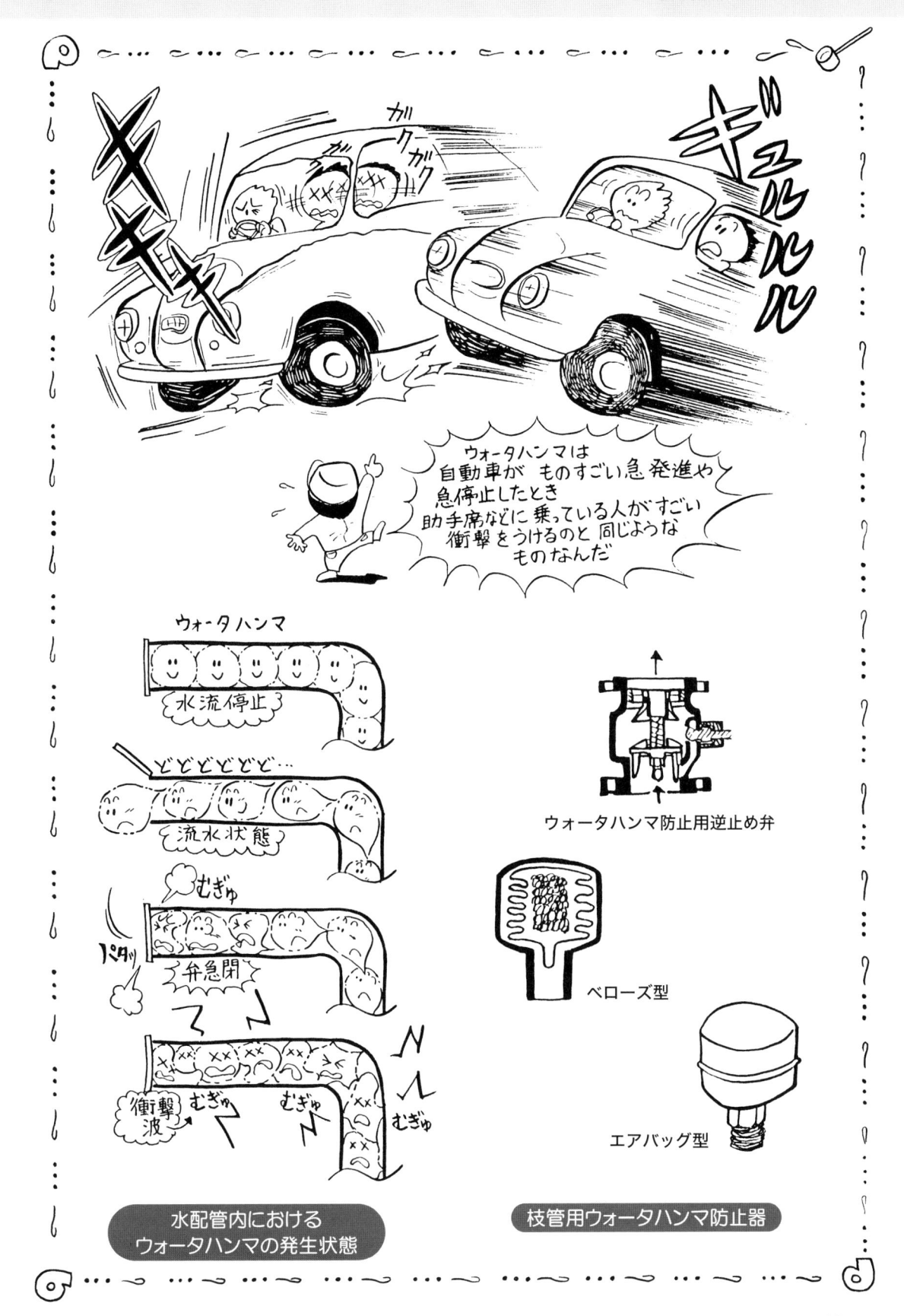

1・9 給水配管にまつわるトラブル

ウォータハンマは自動車がものすごい急発進や急停止したとき助手席などに乗っている人がすごい衝撃をうけるのと同じようなものなんだ

ウォータハンマ
水流停止
どどどどど…
流水状態
むぎゅ
パタッ
弁急閉
衝撃波 むぎゅ むぎゅ むぎゅ

水配管内におけるウォータハンマの発生状態

ウォータハンマ防止用逆止め弁

ベローズ型

エアバッグ型

枝管用ウォータハンマ防止器

2章 給湯設備

厨房用や洗面、入浴用などのお湯を供給するのが給湯設備です。ビルでは中央給湯方式が用いられ、JRの東京山手線や大阪環状線と同じようにビル内をグルグル循環させながら供給するのが特徴です。

29 給湯設備の構成と方式

給湯設備というのは建物内および敷地内において、上水を加熱器により適温に加熱して"湯"とし、これを飲料、厨房、洗浄、入浴などの目的のために供給する設備をいいます。給湯設備は加熱方式から、直接加熱方式と間接加熱方式に分けられ、供給方式により分けると局所式と中央式に大別されます。

直接加熱方式は**直接加熱給湯方式**や**直接給湯方式**ともいい、燃料の燃焼によるエネルギーあるいは電気エネルギー（電熱）で直接、水を加熱し温水（湯）をつくり供給（給湯）するもので、温水ボイラで湯をつくり供給する**油だき温水ボイラ方式**、瞬間ガス湯沸器や貯湯式ガス湯沸器による**ガス加熱器方式**、電気温水器による**電気加熱器方式**に分けられます。

間接加熱方式は**間接加熱給湯方式**や**間接給湯方式**ともいい、ボイラなどで暖房用やその他の目的のためにつくられた温水や蒸気を熱媒（熱源）とし、貯湯槽内の熱交換器（加熱装置）で温水をつくり供給するシステムをいいます。

局所給湯方式は**個別給湯方式**ともいい、湯を必要とする箇所ごとに小型のガス湯沸器や電気湯沸器を配置し、上水を直接加熱し、供給する方式です。

中央給湯方式は地階の機械室といった1ケ所に、ボイラと給湯槽を配置し、ここよりビル全体の湯を必要とする箇所に供給するシステムです。

一般に給湯方式としては家庭用や小さいビルなどでは、局所給湯方式でかつ直接加熱方式である**局所式直接加熱給湯方式**が採用され、大きなビルでは中央給湯方式でかつ間接加熱方式である**中央式間接加熱給湯方式**が原則として用いられます。

ビルでの給湯システムに中央式間接加熱給湯方式が主に用いられる理由は、消費される湯の量が多量であるため、中央給湯方式では貯湯量と加熱量の割合を自由に設計できるので、ビル内での湯を必要とする箇所ごとに異なる給湯条件にうまく適合させることができるからです。また多量の湯をつくるにはボイラを必要とし、ボイラで直接つくった温水（ボイラ水）は不衛生であり、かつボイラは暖房用（空調用）と併用するため、ボイラ水や蒸気でもって熱交換器で上水を加熱し衛生的な温水として供給できる、間接加熱方式が用いられるのです。

いずれにしてもビルでの給湯方式は、中央式間接加熱給湯方式が用いられ、この方式の給湯設備はボイラ、貯湯槽、膨張タンク、温水循環ポンプ、そしてこれらを連絡する給湯配管などによって構成されます。

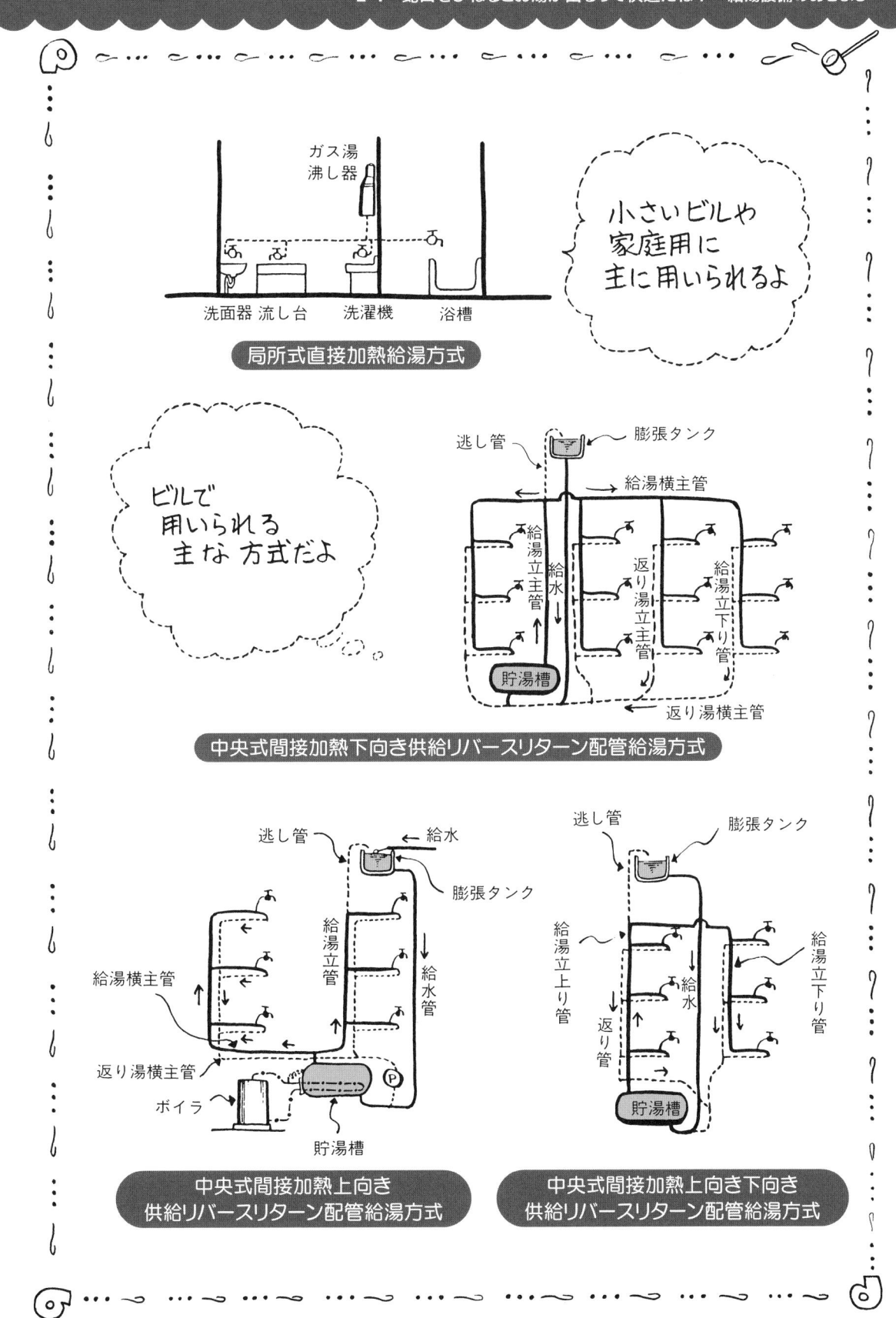

2・1 蛇口をひねるとお湯が出るって快適だね！ 給湯設備のあらまし

局所式直接加熱給湯方式

洗面器　流し台　洗濯機　浴槽　ガス湯沸し器

小さいビルや家庭用に主に用いられるよ

中央式間接加熱下向き供給リバースリターン配管給湯方式

逃し管　膨張タンク　給湯横主管　給湯立主管　給水　返り湯立主管　給湯立下り管　貯湯槽　返り湯横主管

ビルで用いられる主な方式だよ

中央式間接加熱上向き供給リバースリターン配管給湯方式

逃し管　給水　膨張タンク　給湯立管　給水管　給湯横主管　返り湯横主管　ボイラ　貯湯槽

中央式間接加熱上向き下向き供給リバースリターン配管給湯方式

逃し管　膨張タンク　給湯立上り管　給水　給湯立下り管　返り管　貯湯槽

30 お湯の使用温度は何度が適当かな、給湯量はどの位がよいのかな？

　湯の使用温度はその用途によって異なりますが、中央式給湯設備においては給湯温度が高過ぎるとやけどの危険があり、適温にして給湯すると湯が乱用される傾向があります。したがって一般的には55〜60℃の温度の湯を供給し、湯を必要とする箇所の用途に応じてその場所における給湯栓（温水混合栓）で、適当温度となるよう用途に応じて水を混ぜて使用温度を下げる方法がとられます。ただし、局所式給湯設備では使用温度近くで給湯されます。使用する湯の温度を**給湯使用温度**または**用途別使用温度**ともいい、飲料用では50〜55℃、浴用40〜45℃、手洗い用40〜42℃、厨房一般用で45℃、厨房すすぎ用は70〜80℃とされています。

　ビルにおけるお湯の使用量はどの位なのかを正確に計算するのはきわめてむずかしいのです。この理由は、湯の使用量や使用状態が、建物の種類、用途、使用人員、湯を必要とする器具の数などに関係があり、さらにホテルの場合は宿泊する外国人の生活慣習などが複雑に絡むからです。したがって、各ビルの所要給湯量の設計値は過去の実績値を用いますが、日本では各種建物の使用湯量の実績データが乏しいので、設計に際しては従来から主にアメリカのデータ（ASHRAE, 1991）を利用しています。したがって通常、60℃が標準設計温度とされています。

　ビルなどにおける給湯量の算定方法には、1人当りの給湯量から求める方法と、建物内に設置される洗面器などの給湯器具への給湯基準量に器具数を乗じて算出する方法の2種類があります。前者の人員から求める方法は大きなビルに用いられ、後者の器具数から求める方法は住宅やごく小さいビルの場合に用いられます。

---

topics

▶**給湯栓はいっぱいに開いて使わないように！**

　例えば浴槽に湯を張る場合、その給湯栓のハンドルをいっぱい開き切って給湯すると、給湯栓が湯温で膨張して、今度給湯栓を閉じる場合にハンドルが固着した状態となり、ハンドルがまったく動かず、給湯栓を閉じることができなくなることがあります。

　したがって湯栓を開けるときは、いっぱいに開かず適当に開くことが肝要です。

▶**「いい湯加減」って何度かな？**

　風呂（入浴）の温度は一般に41〜43℃が適温とされ、赤ちゃんの場合は38〜39℃が適温です。お風呂の上手な入り方は、健康な人で肉体的疲労がたまっている場合や極端に頭が疲れているときは、高温で短時間の入浴が適しています。この理由は血液が瞬間的に循環し、働きが活発になって疲労が取り除けるわけです。逆に精神的なストレスがたまっている場合などは、やや低めの温度で時間をかけて入浴するのが適しています。この条件では副交感神経が刺激され、内臓の働きが活発となり、睡眠の効果と同じ効果が得られるからです。

　最近はシャワーが普及してきましたが、シャワーは皮膚を強い勢いでたたくのでマッサージ効果があり、入浴時にシャワーを併用すると効果的です。

2・1 蛇口をひねるとお湯が出るって快適だね！ 給湯設備のあらまし

いろいろの建物に対する器具当りの所要給湯量

器具名	1回当りの給湯量 [ℓ]（温度60℃）	1時間・器具1個当りの給湯量 [ℓ]（給湯温度60℃基準）							
		集合住宅	体育館	病院	ホテル	工場	事務所	個人住宅	学校
洗面器（個人用）	7.5	7.6	7.6	7.6	7.6	7.6	7.6	7.6	7.6
洗面器（公衆用）	5	15	30	23	30	45.5	23	—	56
洋風バス	100	76	114	76	76	—	—	76	—
台所流し	15	38	—	76	114	76	76	38	76
洗濯流し	15	76	—	106	106	—	—	76	—
配膳流し	10	19	—	38	38	—	38	19	38
シャワー	50	114	850	284	284	850	114	114	850
掃除流し	15	76	—	76	114	76	57	57	—

（出典：ASHRAE, 1991）

あつすぎると
やけどするし…

あち

ちょうどよい温かさだと
乱用されるし…

おゆの方が
気もちいいや

外国の人たちの水の
使い方も考えなけ
りゃあ

うーむ

ちょっと
熱めにして
水で調節する
ようにするか

湯を必要とする
器具の数とか…

建物の
種類や
用途にも
よるな〜

日本のはデータ不足なので
アメリカのデータをもとに
設計されてるのか… へんなの

使用人数にもよるし

31 給湯配管はお湯がビル内をグルグル循環するように配管するんだ！

　ビルにおける給湯方式は原則として"中央給湯方法"が採用されますが、この場合は必ず、貯湯槽より各給湯栓へ給湯管という送り管（往き管）で湯が供給され、給湯栓で使用されなかった湯は返湯管（返り管）によって貯湯槽へ戻され、ここで再び適温に加熱され、給湯管で給湯されるという、複管式配管方法とします。例えば東京のJR山手線や大阪のJR環状線のように、ビル内を湯がグルグルと循環しながら各器具の給湯栓へ給湯しなければなりません。これが給湯配管の大きな特徴です。

　給湯管と返湯管とからなる複雑でコストが高くつく複管式配管方式を用いる理由は、家庭用などの局所式直接加熱給湯方式といった単管式配管方式で一方通行的な給湯方式ですと、給湯源では適温に加熱されていても、給湯管の途中で管内の湯が冷却されて水になり、給湯栓を開いてもその水が全部出てからでないと湯が出ず、湯が出るまでに時間がかかり、かつ湯が出てくるまでの水を捨てなければならないといった無駄が生じるためです。合理的に給湯するために、**複管式給湯配管方式**を用い、温水を循環させながら給湯するのです。

　温水循環の方法としては、温水は温度の上昇により比重が小さくなって上昇し、温度の低い温水や水は比重が大きいので下降するという湯の温度差（密度差）によって生じる自然循環作用を利用する**自然循環方式**（複管式自然循環給湯配管方式）と、循環ポンプにより機械力で強制的に湯を循環させる**強制循環方式**（複管式強制循環給湯配管方式）がありますが、原則として後者が用いられます。

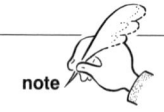

---

note

▶送り管、返り管とは？
　送り管は往き管ともいい循環配管系（複管式配管系）において、必要とする流体（湯や熱媒など）を供給する管のことをいい、送り管はその用途により給湯管、給水管、蒸気管などと呼ばれます。
　返り管は戻り管ともいい、装置において役目を果たした流体を熱源機器などへ戻すための管をいい、返り管はその用途などによって**還水管**や**ドレン管**などと呼ばれます。

▶一管式配管方式とは？
　これは**単管式配管方式**や**行き止まり式配管方式**ともいい、流体を供給源から必要とする箇所へ一方通行的に供給するための管をいいます。例えば給水配管などは原則として一管式配管方式が用いられます。

▶お湯を循環させる循環ポンプ
　給湯配管においてお湯を強制循環させるために用いるポンプを**循環ポンプ**といい、循環ポンプとしては"うずまきポンプ"が用いられ、貯湯槽（加熱装置）寄りの返湯管に設け、この配管部分はポンプの保全の見地からしてバイパス配管とすべきです。

2・2 給湯配管の特徴

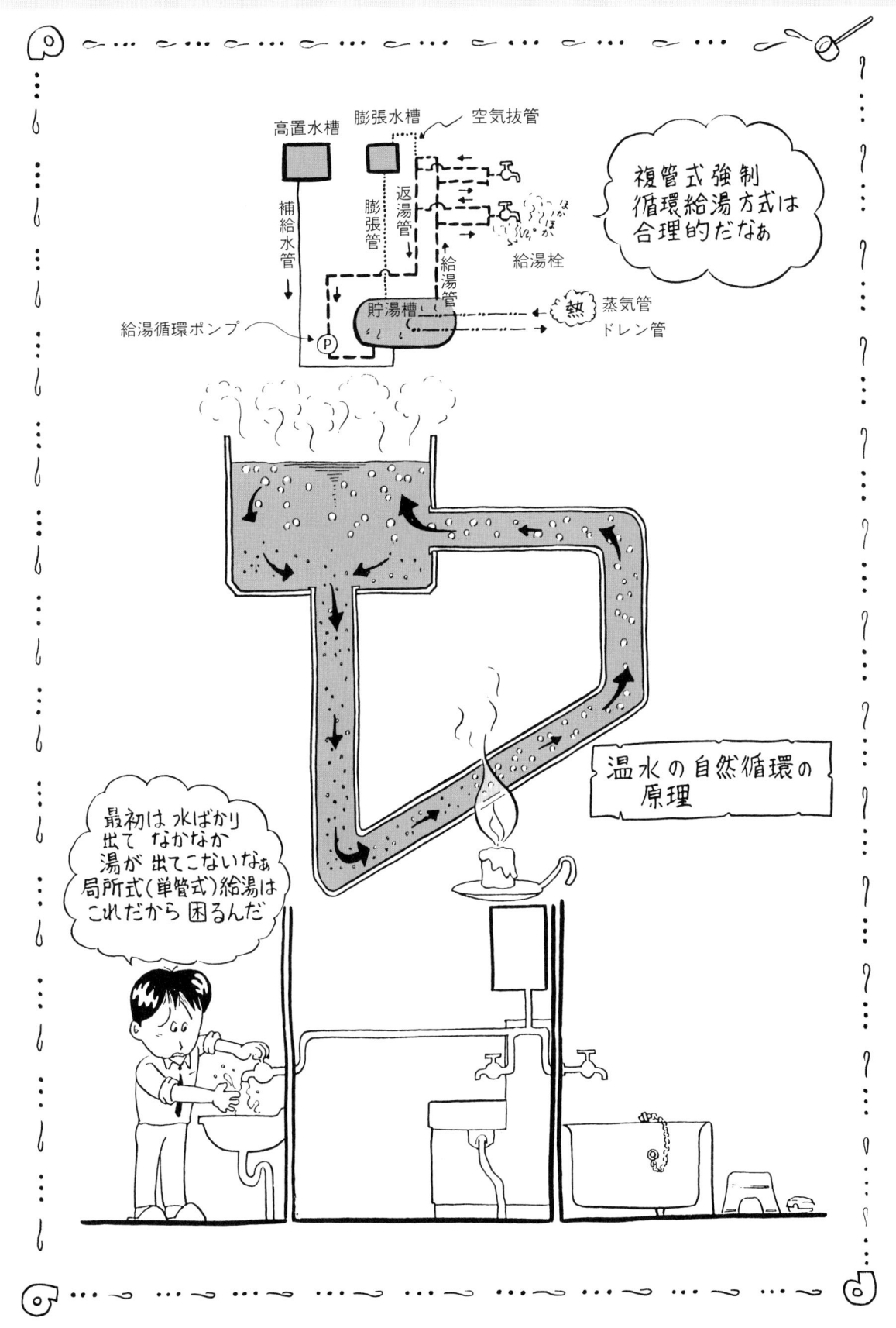

高置水槽　膨張水槽　空気抜管

補給水管　膨張管　返湯管　給湯管　給湯栓

給湯循環ポンプ　貯湯槽　熱　蒸気管　ドレン管

複管式強制循環給湯方式は合理的だなぁ

温水の自然循環の原理

最初は水ばかり出てなかなか湯が出てこないなぁ 局所式(単管式)給湯はこれだから困るんだ

32 給湯配管に適した配管材料は？

給湯配管に用いる配管材料、つまり管は、供給する湯の温度に十分耐え、かつ衛生的に供給しなければならないので、配管用銅管、配管用ステンレス鋼鋼管、耐熱性硬質塩化ビニルライニング鋼管、耐熱性硬質塩化ビニル管が用いられます。しかしこれらの管が単一に用いられることは少なく、一般には必要箇所などに応じてこれらの管を組み合わせて配管されます。

配管用銅管は銅および銅合金製ということで、材質上、価格面からしても、温水配管に適した管ですが、給湯設備全体が銅製ということであれば問題はありません。しかしこのようなことは不可能です。設備の関係上、鋼管と併用し接続した場合、電気腐食作用により鋼管が腐食されるので接続部には防食管継手を用いなければなりません。また、湯に溶けた銅イオンが他の金属と接触して電気腐食を促進するので注意が必要です。

配管用ステンレス鋼管は材質的には耐食性、耐熱性に優れた管ですが、その価格がきわめて高く、あまり用いられていないようです。

耐熱性硬質塩化ビニルライニング鋼管は鋼管の内面に耐熱性硬質塩化ビニルをライニングし、腐食を防止するようにしたもので、90℃以下の給湯配管として用いられます。この管を用いる場合には、管端部の防食に留意し、管の接続部には防食管継手を用いなければなりません。

耐熱性硬質塩化ビニル管は耐食性、コストの面では優れていますが、管の強度の面で問題があります。したがって、管内圧力が 980.665 kPa の場合で湯温が 40℃以下、588.4 kPa の場合では 41〜60℃、392.27 kPa では 61〜70℃、管内圧力 196.13 kPa のときには湯温が 71〜90℃と、管内の圧力によって供給する湯の温度が制限されます。

note

▶**防食管継手とは？**

例えば鋼管と銅管を接続するといった異種管の接合に用いられる管継手を**媒介継手**といいますが、媒介継手は異種管を接合するのに適応した構造にするとともに、異種金属管接合に生じる管の電気化学的腐食の防止作用を絡めた材質のものが用いられる場合が多く、**防食管継手**ともいわれます。

▶**伸縮管継手とは？**

管に限らずいずれの物質でも温度に対応して膨張し収縮します。例えば鋼管の場合一般に温度100℃の上昇に対して長さ1m当り1.2mm伸びるのです。したがって給湯配管では管が伸びたり、縮んだりするので、この伸縮をやわらげて吸収し、配管の熱による損傷を防止しなければなりません。この役目を果たすものが**伸縮管継手**であり、鋼管の場合には直線長さ30mごとに1個の伸縮管継手を設ける必要があります。伸縮管継手の形式としては、スリーブ形、ベローズ形、ベンド形などがあります。

▶**エアロックって何のこと？**

給水や給湯配管においてビルの構造上等から止むを得ず、横走り管を凹凸状態とする場合があり、とくに凸部では空気が集まりやすくなります。このような空間を**空気だまり**といい、配管内の流体の流動を阻害するトラブルを起こすので俗に**エアロック**と称されます。このエアロックを防止するには、配管凸部の頂部にたまった空気を自動的に排出する**自動空気抜き弁**を設けることが肝要です。

2・2 給湯配管の特徴

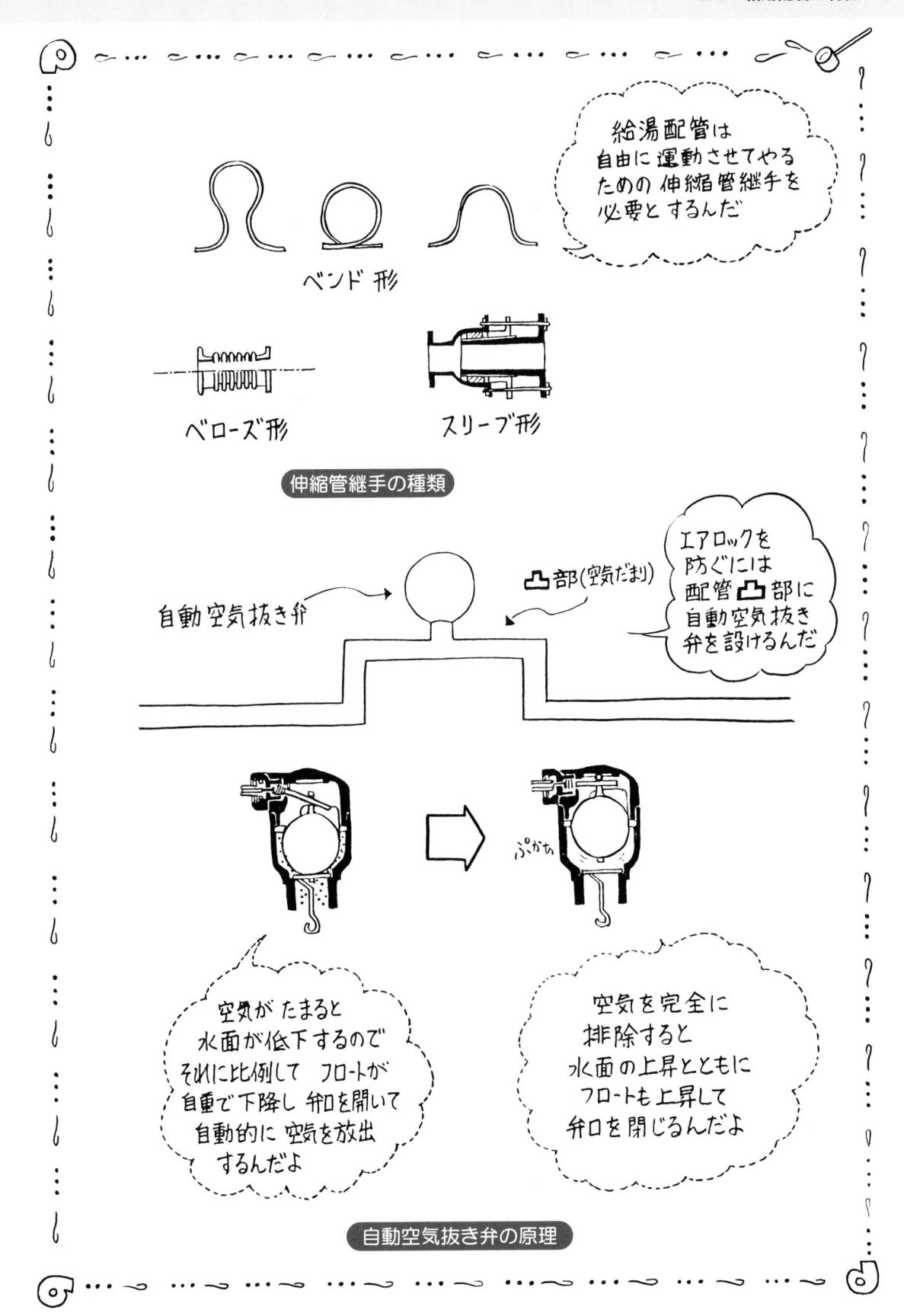

給湯配管は自由に運動させてやるための伸縮管継手を必要とするんだ

ベンド形

ベローズ形　スリーブ形

伸縮管継手の種類

自動空気抜き弁　凸部(空気だまり)

エアロックを防ぐには配管凸部に自動空気抜き弁を設けるんだ

空気がたまると水面が低下するのでそれに比例してフロートが自重で下降し弁口を開いて自動的に空気を放出するんだよ

ぷかあ

空気を完全に排除すると水面の上昇とともにフロートも上昇して弁口を閉じるんだよ

自動空気抜き弁の原理

33 給湯設備の安全は水逃し装置によって保たれるんだ！

　ビルの給湯システムである中央式間接加熱給湯方式、つまり複管式強制循環給湯配管方式では、温水（湯）の温度が所定範囲内で変動しても、つねに一定の水頭圧を維持することが安全確保の必須条件となります。水は例えば0℃から100℃に加熱すると約4.3％の体積を増し（膨張し）、非圧縮性であるために給湯設備内の圧力が異常に高くなり、その圧力が当該給湯設備の所定の水頭圧である**最高使用水頭圧**を超えるときわめて危険な状態となります。そこで最高使用水頭圧を超えないように、水の加熱により膨張して最高使用水頭圧を超える分の温水を自動的に給湯設備外へ排出させ、つねに一定の水頭圧を維持して給湯設備の安全をはかる装置が**水逃し装置**です。つまり給湯設備の安全弁というわけで、水逃し装置は開放式と密閉式に分けられますが、一般のビルでは主に開放式が用いられます。

　開放式水逃し装置は開放式膨張水槽、逃し管、あふれ管、自動補給水装置などにより構成され、安全装置としてだけではなく、給湯設備への給水装置をも兼ね、これにより水頭圧を一定に保つ水頭圧制御と給水制御的な役目をも果たすのです。

　開放式膨張水槽はタンクの底面が最高階の給湯栓より5～6m以上の高い位置に配置されるタンク（水槽）で、タンクの通気性を保つために（開放式とするために）排気管を設けたもので、タンク内の水位（水頭圧）を一定に保つための補給水管とボールタップよりなるタンクへの"自動補給水装置"を設け、給水管は循環ポンプの吸込み側の返湯管の途中に接続し、湯が消費された分だけ貯湯槽へ自動給水されるようになっています。

　そして貯湯槽または給湯主管の最上部より、異常膨張した分の湯（膨張水）が膨張タンク内へ放出されるように**逃し管**がタンク上部に接続されます。逃し管は**膨張管**ともいい、これが安全弁的な最も重要な役割を果たすもので、その役目上からして逃し管にはバルブは一切取り付けてはならず、かつ逃し管は膨張タンクなども含めて凍結を防止するために十分な保温を施す必要があります。なお、開放式膨張タンクは給水設備における高置水槽に所定の装備を施して兼用してもよいのです。

　密閉式水逃し装置はビルの構造上などから開放式水逃し装置を設けるのがむずかしい場合に用いられるもので、開放式のそれと異なる大きな点は、タンク内の水面を大気に開放することなく密閉したタンク内にダイアフラム（隔膜）で仕切りを設け、一方を空気や窒素ガスといった気体を封入し、他方を温水部とし、封入した気体の圧縮性を利用して水の膨張分を吸収させるようにした**密閉式膨張タンク**を備えることです。なお、密閉式膨張タンクで膨張水を吸収しきれない場合に備えて、安全弁と同じ原理構造の**逃し弁**を併用しなければなりません。

2・2 給湯配管の特徴

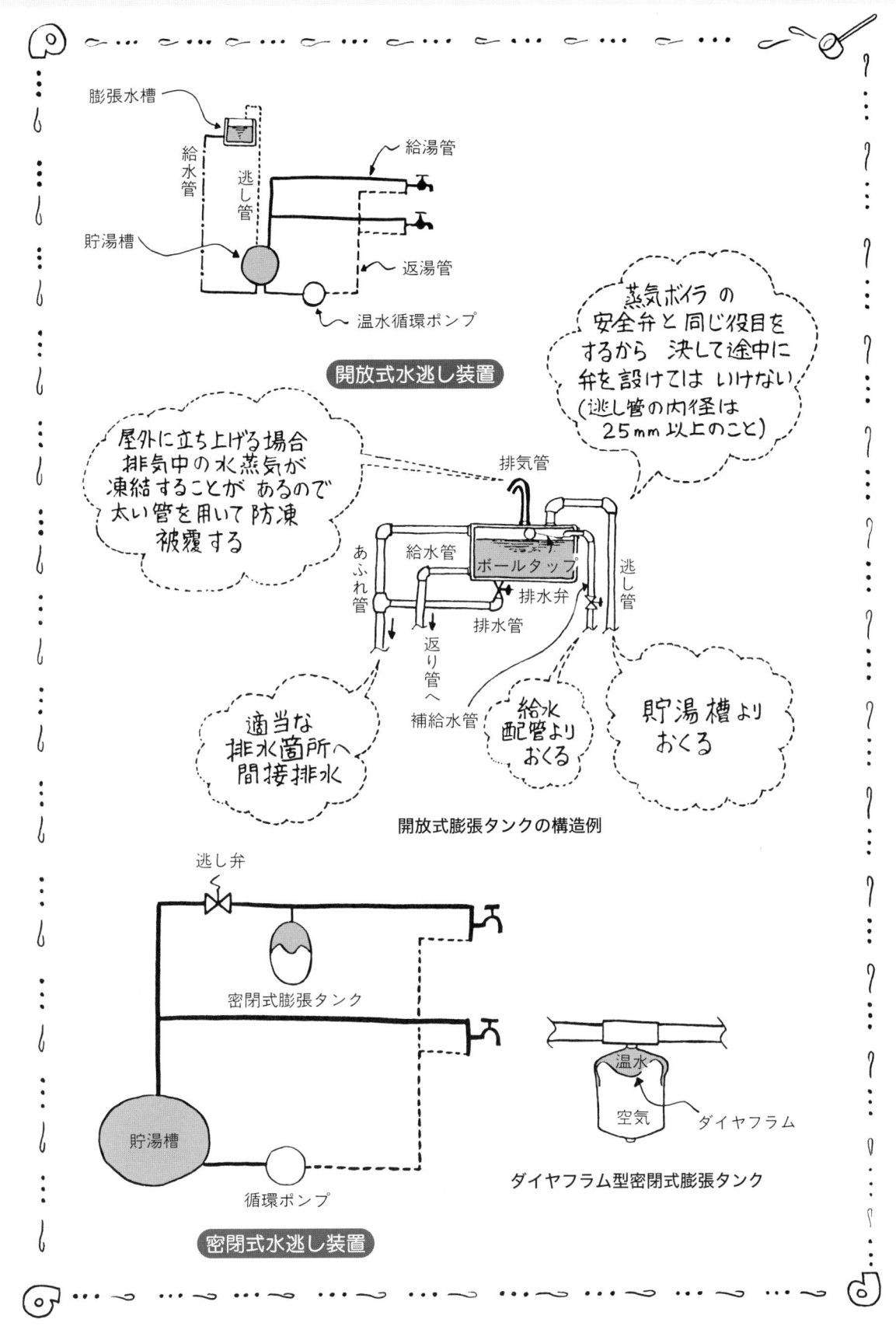

開放式水逃し装置

- 膨張水槽
- 給水管
- 逃し管
- 給湯管
- 貯湯槽
- 返湯管
- 温水循環ポンプ

蒸気ボイラの安全弁と同じ役目をするから決して途中に弁を設けてはいけない（逃し管の内径は25mm以上のこと）

屋外に立ち上げる場合排気中の水蒸気が凍結することがあるので太い管を用いて防凍被覆する

開放式膨張タンクの構造例

- 排気管
- あふれ管
- 給水管
- ボールタップ
- 逃し管
- 排水弁
- 排水管
- 返り管へ
- 補給水管

適当な排水箇所へ間接排水

給水配管よりおくる

貯湯槽よりおくる

密閉式水逃し装置

- 逃し弁
- 密閉式膨張タンク
- 貯湯槽
- 循環ポンプ

ダイヤフラム型密閉式膨張タンク

- 温水
- 空気
- ダイヤフラム

34 保温はエネルギーの無駄を防ぐ着物だ。給湯設備には必ず着物を着せよう！

　給湯配管や蒸気配管などの温水（湯）や蒸気といった高温流体の配管や装置は、内部流体温度とその周囲温度との差が大きいため「高温から低温へ熱が移動する（逃げる）」という**熱力学の第2法則**により、高温流体の保有する熱量が外部（大気中）へ逃げ、熱エネルギーの損失が著しくなり、温水加熱効果を悪くするとともに、管表面が高いため火災ややけどなどの危険も生じます。したがって給湯設備における必要箇所や給湯配管の表面を熱伝導率のきわめて小さい物質いわゆる**保温材**で覆って、無駄な放熱といった熱の移動量を極力少なくする必要があります。この措置を**保温**といいます。逆に冷房装置の冷水配管などのように管周辺より管内へ熱エネルギーの流入が起こり、冷房効果を著しく阻害したり、また結露などの弊害を生じることになり、この場合に保温材（保冷材）を覆って保温（保冷）することを**保冷**といいます。

　配管などに保温や保冷を施すことなく、配管をそのままの状態にしておくことを**裸配管**と俗称され、いわば素っ裸のスッポンポンというわけで、人間だとカゼをひいたりして健康上問題になります。したがって、人間は健康を保つために着物を着るのです。保温や保冷は配管内の流体が常温（25℃程度）の場合は、いわば常夏の国といったところで着物はなくてもよいのですが、常温より流体を低くしたり高くしたりするには、加熱（熱エネルギーを加える）や放熱（熱エネルギーを大気中に放出する）のために熱エネルギーを必要とします。このように人工的に熱エネルギーの加除を行った流体の配管や装置には、省エネルギーやトラブルを防止するための見地から必ず人間と同様に着物を着せてやらなければならないのです。十分な保冷や保温を施した場合に比べて、裸管の場合の熱エネルギー損失は5〜6倍にも達するのです。

　なお、"保冷"の場合には必ず保冷材の外側をアスファルト油性マスチックなどの**防湿材**で密閉し、保冷材の中に空気が侵入することを防ぎ、"結露"を防止するための**防湿工事（防露工事）**を行わなければなりません。この点が保温と保冷との大きく異なるところです。

point

▶結露って何のこと？
　配管内などの流体の温度が、その位置の湿り空気の露点以下になったとき、空気中の水蒸気（気体）が一部凝結し液体（水）に状態変化する現象をいいます。夏の高温多湿のジメジメした空気条件のとき、冷蔵庫から冷えたビールを取り出すとびんの表面に水滴を生じ、汗をかいたような状態をよく経験しますが、これが結露です。
　なお、**露点**というのは空気中の水蒸気が結露しはじめるときの温度をいいます。いずれにしても保冷に防湿工事を忘れると、保冷材中に湿り空気が侵入して結露し、ビシャビシャになり保冷効果はなくなります。

2·2 給湯配管の特徴

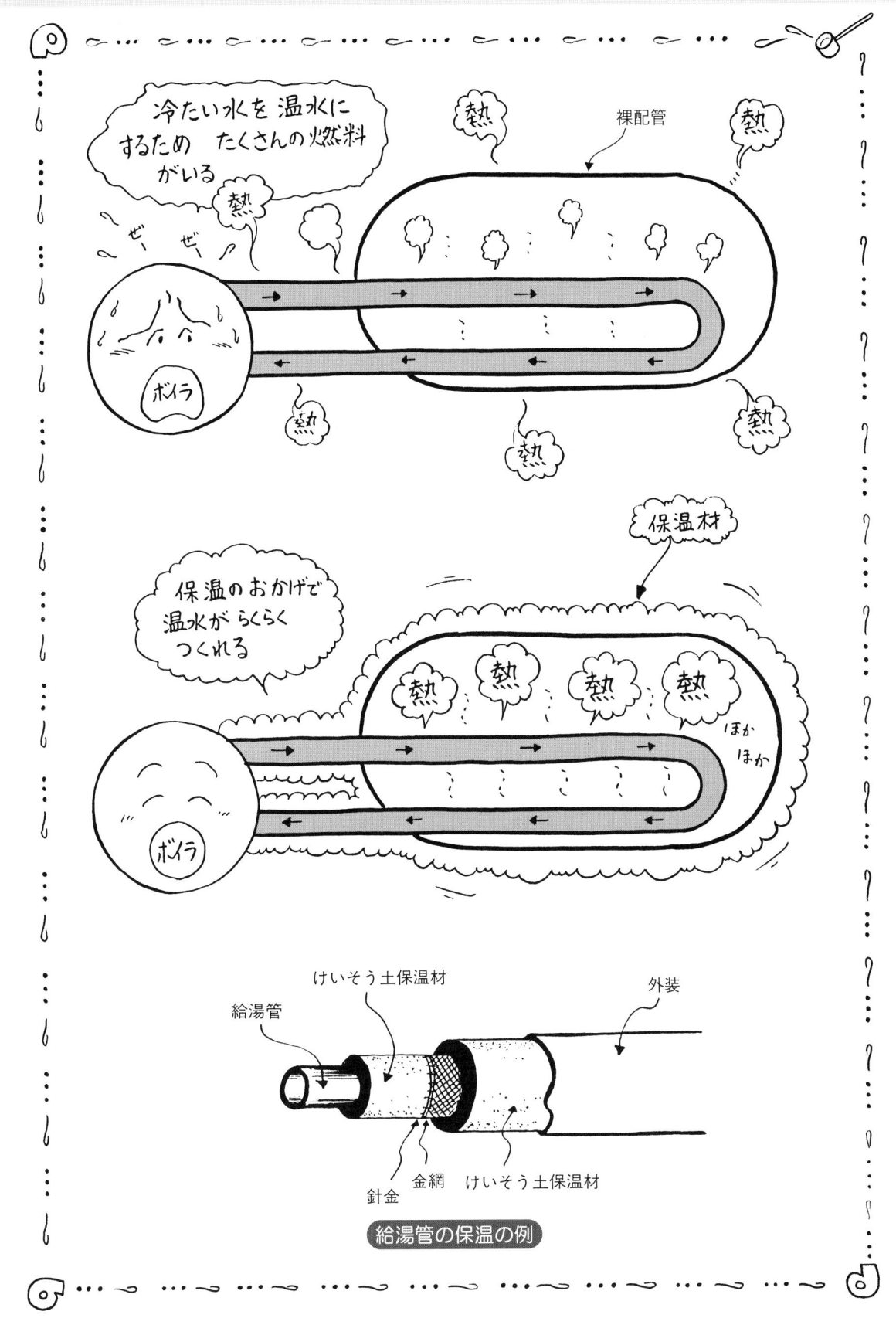

冷たい水を温水にするため たくさんの燃料がいる

裸配管

熱

ボイラ

保温のおかげで温水がらくらくつくれる

保温材

熱 熱 熱 熱

ほかほか

ボイラ

給湯管
けいそう土保温材
外装
針金
金網
けいそう土保温材

給湯管の保温の例

35 ボイラはビル内に必要とする熱をつくりだす機械だ！

　ビルの給湯設備としては、温水ボイラのボイラ水（温水）をそのまま給湯するという**直接加熱方式**は衛生上などの見地から採用されず、蒸気ボイラから蒸気を（温水ボイラからボイラ水を）貯湯槽内の熱交換器（加熱器）に熱源として供給し、この熱エネルギーでもってタンク内の上水を加熱し、湯として供給するシステムの**間接加熱方式**が原則として用いられます。

　給湯設備の元締めの熱源となるものがボイラです。**ボイラ**とは密閉された容器内の水を燃料の燃焼熱によって加熱し、大気圧を超える圧力の蒸気または温水を発生し、これを他に供給する機械をいい、蒸気を発生させるものを**蒸気ボイラ**、温水をつくるものを**温水ボイラ**といって区分されます。

　そしてボイラはその用途によって、給湯設備の熱源とする場合を**給湯用ボイラ**、暖房や加湿など空気調和に用いる場合を**空調用ボイラ**といい、ビルではボイラは空調用と給湯用とを併用する状態で用いられます。また、使用する燃料によってガスをたく場合の**ガスだきボイラ**、灯油や重油を燃焼させる**油だきボイラ**に分けられ、主に後者が用いられます。都心部の公害規制の著しく厳しいビルではガスだきボイラを用います。

　ボイラは構造上からは種々に分類されますがいわゆるビル用のボイラとしては、主に炉筒煙管ボイラ、小型貫流ボイラ、鋳鉄ボイラです。ボイラは密閉された容器内にボイラ水（飽和水）を保有しますが、この飽和水は特性上"火薬の一種"と称されるほどに強大な熱エネルギーを保有しているため、ボイラの取り扱いを誤ると大惨事をきたすことになります。したがって、ボイラはその安全確保の観点から、労働安全衛生法という法律の適用を受けて種々厳しく規制され、"ボイラ技士"でなければ、取り扱い保全の業務を行うことができません。さらに油だきボイラの場合、使用する燃料である灯油や重油はその特性上、消防法による第4類危険物に該当し、これの貯蔵や取り扱い（燃焼させる）は消防法で厳しく規制され、"乙種第4類危険物取扱者"または"丙種危険物取扱者"の免状を必要とします。

---

note

▶炉筒煙管ボイラとは？
　鋼製の胴の内部に燃焼室となる径の大きい炉筒と、燃焼ガスの通路となりボイラ水を加熱する煙管群とを組み合わせた丸ボイラ。

▶小型貫流ボイラとは？
　水管群だけで構成され給水ポンプによって圧入された水が、水管群をでるときには蒸気となっている水管ボイラの一種。

▶鋳鉄ボイラとは？
　セクショナルボイラともいわれ、鋳鉄製のセクションを5～20節、連結して形成されたボイラ。98.0665 kPa 以下の蒸気ボイラとして、または水頭圧 50 m（490.33 kPa）以下の温水ボイラとして、ビル用ボイラとして広く用いられます。

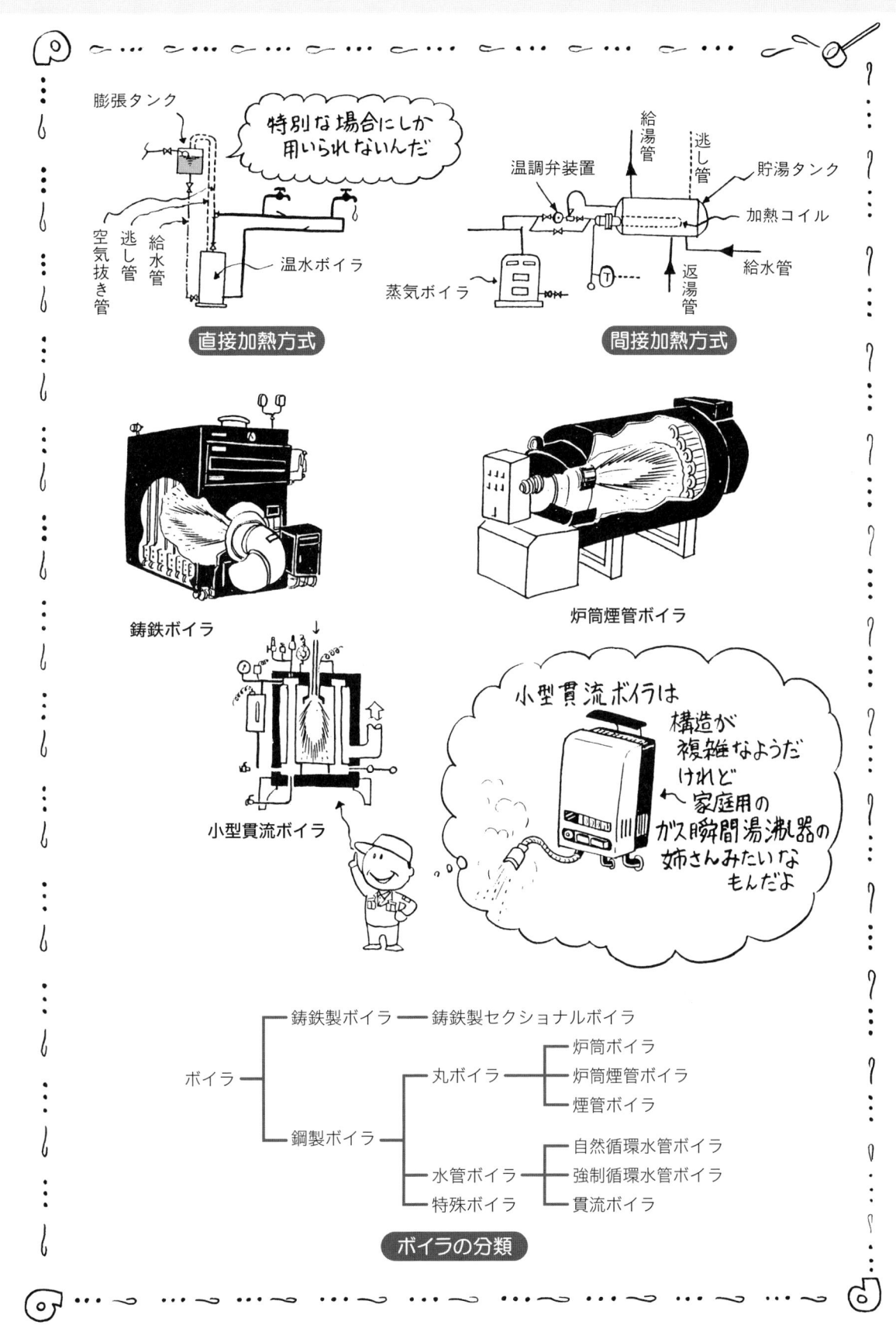

2・3 お湯をつくるための加熱器と貯湯槽

直接加熱方式

膨張タンク／空気抜き管／逃し管／給水管／温水ボイラ

「特別な場合にしか用いられないんだ」

間接加熱方式

温調弁装置／給湯管／逃し管／貯湯タンク／加熱コイル／給水管／返湯管／蒸気ボイラ

鋳鉄ボイラ

炉筒煙管ボイラ

小型貫流ボイラ

「小型貫流ボイラは 構造が複雑なようだけれど 家庭用のガス瞬間湯沸器の姉さんみたいなもんだよ」

ボイラの分類

```
            ┌─ 鋳鉄製ボイラ ── 鋳鉄製セクショナルボイラ
            │                    ┌─ 炉筒ボイラ
ボイラ ─────┤            ┌─ 丸ボイラ ─┼─ 炉筒煙管ボイラ
            │            │            └─ 煙管ボイラ
            └─ 鋼製ボイラ ┤            ┌─ 自然循環水管ボイラ
                         ├─ 水管ボイラ ─┼─ 強制循環水管ボイラ
                         └─ 特殊ボイラ  └─ 貫流ボイラ
```

36 法規則を受けなくてもよいボイラ？ 温水ヒータのあらまし

　ビルの空調用や給湯用としてボイラ（蒸気ボイラおよび温水ボイラ）を用いますと、労働安全衛生法による厳しい法規則を受けなければなりません。しかし、ビルに必要な熱源としての温水の温度は60〜85℃で十分です。この程度の温水をつくるのであれば何も法規則の厳しいボイラを用いなくても、温水ヒータを用いればよいということになります。

　温水ヒータは**温水器**といわれ、外観上や構造上はボイラそっくりですが、発生する蒸気を大気圧以下としていわば法的にボイラでない状態にして、温水をつくるようにした装置で、無圧式と真空式とに分けられます。

　無圧式温水ヒータは炉筒煙管ボイラなどと同じようなものの上部に安全蓋を設け、容器内が大気圧となる状態とし、それに水をほぼ満水状態に維持しながら、バーナの燃焼ガスで容器内の水いわゆる熱媒水を80℃程度に加熱し、この熱媒水によって、ヒータの上部に配置された熱交換器群の管内を流動する水を、60℃程度に加熱し、これを給湯用や空調用の温水として利用する機械です。無圧式温水ヒータは容器内が大気圧（無圧）であるため、法的にボイラではなく法的規制は受けなくてすむというわけです。

　真空式温水ヒータは炉筒煙管ボイラや鋳鉄ボイラと同じもの（蒸気ボイラ）を、真空ポンプ（抽気ポンプ）によって内部を大気圧未満のいわゆる真空状態に維持させながら、内部の水いわゆる熱媒水を蒸発させて**真空蒸気（減圧蒸気）**を発生させます。この減圧蒸気は外部へ供給することなく、容器内の蒸気部に熱交換器群を配置し、減圧蒸気で熱交換器群を流動する水を加熱、温水とし、これを給湯用や空調用などに用いる機械で、内部が真空状態にあるので法的に蒸気ボイラに該当しないことになるわけです。

真空式温水ヒータ
(提供：三浦工業株式会社)

　いずれにしても温水ヒータは内部に配置する熱交換器群の区分けによって、給湯用回路と空調用回路あるいは温水プール用回路などが簡単に構成され、いわば多目的ボイラとして用いることができるメリットもあります。

　ただし、温水ヒータはボイラとしての法的規制は受けなくてすみ、いわば誰でも手軽にその取り扱い運転ができるといっても、使用燃料が灯油や重油であれば消防法の規制を受けるのは当然であり、またバーナ操作（燃料の燃焼操作）を誤ったりすると、機械室や温水ヒータをも破壊してしまうほどの災害である**ガス爆発事故**をきたすことは、厳しい法規制を受けるボイラの場合も、温水ヒータの場合も、まったく同じ条件ですので、この点を認識し、温水ヒータのメーカーより指示される正しい運転、保全要領に従って、これを取り扱うことが肝要です。

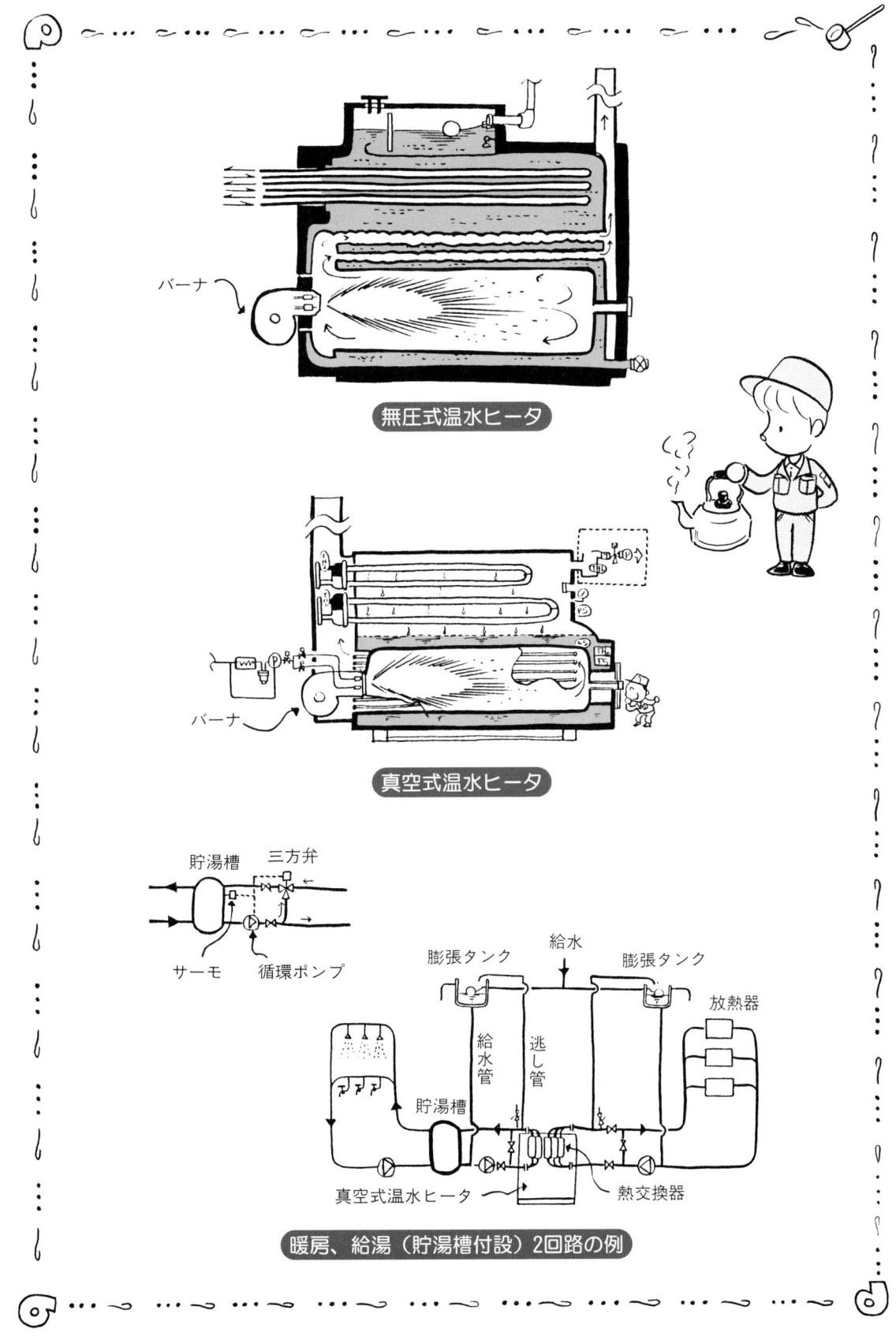

2・3 お湯をつくるための加熱器と貯湯槽

無圧式温水ヒータ
バーナ

真空式温水ヒータ
バーナ

貯湯槽　三方弁
サーモ　循環ポンプ

膨張タンク　給水　膨張タンク
放熱器
給水管　逃し管
貯湯槽
真空式温水ヒータ　熱交換器

暖房、給湯（貯湯槽付設）2回路の例

37 貯湯槽もボイラと同様の法規制を受けるんだ！

　貯湯槽は**ストレージタンク**や**温水缶**ともいわれ、密閉された容器（ドラム）内に使用量に見合った量の湯を保有し、つねに一定温度に加熱して給湯するためのタンクで、内部にＵ字型に曲げた多数の加熱コイルを配置して熱交換器を構成し、加熱コイル内にボイラからの蒸気または温水を熱媒として、タンク内の水や湯を加熱する方式の**間接加熱式貯湯槽（加熱器付き貯湯槽）**と、温水ボイラと直結し、ボイラ水を直接に給湯用として貯湯量を確保する**直接加熱式貯湯槽**があります。しかしビルでは、主に前者が用いられます。

　貯湯槽の貯湯容量は、通常は１時間当りの使用推定量の40％程度強のものが用いられますが、ホテルなどの場合にはピーク時の推定使用量で容量が決められます。貯湯槽はつねに相当量の湯を貯えているので、湯の消費量が急増した場合でも、その負荷変動の弊害をもろにボイラに及ぼさなくてすみ、また給湯温度が制御しやすく、効率よく安全に給湯できるのです。

　貯湯槽の材質は鋼製の場合は腐食しやすく、錆びた湯を供給しやすくなるので防食には留意しなければなりません。そこでこのようなトラブルを防ぎ、衛生上安全に給湯するために錆びないステンレス鋼製のものや、軟鋼板製の内側に耐熱性、防食性、耐水性に優れたエポキシ樹脂をコーティングしたものなどもつくられています。熱交換器を構成する加熱管としては、熱媒が蒸気の場合は銅管が、温水の場合にはステンレス鋼管が一般に使用されます。しかし、最近はFRP製の開放式貯湯槽も採用されています。

　貯湯槽は法的に**第１種圧力容器**に該当し、ボイラと同様の法規制を受けることになります。したがって内部の点検設備や検査が行えるようにマンホールを備えるとともに、加熱コイルは容器外へ取り出せるような構造とし、安全装置として逃し弁または水逃し装置を必要とします。かつ、貯湯槽の取扱い保全管理にはボイラ技士または"第１種圧力容器取扱作業主任者技能講習を修了した者"を必要とします。

---

memo

▶貯湯槽の湯温の自動制御の方法は？

　貯湯槽内の湯の温度のコントロールは、基本的には加熱源であるボイラからの蒸気または温水の加熱コイルへの通過量を制御して、湯温をつねに一定の範囲に保つことですが、この給湯温度制御は温度調節弁方式が多く用いられます。

　温度調節弁は**タンクレギュレータ**ともいわれ、これを貯湯槽の加熱コイル入口のボイラからの熱供給管に取り付け、そしてバルブの感温筒（温度検出端）を貯湯槽内部にそう入し、バルブと感温筒の間を内部にガスを封入した細いキャピラリチューブで連絡し、タンク内の湯温の変動に応じガス圧が変動します。このガス圧によって弁本体内のダイアフラムを上下し、バルブの開閉を行います。

　この温度調節弁はその動作が多少鈍感ですが、電気系統などの設備をまったく必要としない利点があります。

2・3 お湯をつくるための加熱器と貯湯槽

間接加熱式貯湯槽

図中ラベル: キャピラリ・チューブ、温度調節弁、逃し弁、圧力計、減圧弁、圧力計、逃し管、給湯管、感温筒、ストレーナ、給水管、返湯管、鏡板、加熱管、温度計、圧力計、管板、マンホール、給湯循環ポンプ、排水弁、ドレン管

温度調節弁
（提供：株式会社ベン）

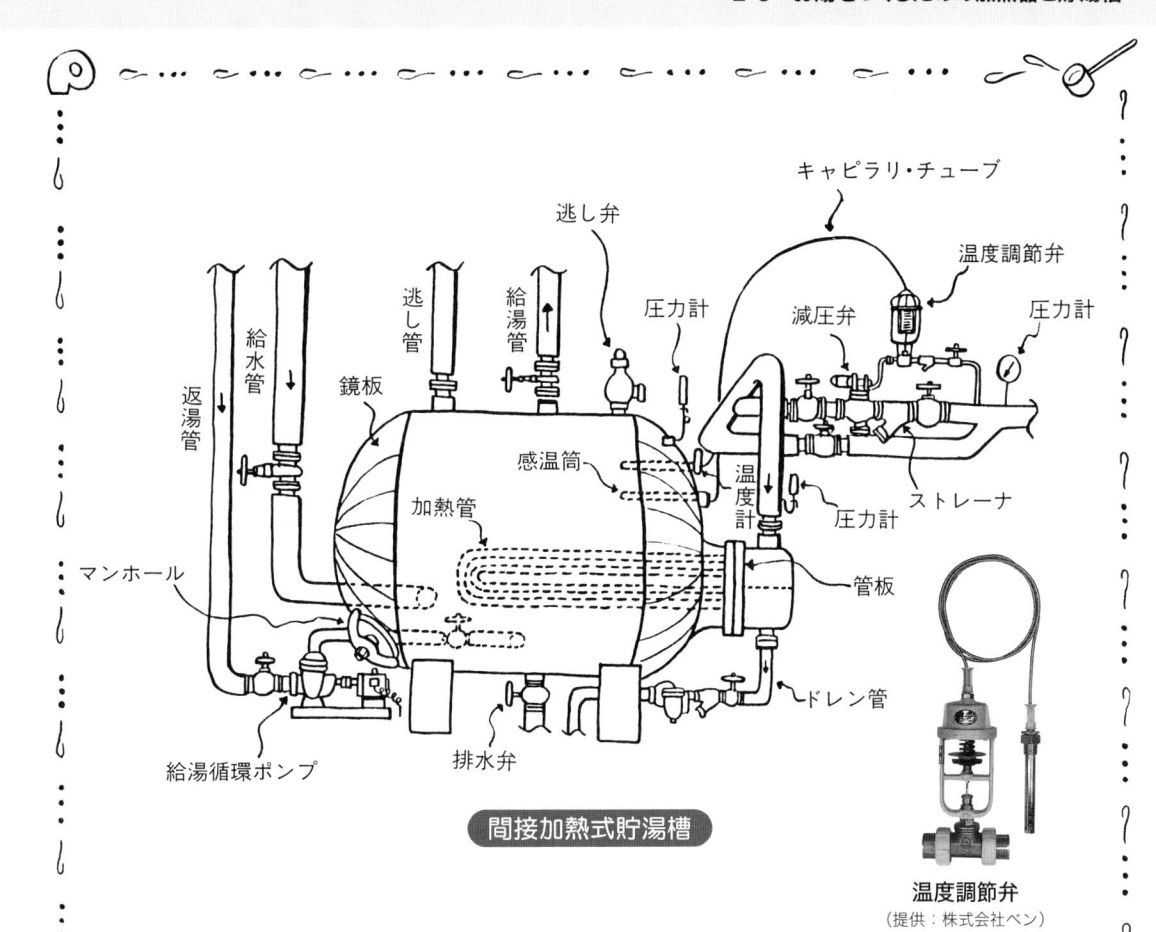

鋼板製貯湯槽の内面防食の比較

防錆の名称	特　徴	用　途
エポキシコーティング 0.6～0.8 mm	熱硬化性の樹脂、熱を加えることで表面硬質となり、最も優れた耐食性を発揮する。鉄との密着が良い。多少熱膨張によるふくれができる。一般給湯用。	温　水 60℃以下
アルミ溶射 0.15 mm	ピンホールの確認不可能で部分的に発錆しやすい。樹脂塗装をすれば耐食力が増す。	温　水 200℃以下
亜　鉛　溶　射 0.15 mm	ピンホールの確認不可能で、部分的に発錆しやすい。塗装の下地に適する。	温　水 150℃以下
亜　鉛　め　っ　き	大型のものはめっき層に制限ができない。小形のものは有利、膜厚は平均となる。	温　水 150℃以下
グラスライニング	けい酸分 55％以上、アルカリ分 10～22％、ほう酸 0～10％、耐食性大、清潔、膜厚 0.2～0.4 mm、厨房用。	温　水 90℃以下 耐薬品性
特殊添加物入り酸化カルシウムセメントライニング 13～14 mm	膨張係数は中程度の軟鋼とほぼ同じ。通常のモルタルセメントに比較して機械的性質は大。吸水率は低い。ライニングの劣化がない。現場での補修可能。	温　水 426℃以下
ステンレス鋼	耐食性に優れ、建築用タンクとしての材料は最適。清潔、ステンレスクラッド鋼よりも使用して安全、一般給湯用。	温　水 70℃以下 塩水、20℃

38 ガス湯沸器だって加熱器として用いるよ！

　小さなビルでは給湯設備は局所式直接加熱給湯方式が採用されるわけですが、この方式の湯を沸かすとともに直接に給湯栓に供給する主役としては、主にガス湯沸器が用いられます。
　ガス湯沸器は都市ガスやプロパンガスといった気体燃料いわゆる"ガス"の燃焼熱によって湯を沸かす器具で、ガス瞬間湯沸器とガス常圧貯蔵湯沸器に分けられます。
　ガス瞬間湯沸器は給水栓を開くと自動的にガスが点火され、水が連続的に加熱されて55℃以下で供給されるもので、多量の湯は得られませんが湯を断続的に少量使用する場合に適しています。ガス瞬間湯沸器は構造上、元止め式と先止め式のものとがあります。
　元止め式ガス瞬間湯沸器は給水栓を開くと水が流れ、その水圧によってダイアフラムを介してガス弁を開くもので、その構造上、湯沸器自体の給水栓でしか用いられません。つまり給湯配管はできません。**先止め式ガス瞬間湯沸器**は水流をオリフィスによって検知してダイアフラムを介してガス弁を開く構造のものと、水流をフロースイッチによって検知して湯沸器内蔵の排気ファンを作動し、かつそれを確認した後にガス用電磁弁を開くものとがあり、両者とも湯沸器から数個の給湯栓に配管し、給湯できます。
　ガス瞬間湯沸器の能力は、水温を25℃上げたときの1分間当りの出湯量を ℓ で示し、その数値を号数として表示します。例えば6号湯沸器といえば、水温が20℃の場合に45℃の湯が毎分6 ℓ 得られるということです。元止め式は3〜5号のいわゆる**小型湯沸器**として、先止め式は6〜30号のいわゆる**大型湯沸器**として市販されています。なお、ガス瞬間湯沸器は水圧でガス弁を自動的に開く関係上、一般的に小型で25.0kPa以上、大型で40.0〜80.0 kPaの水圧を最小限必要とします。
　ガス常圧貯蔵湯沸器は**貯湯式ガス湯沸器**ともいい、ボールタップによって給水を受ける大気に解放された貯湯槽内の水を加熱する構造で、湯温と連動してガス通路を開閉する機構をもち、主としてお茶などを入れるための飲料用として使用され、90〜92℃の湯を供給することができ、その貯湯量は10〜360 ℓ のものが市販されています。

---

memo

▶湯沸室は換気しよう！
　ビルで局所式直接加熱給湯方式が採用され、ガス湯沸器が配置されている部屋を"湯沸室"といい、**換気**のための換気設備を必ず設けなければなりません。その機械換気方法は**第3種換気法**です。
　なお、高層マンションで先止め式ガス瞬間湯沸器など密閉燃焼形ガス器具を用いる場合には、空気を供給する給気ダクトと燃焼ガスを排出するための排気ダクトによる**共用給排気筒方式**により換気が行われます。

▶UダクトとSEダクトとは？
　UダクトはU字型のダクトで形成され、2本のダクトのうち一方を屋上の給気口より給気ダクトとして活用し、もう一方を各階の密閉燃焼形ガス器具等の排気ダクトとして利用する圧力バランス型ダクト方式。SEダクトは垂直ダクトの下端に給気用ダクトが建物を横断して、水平に設けた逆T字形の給排気共用ダクト。

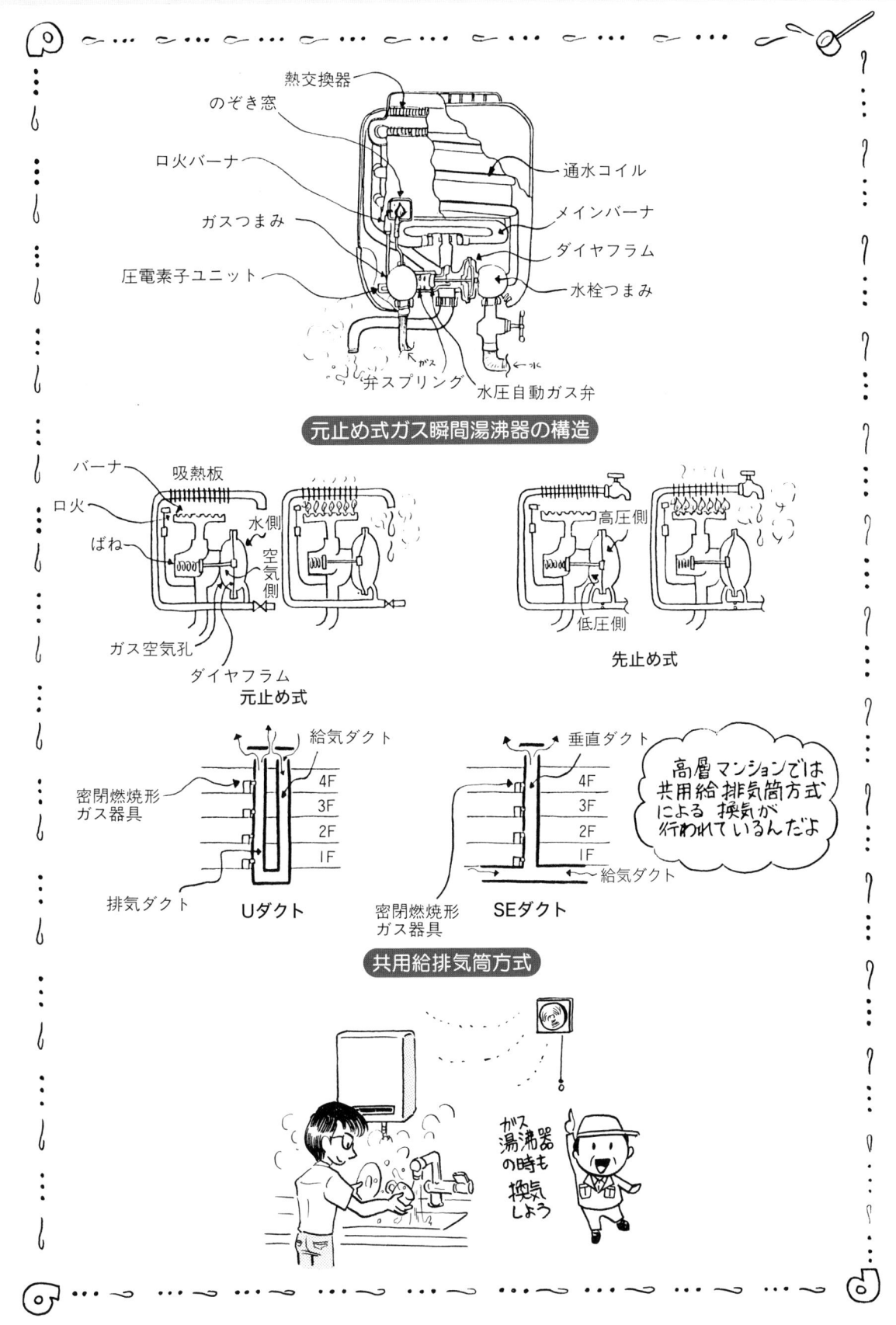

2・3 お湯をつくるための加熱器と貯湯槽

熱交換器
のぞき窓
口火バーナ
ガスつまみ
圧電素子ユニット
通水コイル
メインバーナ
ダイヤフラム
水栓つまみ
←ガス ←水
弁スプリング　水圧自動ガス弁

元止め式ガス瞬間湯沸器の構造

バーナ　吸熱板
口火
ばね
水側
空気側
ガス空気孔
ダイヤフラム
元止め式

高圧側
低圧側
先止め式

給気ダクト
密閉燃焼形ガス器具
4F / 3F / 2F / 1F
排気ダクト
Uダクト

垂直ダクト
4F / 3F / 2F / 1F
密閉燃焼形ガス器具
給気ダクト
SEダクト

高層マンションでは共用給排気筒方式による換気が行われているんだよ

共用給排気筒方式

ガス湯沸器の時も換気しよう

39 困るよなぁー、蛇口から赤い湯が出てきたら！

　給水設備と給湯設備において最も発生しやすいトラブルは、給水栓を開いたら鉄管などの赤錆による**赤水**が出てくること、同じ原因で給湯栓を開くと**赤湯**が出てくることです。
　赤水や赤湯の他に、銅配管から銅イオンの溶出に起因し青色の水となる**青水**（青湯）や、亜鉛めっき鋼管の亜鉛の溶解によって水が白くなる**白水**、水中にマンガンを含有することにより黒く変色する**黒水**がありますが、何といっても発生しやすいのは赤水、赤湯です。その原因は給水設備や給湯設備に最も多く用いられるのが、鋼管や鋼製の装置でいわば"鉄"です。鉄は実に多くのメリットがありますが、腐食しやすい、つまり錆びやすい大きな欠点があります。
　腐食の話は後廻しにして、まず赤水、赤湯の程度によって、給水や給湯設備の腐食の程度が判断できますのでそのポイントを示しましょう。なお、この説明は給湯設備を例に行いますが、給水設備の場合もまったく共通する話ですのでこの点認識しておいてください。
　給湯設備の腐食の程度を区分すると次のとおりです。
①軽度の腐食：休日の翌朝などの最初の給湯栓使用時に短時間淡い赤い湯が出る。常時使用しない給湯栓を開くと赤い湯が出る。給湯栓から出る湯は着色していないが、洗面器などに落ちた湯滴の跡が赤茶になる。
②中度の腐食：毎朝、最初は赤い湯が出る。断水のトラブルの後などには相当赤く濁った湯が出る。
③高度の腐食：常時淡い赤い湯が出る。給湯栓を全開すると錆の微粒子が出る。出てくる湯が"かなけ"臭い。給湯管の湯の流れが悪い。

　以上いずれの場合でも、程度の差はあっても鋼製の配管などが腐食しているのは確かなことなので、銅管やステンレス鋼管あるいは耐熱性硬質塩化ビニルライニング鋼管、耐熱性硬質塩化ビニル管などの腐食しない、または腐食しにくい材質のものに替えるという抜本的な対策を施すのが理想です。
　しかし実際には費用や工期の関係ですぐに実現できない場合が多いわけです。
　したがって、①の軽度の腐食および②の中度の腐食の場合には、防錆剤の添加により腐食の進行を遅らせ、赤い湯を防ぐ対策とします。③の高度の腐食の程度になると、たんに防錆剤の使用によって赤い湯の発生を防止することは不可能で、配管などのとくに腐食した部分を交換するとか、全部を化学薬品で洗浄して、管内部などの内壁にできている錆を完全に除去するなどの対策が必要となります。

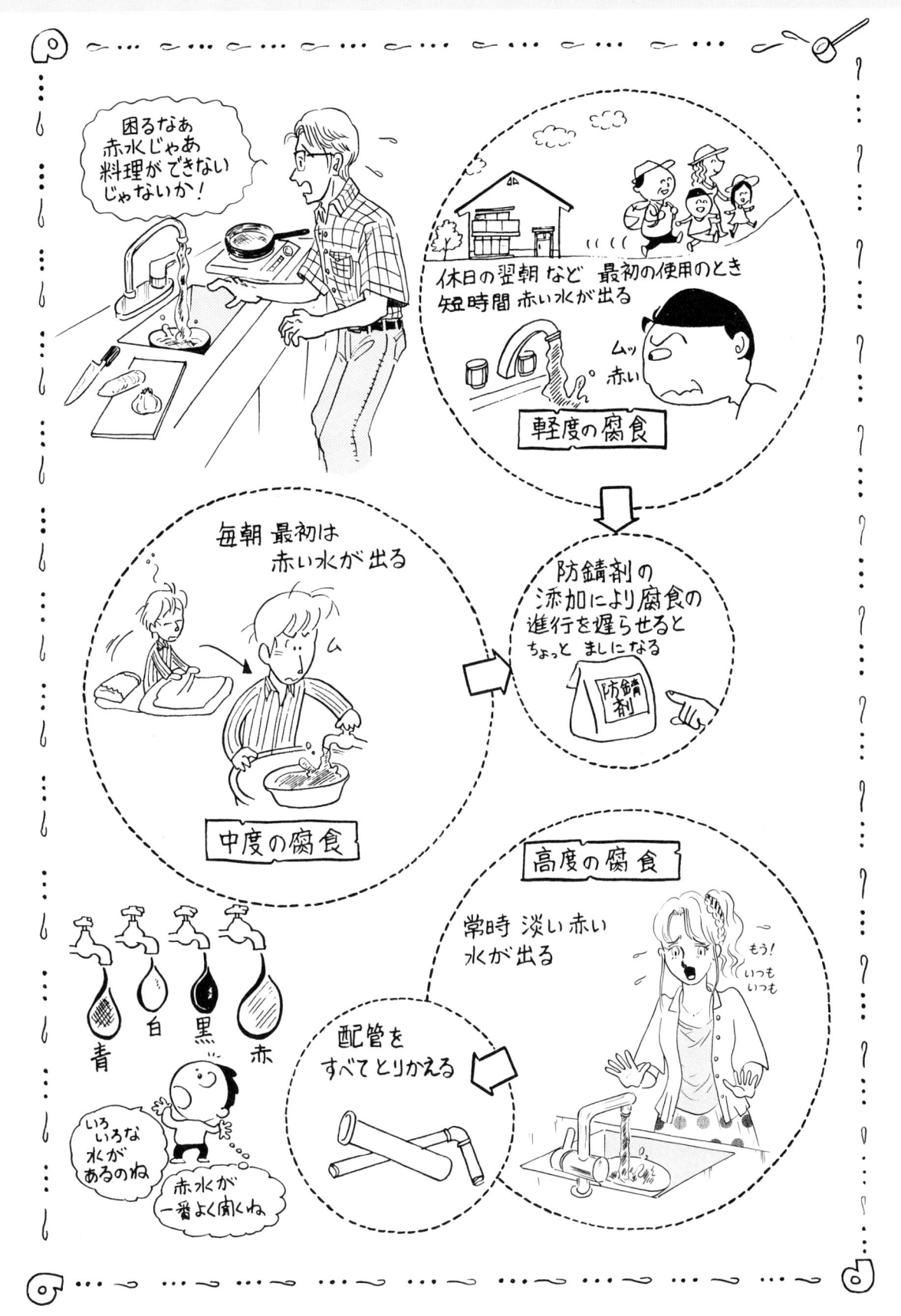

2・4 給湯設備に発生しやすいトラブル

40 防錆剤の添加方法

　防錆剤は**腐食抑制剤**ともいい、腐食性環境中に少量添加して、金属の腐食を抑制する効果のある化学物質を指し、多種あります。しかし給湯および給水設備で防錆剤を用いる場合は、衛生上の観点から防錆効果以上に「人体に対する安全性」をより重視しなければなりません。したがって、法的に食品添加物合格品（飲料用）の防錆剤を使用する必要があります。

　飲料用の赤水防止剤としては、けい酸塩系のものと、りん酸塩系のものが用いられ、これらの薬剤は水質の改善とともに、けい酸あるいはりん酸の一部がイオンの形で金属のアノード部（陽極部）に電気的に付着し、金属イオンの水中への溶出を防止し、また一部は保護コロイドとなって金属の表面を保護する、つまり鉄表面に皮膜をつくるという化学作用により、赤湯や赤水の発生が防止されるのです。赤水防止剤の添加に際しては、温水に添加する薬剤の濃度を錆の汚濁を防止できる最低限の濃度とし、赤水の状態が著しい場合でもりん酸塩またはけい酸塩、あるいはこれらの合計として 15 mg/ℓ を超えてはなりません。これ以上の濃度となると飲料用として許可された添加薬剤であっても、人体に悪影響を与えるからです。

　防錆剤の注入方法としては、薬剤を水に溶かして液体にして貯湯槽への給水管より、給水量に応じて注入量をコントロールする正確な比例注入を行うことが理想的ですが、設備も高くつき、方法も難しくなります。そこで一般には、薬剤を遅溶性の結晶体（固体）とし、これを膨張水槽の中に沈めるか、または膨張水槽と貯湯槽とを連結する給水管の途中にステンレス鋼製の"フィーダ"（薬剤添加器）を取り付け、このフィーダに薬剤を充填して使用されます。

　そして固体の防錆剤は平均 2 ケ月程度で残量が約 1/3 になりますが、残量が 1/3 以下になると赤水の防止効果が低下しますので、これを補給することが必要です。

---

memo

▶腐食ってどんな現象なの？
　化学的または電気化学的作用により金属表面が変質し、耐久性をなくしていく現象を**腐食**または**コロージョン**といいます。金属の腐食は水の介在による**湿食**と、水が存在しない状態で起こる**乾食**とがありますが、一般には湿食のことを腐食と考えてよいでしょう。
　腐食の主因は水の介在により電位差が生じるという電気化学的反応です。例えば鉄管と銅管を接続した場合のように、異種の金属がつながると、それぞれの金属材料のイオン化傾向の差により電位差を生じて電池を形成し、陽極となる金属（鉄）が腐食される**異種金属接触腐食**、また水中に溶けている酸素の分布が不均一になっているとき、酸素の濃淡により電池が形成され腐食する**酸素濃淡電池腐食**、金属内に温度差があると、温度が高い部分が陽極となり、電池を形成し腐食が起こる**温度差電池腐食**などがあります。

▶ピッチング
　ピッチング（点食：pitting）腐食とは、ある小さい場所が局部的・集中的に腐食され、小さな穴が開く、あるいは穴状に腐食することです。

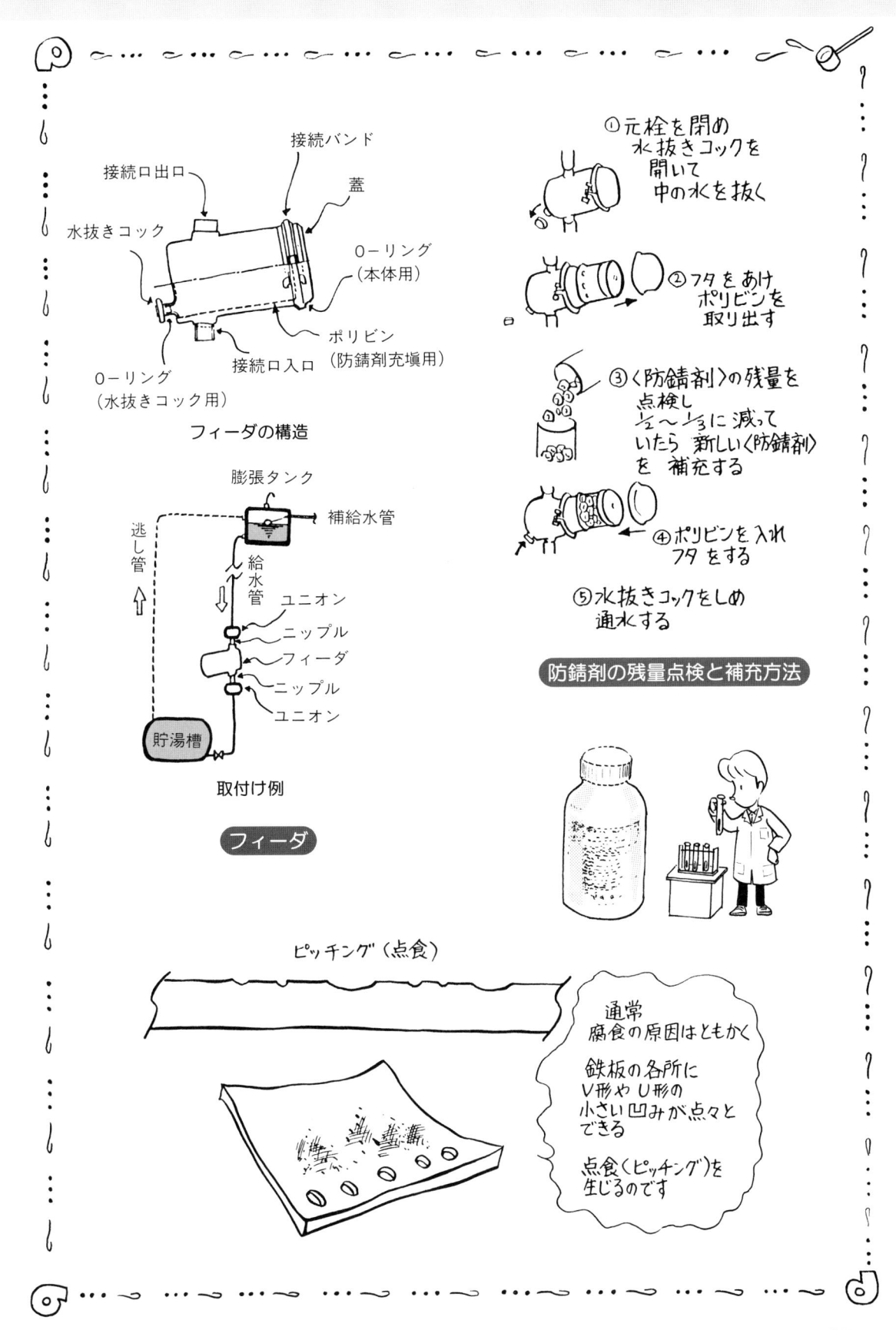

2・4 給湯設備に発生しやすいトラブル

フィーダの構造

- 接続口出口
- 接続バンド
- 蓋
- 水抜きコック
- O−リング（本体用）
- O−リング（水抜きコック用）
- 接続口入口
- ポリビン（防錆剤充填用）

取付け例

- 膨張タンク
- 補給水管
- 逃し管
- 給水管
- ユニオン
- ニップル
- フィーダ
- ニップル
- ユニオン
- 貯湯槽

フィーダ

① 元栓を閉め水抜きコックを開いて中の水を抜く

② フタをあけポリビンを取り出す

③ 〈防錆剤〉の残量を点検し 1/2〜1/3に減っていたら 新しい〈防錆剤〉を補充する

④ ポリビンを入れフタをする

⑤ 水抜きコックをしめ通水する

防錆剤の残量点検と補充方法

ピッチング（点食）

通常
腐食の原因はともかく

鉄板の各所に
V形やU形の
小さい凹みが点々と
できる

点食（ピッチング）を
生じるのです

41 腐食しないはずのステンレス鋼が腐食するって、それホント？

　鋼板製の貯湯槽はその材質上、腐食しやすく（錆を発生しやすく）、赤湯となりやすく、給湯としては見た目にも衛生上からも好ましくないので、腐食や赤湯のトラブルを避けるため、高価ではあるがステンレス鋼製貯湯槽が用いられます。**ステンレス鋼**は鉄にクロム、ニッケル、モリブデンなどの元素を添加してつくられ、耐食性にきわめて優れた合金鋼材であり**不銹（錆）鋼**と漢字で示されます。したがってステンレス鋼は「絶対に錆びない（腐食しない）」と信じている人が多いようですが、これは誤解であり確立は小さくても腐食するのです。

　ステンレス鋼のとくに耐食性が大きい理由は鋼材中のクロムによって、ステンレス鋼の表面に安定性のある保護被膜である無色の"酸化被膜"が形成されるところにあるのです。ところが腐食されないはずのステンレス鋼が"点食"といった腐食を発生するのは何故でしょうか。

　ステンレス製貯湯槽の内外面に点食が発生する主因は"塩素"なのです。給湯にはもちろん上水を利用しますが、滅菌のため塩素が注入されます。塩素イオンのような還元性物質が含まれているとタンク内で部分的に濃縮され、それに接しているステンレス鋼表面の酸化被膜が破壊されて活性状態となり、他の酸化被膜のある部分との間に電池が形成し、酸化被膜を破壊された部分が腐食するのです。またタンクの保温材としてグラスウールやロックウールといった溶存塩素イオンが含まれた保温材を用いると、タンクの逃し弁や温度計などの取付けソケットねじ込み部などに漏れを生じた場合、漏出した温水により保温材が漏れ、保温材中の塩素イオンが溶出し、濃縮して、酸化被膜が破壊され腐食につながります。したがって保温材は溶存塩素イオンを含まないパーライト保温材を用い、かつ絶対に漏水させないことが肝要です。そしてタンクのマンホールなどの密封材として使用するガスケット（パッキン）に、塩素化合物を有しているものを用いると、保温材の場合と同じプロセスで腐食につながります。ステンレス製貯湯槽のガスケットやこれに塗布するペースト（塗布材）には、ステンレス用に開発された**防食ジョイントシート**および**防食ペースト**を使用しなければなりません。

---

memo

▶**ステンレス鋼製貯湯槽の整備ポイントは？**
　ステンレス鋼製貯湯槽は使用中に給湯配管（鋼管）中の錆がタンク内へ流入し、これが内面に付着してこれも腐食の一因となります。年1回の法定検査の前のタンク内掃除の場合に鋼製の硬いワイヤブラシなどで作業すると、汚れは落ちやすいが、ワイヤブラシで擦った跡に傷がつきステンレス鋼表面の酸化被膜を破壊することになり、その部分が腐食します。このため整備作業のときには、ステンレス鋼の白い表面は赤ちゃんの柔肌と考えて、ていねいに取り扱うことが肝要です。

2・4 給湯設備に発生しやすいトラブル

ステンレス鋼製貯湯槽の
整備は 赤ちゃんの肌を
やさしく 洗うように
ていねいにしてください

3章 排水通気設備

厨房や入浴、洗面などで使用後の雑排水、うんこやおシッコの汚水などを公共下水道またはビル内の洗浄槽へ排出するための設備を排水設備といいますが、ビルなどでは排水管だけでは安全で衛生的な排水はできず、必ず通気管を併用するのです。

42 水の使用は消費ではなく汚濁して排出することだ！ 下水道のはなし

人間が快適な生活を営むためには、住宅へのエネルギーの供給を不可欠とします。そのエネルギーとは、電気、ガス、水道（飲料水）のことです。ここでよく考えなければならないことは、"水の消費"ということです。電気は消費（使用）すると熱や光に変化し、事後処理は必要としません。つまり排電気管なんて必要としません。ガスも同じことで、使用により燃焼熱となり、二酸化炭素や水蒸気、そして少量の一酸化炭素へと化学変化し、このために空気を消費するとともに空気を汚染しますが、大気中に放散されるので、排ガス管なんて必要としません。

ところが水を使用するとどうなるでしょうか。庭への打ち水や散水などの例外を除いて、人間が水を使用するということは消費を意味するのではなく、汚濁して排出するということになるのです。水を使用する箇所には必ず"排水管"を必要とすることで、排水管よりの排水を浄化しなければ快適で衛生的な生活は営めません。この点が水の消費に関する大きな問題点なのです。

排水とは、建物およびその敷地内で生じる汚水、雑排水、雨水、特殊排水などで捨て水のすべて、ならびにこれらを排除することをいい、これらの各排水を単独にまたは合流して排除する管を**排水管**といいます。

汚水というのは、下水道法では生活もしくは事業に起因し、もしくはこれに付随する排水とありますが、建築設備においての汚水とは「人体からの排泄物、とくにし尿を含む排水、すなわち大小便器、ビデなどからの排水をいう」と解釈しておくべきです。

雑排水とは大小便器などからの排水いわゆる汚水、雨水、特殊排水を除いた、台所、浴室、洗面所などからの排水をいいます。

雨水とは読んで字のごとく、天より降ってくる雨水のことをいいます。

特殊排水とは工場、研究所、病院などからの特殊な薬液、危険性のある細菌、放射能などを含んだ排水をいい、特殊排水は当該事業所などにおいて浄化処理した後でなければ下水道へ直接放流することが禁じられているのです。

なお、生活もしくは事業に起因し、もしくは付随する汚水、雑排水、雨水および浄化処理した特殊排水を総称して**下水**といい、下水を排除するために設けられる諸設備の総体を**下水道**といいます。つまり飲料水（上水）を供給する側の施設を**水道**というのに対し、排水を浄化し河川や海へ放流する施設を下水道というわけです。

3・1 排水設備のあらまし

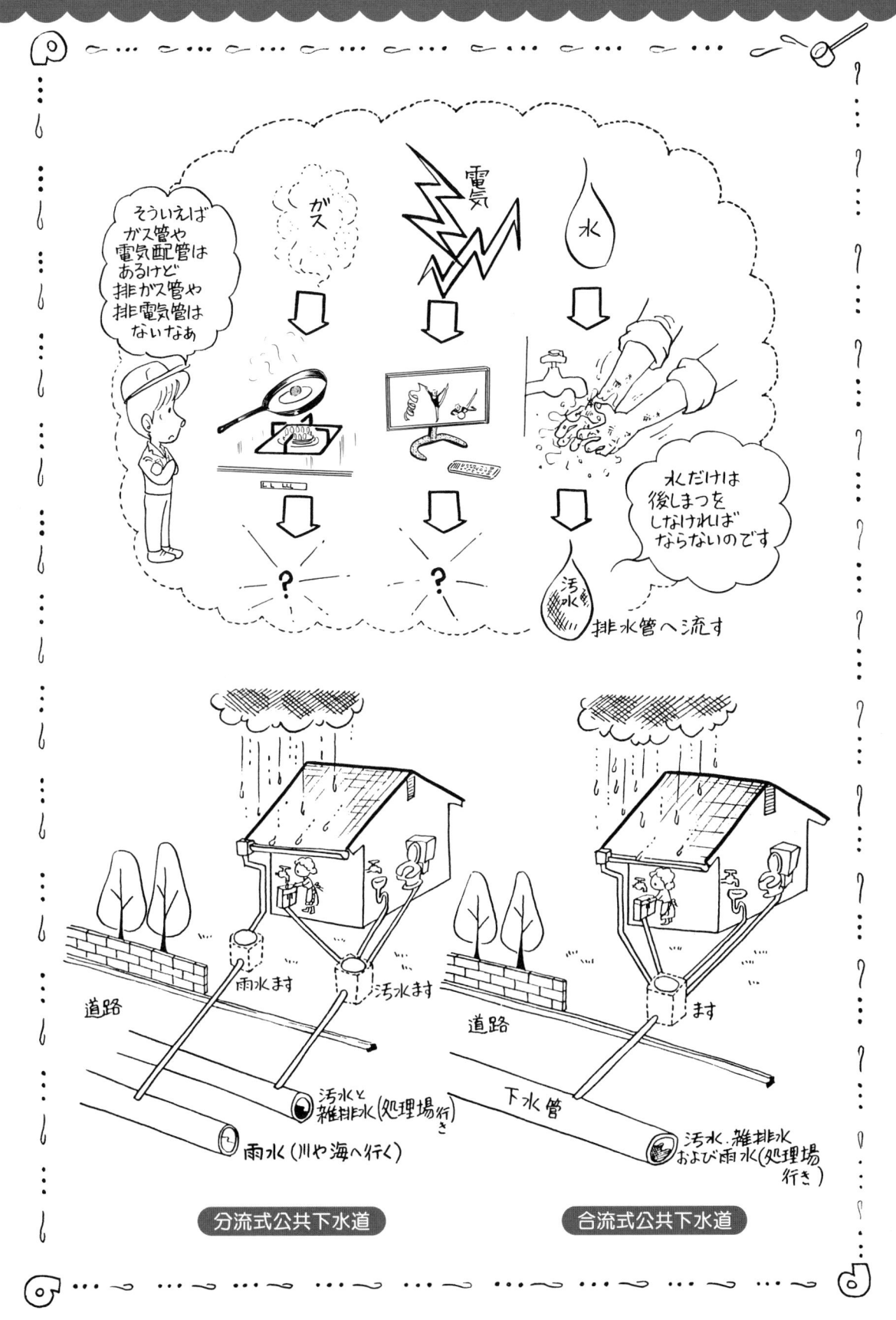

43 排水系統の分類と方式

建物とその敷地内における排水管、およびそれらを接続するために必要な継手類、バルブ、各種付属品ならびにこれに伴う装置のすべてを含む系統を排水系統といいますが、建物内の排水を水の使用目的によって分類するとつぎのようになります。

汚水を導く系統である**汚水系統**、汚水以外の雑排水を導く**雑排水系統**、雨水をまとめて単独に屋外に導く**雨水系統**、下水道へ直接放流できない特殊排水を導く**特殊排水系統**です。建物内の排水系統をどう構成するかは、基本的には建物のある地域において下水道があるか否かによって変わりますが、一般のビルでは特殊排水系統は必要としないのでこの系統は省略します。

①下水道が完備されていない場合

この場合は建物内では汚水系統、雑排水系統、雨水系統の3系統とし、雨水はそのまま公共用水域に放流し、汚水系統と雑排水系統を合併処理浄化槽で結びここで処理した後に放流する場合と、建物内では雨水系統と雑排水＋汚水系統の2本立てとし、雑排水＋汚水系統を合併処理浄化槽へ導き処理した後"公共用水域"に放流する方式です。

②下水道が完備されている場合

この場合は建物の構造などにより、そして下水道が分流式か合流式かによって、つぎのような方式が用いられます。

合流式下水道の場合：建物内は雨水系統と雑排水系統、汚水系統の3系統、または雨水系統と雑排水＋汚水系統の2系統とし、これらの系統を会所桝で各排水をまとめて下水道へ放流します。

分流式下水道の場合：建物内は雨水系統と雑排水系統および汚水系統の3系統とし、雨水を雨水用下水道へ、雑排水および汚水は会所桝でまとめていわゆる汚水用下水道へ放流します。または雑排水＋汚水系統と雨水系統に分けて、前者は下水道により終末処理場へ導いて処理し、後者の雨水はそのまま雨水用下水道から公共の河川などへ放流されます。

---

memo

▶一口に"下水道"といってもね？

下水道は下水道法によって規制され、つぎのように大別されます。

公共下水道：主として市街地における下水を排除し、または処理するために地方公共団体が設置する下水道をいいます。

都市下水路：主として市街地における下水を排除するために地方公共団体が管理している下水道です。

3·1 排水設備のあらまし

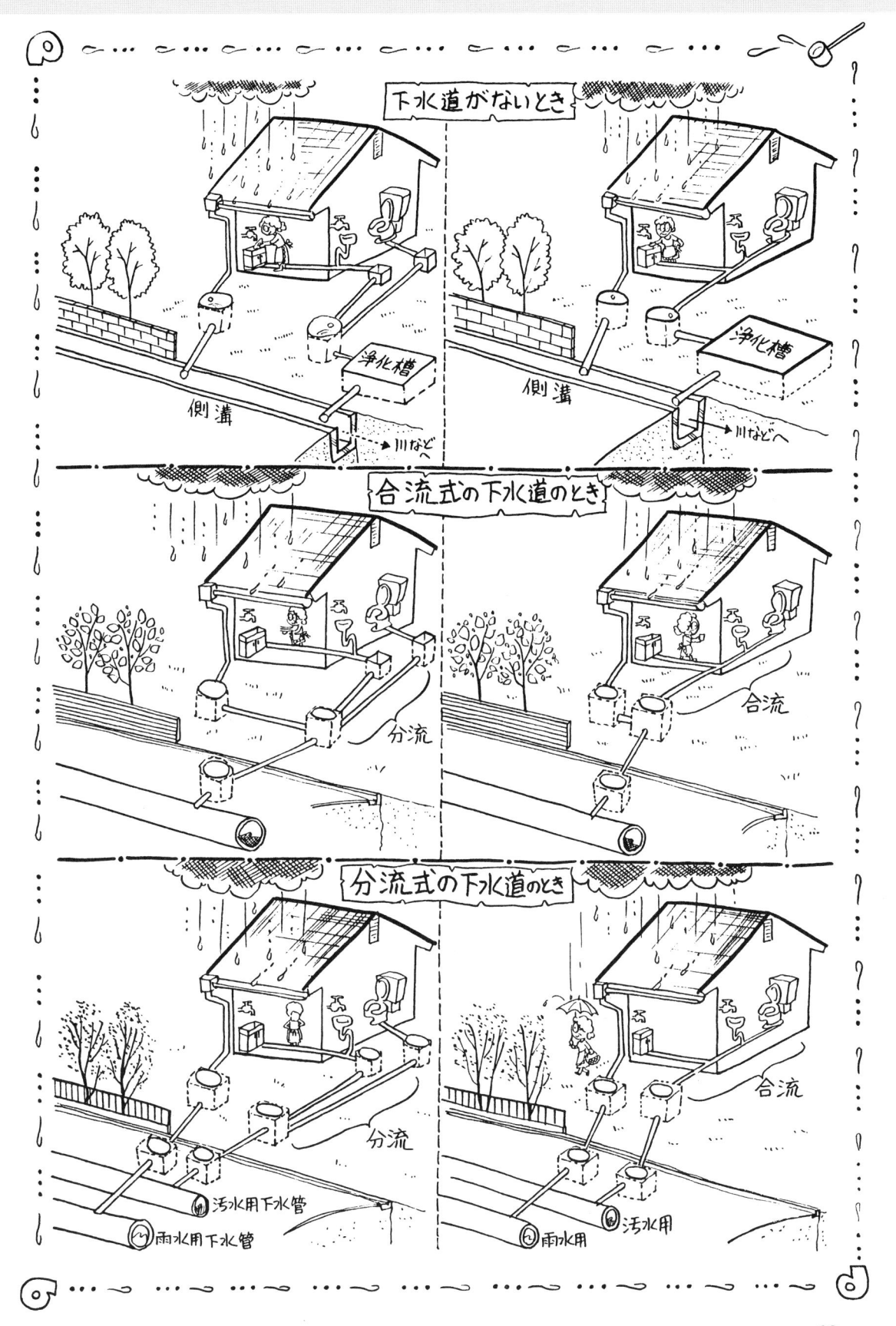

44 間接排水ってどういう意味?

　洗面器や浴槽あるいは大便器などの器具の器具排水管を、直接、排水管に接続して排水することを**直接排水**といいますが、直接排水の場合は排水管が詰まったり、器具のトラップの封水が破封したりなどのトラブルが生じたとき、排水管の汚水や下水ガスなどがその器具の中に逆流することがあり、保健衛生上危険なことになります。もちろん、このような不衛生な事態にならないようにいろいろ配慮、工夫がなされていますが、とくに食品を扱う器具類や医療用機器などでは絶対にこのような保健衛生上危険なことを起こしてはいけません。

　直接排水によるトラブルを防止するには、器具排水管をいったん大気に開口し、その後に排水本管に排水を導くようにしなければなりません。こうすると排水管（排水本管）で、もし逆流が起こっても、その開口部で汚水などはあふれますが、器具排水管には流れ込まない。つまり器具までは汚水が逆流することはありません。このように器具排水管と排水管とを直接に接続せず、いったん空間を設けた後、一般の排水管に設けた水受け器（受け口）に排水する方式を**間接排水**といい、器具排水管の管端と排水管の水受け器上部あふれ縁に設ける空間（垂直距離）を**排水口空間**といいます。排水口空間は排水管径の2倍以上が必要とされ、飲料用貯水槽などの間接排水管の排水口空間は最小150 mmとしなければなりません。

　間接排水を必要とする機器や排水管は建築基準法ではつぎのように定められています。
　①冷蔵庫、食器洗浄機、水飲器、洗濯機その他これに類する機器
　②滅菌器、消毒器その他これに類する機器
　③給水ポンプ、空気調和機その他これに類する機器
　④給水タンクの水抜き管および排水管
　以上の法定機器以外であっても、つぎの場合の機器あるいは排水管も間接排水とすべきです。
　⑤皮むき器、洗米器、スチームテーブル、すすぎ用流しなどの厨房用調理機器や流し
　⑥水泳用プールの排水管、オーバーフロー管あるいはプールのろ過装置からの逆洗排水管
　なお、間接排水に必要とする排水管に取り付ける金物を**排水口空間用金物**または**排水受け**といい、一般には漏斗のような形状のものが用いられ、これは**水受け器**とか**水受け皿**といわれます。

---

point

▶**吐水口空間と排水口空間とどう違うの？**
　逆流による保健衛生上の危険性を防ぐといった点では共通していますが、**吐水口空間**は洗面器など器具類に貯めて使用中の水が給水管側へ逆流を防ぐためのものであるのに対し、**排水口空間**は排水管中の汚水などが器具類へ逆流するのを防止するためのものです。この相違点を正しく理解しておきましょう。

3・1 排水設備のあらまし

排水口空間
あふれ縁

汚水が器具類へ逆流するのを防止するのが排水口空間

使用中の水が給水管側へ逆流するのを防止するのが吐水口空間

吐水口空間
排水口空間

間接排水口空間

間接排水
(クロスコネクション防止)

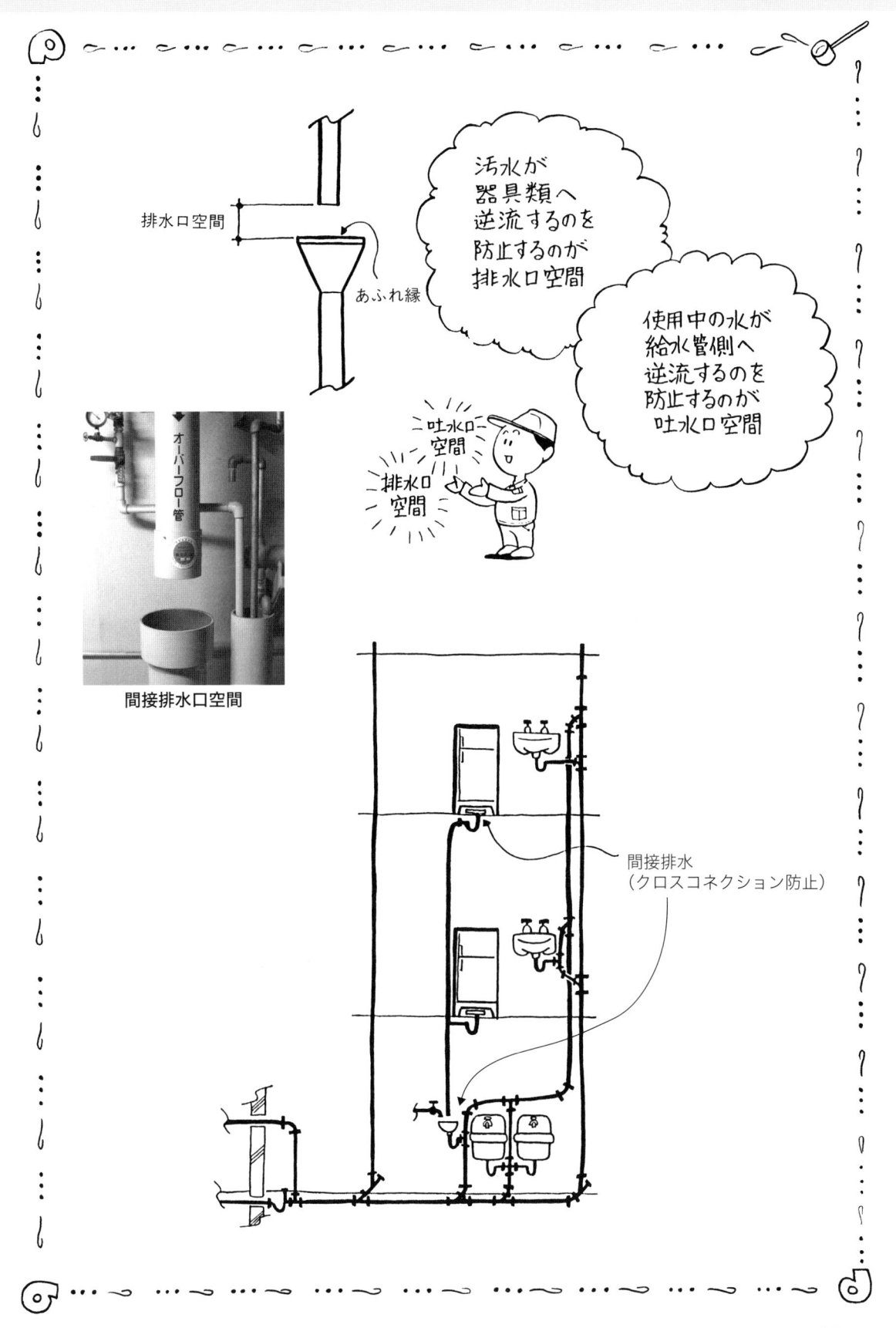

45 排水管と通気管は車の両輪！　排水通気設備のあらまし

　排水設備は原則として**重力式排水方式**が採用されます。これは地球の引力という重力の作用により、排水を高所から低所へ自然に流下させる排水配管方法をいい、下水道も原則としてこのシステムです。排水系統は各階の各衛生器具などの下部に設けるトラップより始まり、器具排水管、排水横枝管を経て、排水立て主管を排水が流下し、1階床下の排水横主管へと入り、建物外の汚水ますを経て屋外排水管そして下水道へと排水されるわけです。

　この重力式排水方式は排水にポンプを用いることなく自然力だけによっているので、設備費も安くいわゆるランニングコストも要しません。しかし困る点があるのです。近年では一般家庭で2階にもトイレを設ける場合が多くなっていますが、この場合を例に考えてみましょう。右上の図のように1階と2階に大便器があり、排水管が連絡されているとします。

　いま2階のトイレを使用したとすると、排水はAを通って下方へ落下しますが、排水管内の空気は逃げ場を求めてCの方向へ移動します。しかしCの方だけに行くのではなく、Bの方へも逃げようとします。そのため1階の便器の水面（トラップの封水）は押し上げられる形となってゆれるのです。もし2階の便所だけを何回も使用すれば、1階の便器の水面はものすごく低下します。つぎに、上記の排水がAを通過してCにさしかかりますと、今度は逆にA、Bから空気を送り込まなければなりません。そうしなければ排水管内は大気圧よりも低く、つまり"真空"となって水は流れません。しかし、A、Bから空気を入れようとしても、便器にはトラップがあって水が貯まっていて空気の入りようがなく、トラップの封水は吸い出されます。1階の便器を使った場合も同じような理由で2階の便器の水面がゆれ動きます。このようにトラップの排水側から水が押されると、水は便器の外に飛び出そうとする**跳出し作用**を受け、引っ張られると封水が排水管の方へ吸い出されるという**吸出し作用**を受けるのです。

　重力式排水方式は排水管内へ自由に空気の出入りができず、管内の圧力が大気圧を超えたり逆に真空になったりしてスムーズに排水が行えません。この欠点を是正するカラクリは実に簡単で図の上部の点線のような管を設ければ、ここから排水管内へ空気が自由に出入りでき、つねに大気圧となるので、排水がスムーズに行えます。この役目の管を**通気管**といい、排水設備には排水管と同じ位の重要性をもち、両管は車の両輪ともいえるものです。

---

point

▶排水通気設備とは？
　建物内および敷地内において配管、タンク類、ポンプなどの機器などを用いて、汚水、雑排水、雨水、特殊排水を支障なく排出するための重力式排水方式による排水設備、およびこれを円滑に行わせるための通気設備を**排水通気設備**といいます。

3・1 排水設備のあらまし

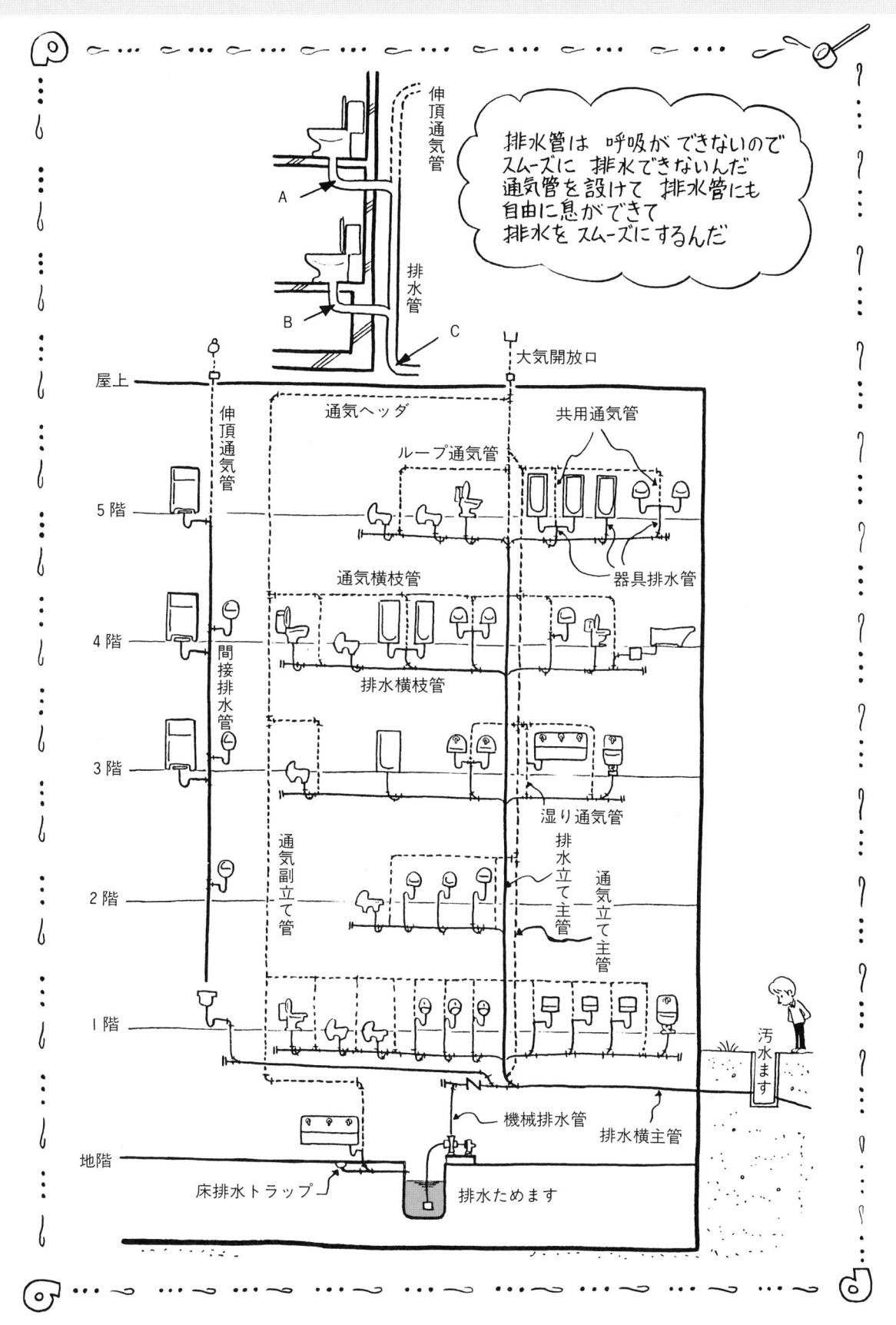

排水管は 呼吸が できないので
スムーズに 排水できないんだ
通気管を設けて 排水管にも
自由に息ができて
排水を スムーズにするんだ

伸頂通気管
排水管
A
B
C

大気開放口
屋上
通気ヘッダ
共用通気管
ループ通気管
伸頂通気管
5階
器具排水管
通気横枝管
4階
間接排水管
排水横枝管
3階
湿り通気管
通気副立て管
排水立て主管
通気立て主管
2階
1階
汚水ます
機械排水管
排水横主管
地階
床排水トラップ
排水ためます

46 排水配管の材料

ビルの排水配管用の管としては主につぎのようなものが用いられます。

硬質塩化ビニル管は給水配管として用いられる水道用硬質塩化ビニル管と材質などは同じで、塩化ビニル管や塩ビ管と略称されるのも同じです。水道用塩ビ管と異なる主な点は硬質塩ビ管は呼び径と厚さによってVP管とVU管に分けられていることです。

VP管は一般配管用に用いられるのに対し、**VU管**はVP管よりも肉厚が薄くつくられており、使用圧力は4 kgf/cm^2（392,266Pa）以下で、管径44〜783 mmと太いものがつくられており、排水用や通気用の塩ビ管としてはVU管が主に用いられます。このVU管（硬質塩ビVU管）の管継手としては**排水用硬質塩化ビニル管継手**が用いられます。この管継手はVP管とVU管とも外径は同一なので両管に用いられますが、排水管は"うんこ"やトイレットペーパーなど固体も排除する必要上から、配管の曲り部はカーブの度合を大きくしなければならず、"90°大曲りエルボ"、"90°大曲りY"など、大曲りのものがあるのが特徴です。

排水用鋳鉄管は鋼管より耐食性を大きくするために鋳鉄でつくられた管で、水道用鋳鉄管よりは肉厚が薄いので俗に**べら管**といわれており、主に地中に埋設する屋外配管用として用いられます。鋳鉄管の接続に必要な管継手としては、"異形管"が用いられます。鋼管や塩ビ管などの場合は"管継手"と呼ぶのに、鋳鉄管やコンクリート管、陶管のように主に地中に埋設して用いる管の管継手のことを**異形管**と呼称するのでこの点留意してください。排水用鋳鉄異形管も排水用塩ビ管継手と同様のものがつくられています。

排水用鉛管は水道用鉛管よりも肉厚が薄くつくられたもので、鉛管は水道用や排水用とも現在ではあまり用いられません。しかしその材質の特性上、複雑な形状に加工（配管）しやすいので、小便器の排水用や配管箇所が塩ビ管などでは配管しにくい特殊箇所などに用いられます。

排水用としては以上の他、地中に埋設する場合、粘度を主原料とした**陶管**、**土管**そして**コンクリート管**が用いられます。

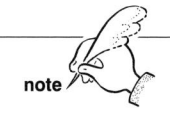

---

note

屋内配管および屋外配管とは？

建物外に施設される配管を総称して**屋外配管**といい、屋外配管の場合の排水管を**屋外排水管**や**敷地排水管**、**宅地排水管**とも呼び、建物の外壁面から1 mを隔てた排水横主管の終点から公共下水道に至るまでの排水配管をいいます。

屋内配管は建物内における配管を総称していい、建物内から建物外壁1 mまでの排水配管のことを**屋内排水管**と呼びます。

3・2 排水配管の構成には多くの問題点があるんだよ！

硬質塩化ビニル管の規格（JIS K 6741）

区分	VP							VU					
	外径		厚さ		近似内径	1m当りの重さ	外径		厚さ		近似内径	1m当りの重さ
呼び (mm)	基本寸法 (mm)	最大・最小外径の許容差 (mm)	平均外径の許容度 (mm)	最小寸法 (mm)	許容差 (mm)	(mm)	(g)	基本寸法 (mm)	平均外径の許容差 (mm)	最小寸法 (mm)	許容差 (mm)	(mm)	(g)
13	18	±0.2	±0.2	2.2	+0.6	13	174	—	—	—	—	—	—
16	22	±0.2	±0.2	2.7	+0.6	16	256	—	—	—	—	—	—
20	26	±0.2	±0.2	2.7	+0.6	20	310	—	—	—	—	—	—
25	32	±0.2	±0.2	3.1	+0.8	25	448	—	—	—	—	—	—
30	38	±0.3	±0.2	3.1	+0.8	31	542	—	—	—	—	—	—
40	48	±0.3	±0.2	3.6	+0.8	40	791	48	±0.2	1.8	+0.4	44	413
50	60	±0.4	±0.2	4.1	+0.8	51	1,122	60	±0.2	1.8	+0.4	56	521
65	76	±0.5	±0.3	4.1	+0.8	67	1,445	76	±0.3	2.2	+0.6	71	825
75	89	±0.5	±0.3	5.5	+0.8	77	2,202	89	±0.3	2.7	+0.6	83	1,159
100	114	±0.6	±0.4	6.6	+1.0	100	3,409	114	±0.4	3.1	+0.8	107	1,737
125	140	±0.8	±0.5	7.0	+1.0	125	4,464	140	±0.5	4.1	+0.8	131	2,739
150	165	±1.0	±0.6	8.9	+1.4	146	6,701	165	±0.6	5.1	+0.8	154	3,941
200	216	±1.3	±0.8	10.3	+1.4	194	10,129	216	±0.8	6.5	+1.0	202	6,572
250	267	±1.6	±1.0	12.7	+1.8	240	15,481	267	±1.0	7.8	+1.2	250	9,758
300	318	±1.9	±1.1	15.1	+2.2	286	21,962	318	±1.1	9.2	+1.4	298	13,701
350	—	—	—	—	—	—	—	370	±1.3	10.5	+1.4	348	18,051
400	—	—	—	—	—	—	—	420	±1.5	11.8	+1.6	395	23,059
450	—	—	—	—	—	—	—	470	±1.7	13.2	+1.8	442	28,875
500	—	—	—	—	—	—	—	520	±1.9	14.6	+2.0	489	35,346
600	—	—	—	—	—	—	—	630	±3.2	17.8	+2.8	592	52,679
700	—	—	—	—	—	—	—	732	±3.7	21.0	+3.2	687	72,018
800	—	—	—	—	—	—	—	835	±4.2	23.9	+3.8	783	93,718

注：(1)管の長さは 4,000±10 mm を標準とする。 (2) VU 管は排水・通気管に適する。

90°大曲りY　　90°大曲りエルボ　　90°大曲り両Y

排水用硬質塩化ビニル管継手

90°エルボ

水道用硬質塩化ビニル管継手

同じ「90°エルボ」でも水道用に比べて排水用はカーブの度合が大きいだろう

47 排水管の管径や勾配と排水量の関係

　ビルの排水は基本的には、各階の便器などの各器具、そしてこれに付属のトラップ、器具排水管、排水横枝管を経て、排水立て主管へ入って流下し、1階床下排水横主管から建物外の排水ますといった屋内排水配管を通過し、屋外排水管そして下水道へというルートでいわゆる重力式排水方式により排水されます。これらの各排水管の管径は排水負荷単位（f.u.D.）の累計によって計算されるのですが、排水管の管径が排水量に比べて大き過ぎると横管内を流動する排水の水深が浅くなり、ウンコやトイレットペーパーなどの固形物を押し流す力が弱まって、水だけが流出してしまい固形物が堆積しがちになります。逆に流量に比べて管径が小さ過ぎると横管内を流動する排水が100％近く満ちるという**満管流**状態となって、管内の空気の流動が妨げられ管内気圧が変動しスムーズな排水ができません。

　そして排水横管の勾配も重要な点で、排水勾配が急な場合は、管径が大き過ぎる場合と同様、水の流速が速く水深が浅くなり、固形物が流動しにくくなります。逆に排水勾配がゆる過ぎると、満管流状態となり流速が遅くなって、これまた肝心の固形物を押し流す力が弱まります。

　一般に汚水管（排水管）の横管の適当な水深は管径の1/2～1/3とされ、そして排水横管には**行詰り**があってはなりません。そして排水立て管を流動（流下）する排水の状態は、**環流**となるのが理想的です。

---

note

▶配管の"勾配"とは？
　横走り管（横管）の中心線と水平線とのなす角度をいい、また一般には、横走り管の一定水平長さに対する垂直長さをいい、次式で表わします。
　　管の両端の高さの差÷管の両端の水平距離
　建築設備では勾配を1/50または何分の1というように示します。
　配管内を気体と液体が同一方向に流れるような配管勾配を**順勾配**といい、管内を気体と液体が逆の方向に流れるような勾配を**逆勾配**といいます。

▶排水立て管のオフセットとは？
　排水立て管は上から下まですべて垂直なのが理想的ですが、建物の構造上など止むを得ず途中で横に移動させねばならない場合があります。排水立て管が横に移動する部分を"排水立て管のオフセット"といい、その角度は排水の流れ（流下）と空気の圧力に大きな影響を及ぼすので、傾斜は45°以内とするのがよく、また排水の流れをよくするために、オフセット部分の上方に通気管を立てます。

▶環流とは？
　排水が排水立て管の中を流下する状態を管軸に直角な断面で見た場合、排水が管壁にそって水の環の状態で流下し、中心部分は空洞となるのが理想的で、このような排水の流れを**環流**といい、排水立て管が環流の状態になるようにさまざまな工夫がされます。

▶スリーブとは？
　配管類が建物の壁や床などを貫通して敷設されるとき、配管が通る位置に取り付けて貫通部の開口を確保するための袖管を**スリーブ**または**貫通ピース**といい、配管サイズに比べて2～3サイズ大き目の鋼管が用いられます。

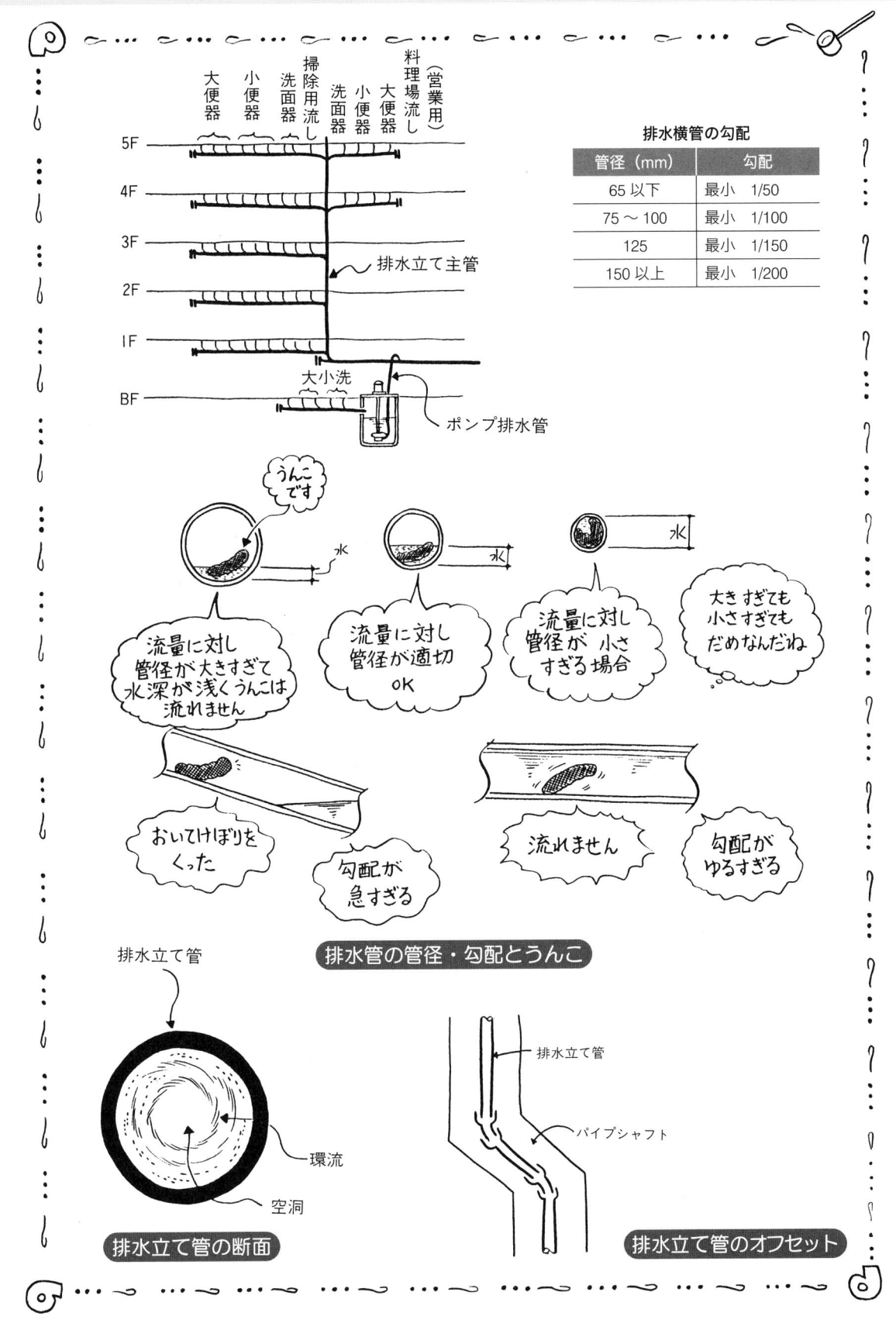

3・2 排水配管の構成には多くの問題点があるんだよ！

排水横管の勾配

管径（mm）	勾配
65 以下	最小 1/50
75～100	最小 1/100
125	最小 1/150
150 以上	最小 1/200

5F／4F／3F／2F／1F／BF の各階に：大便器、小便器、洗面器、掃除用流し、料理場流し（営業用）／大便器、小便器、洗面器

排水立て主管
大小洗
ポンプ排水管

排水管の管径・勾配とうんこ

うんこです
流量に対し管径が大きすぎて水深が浅くうんこは流れません

流量に対し管径が適切 OK

流量に対し管径が小さすぎる場合

大きすぎても小さすぎてもだめなんだね

おいてけぼりをくった
勾配が急すぎる

流れません
勾配がゆるすぎる

排水立て管の断面
排水立て管
環流
空洞

排水立て管のオフセット
排水立て管
パイプシャフト

48 排水管の方向変換は大きくカーブさせなければならないんだ！

　排水管は詳しくは、し尿水つまり汚水を排水するための**汚水管**と、汚水以外の雑用水を排水するための**雑排水管**とに分けられますが、通常、ビルなどの排水は両者を併用したいわゆる"排水管"として排水することが多いのです。いずれにしても排水管は管内を水以外の"うんこ"やトイレットペーパーなどの固形物を同時に排除しなければならず、管内でこれらをスムーズに水と同時に排水するにはいろいろな工夫がされていますが、その大きな1つのポイントとして、排水横枝管から排水立て主管へ、そして排水立て主管から排水横主管へと、排水管の方向を90°変換する場合にはそのカーブを大きくしてやることです。学問的にいえば曲率半径を大きくとることです。**曲率半径**というのは曲線や曲面の各点での湾曲（カーブ）の度合を示すもので、曲率半径の値が大きいほどカーブの度合はゆるやかなものとなります。

　給水や給湯あるいは蒸気配管など内部を流動する流体がさらっとした流体や気体の場合では、小さな曲率半径で配管を90°方向変換してもほとんど問題となりませんが、汚水などのように液体と固体が混じったような流体の場合、給水配管と同様に曲率半径を小さくすればスムーズに流れずこの部分で詰まってしまうことになります。したがって排水管の場合、その方向変換する箇所では必ず曲率半径を大きく、つまりカーブを大きくしなければなりません。そのため例えば、排水用硬質ビニル管継手のエルボなどは"大曲りエルボ"がつくられているのです。

　例えば、高速道路ではカーブする箇所は曲率半径がものすごく大きくとられています。そうでないと高速で走ってくる自動車はカーブ地点で、フェンスを破って道路外へ転落してしまいます。いずれにしても、ゆるやかなカーブで配管を方向変換させることが、排水配管における大きなポイントの1つです。

---

note

▶**排水配管に掃除口が必要なのは？**

　排水管は詰りを生じ、排水が不能になったり排水が著しく阻害されやすいのです。そこで簡単に管内が"パイプクリーナ"などで掃除できるよう掃除口を設けておくのです。排水管内の掃除のため使用し、常時はキャップなどで閉鎖しておく開口部を**掃除口**といい、排水横枝管や排水横主管の起点、長い横走り排水管の途中、45°を超える角度で方向変換する箇所などには掃除口を設けます。

▶**排水配管における行詰りとは？**

　排水配管の一部分で通気が行われない部分を**行詰り**といい、行詰りがあると排水の流れが阻害されたり、固形物が堆積しやすく詰りの原因となります。行詰りの長さは600 mmを超えてはなりません。例えば通気管をまったく設けない排水配管は全配管が行詰りと考えてよいのです。

大きい　　小さい

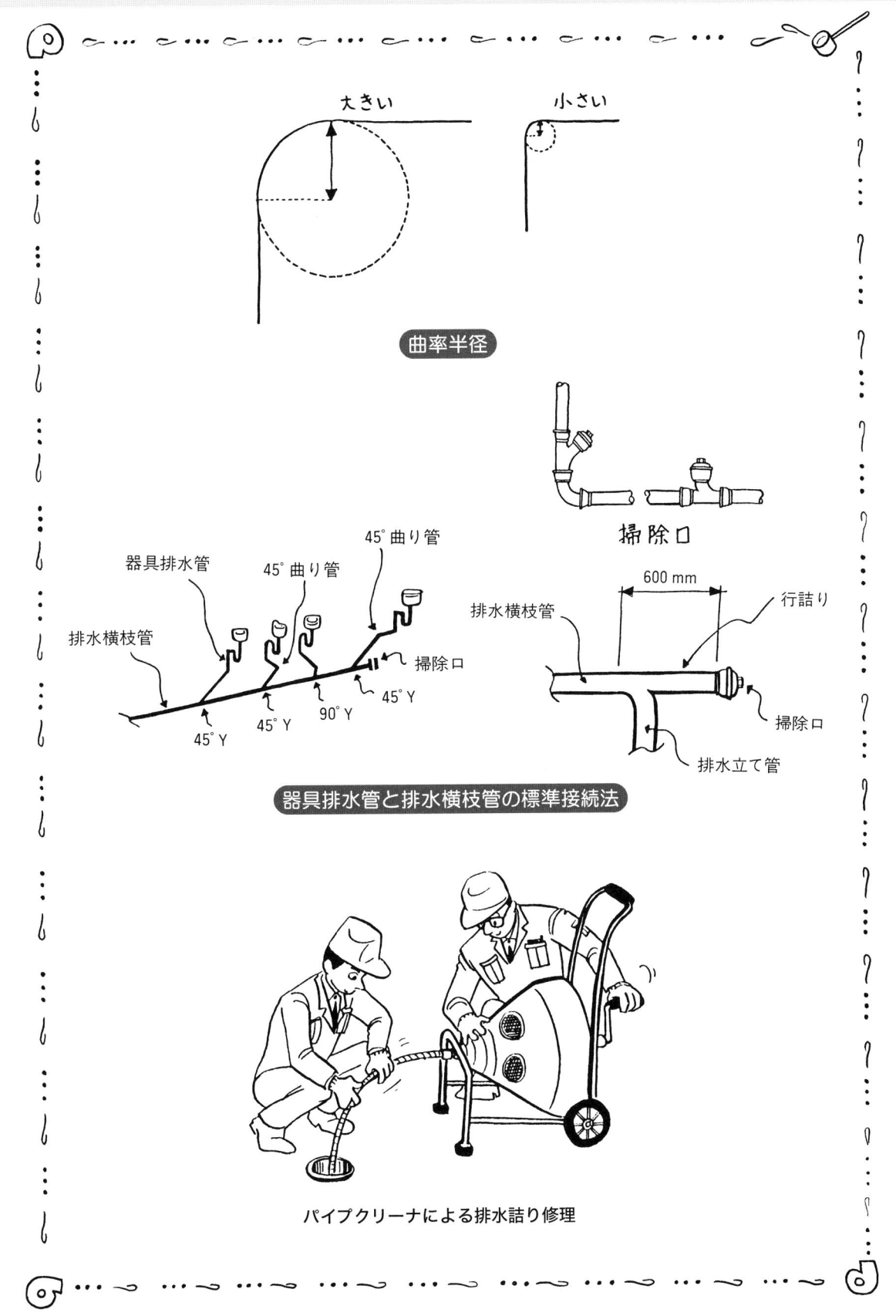

曲率半径

掃除口

器具排水管　45°曲り管　45°曲り管
排水横枝管　　　　　　　　　　掃除口
　　　　　　　　　　　　45°Y
　　　　　45°Y　45°Y　90°Y

排水横枝管　　600 mm　　行詰り
　　　　　　　　　　　　掃除口
　　　　　　　　　　　排水立て管

器具排水管と排水横枝管の標準接続法

パイプクリーナによる排水詰り修理

49 トラップって何のこと？

　排水管内を流れる汚水などは重力による自然流下であって、管内を満水の状態で流れることはほとんどなく、とくに便器や洗面器などの器具からまったく排水されていないときは、排水管内は空になってしまいます。したがって、排水管内や下水道管内に発生した有害かつ悪臭をともなういわゆる**下水ガス**が、排水管内を逆流して衛生器具などの排水口から室内に侵入してきます。また害虫なども同じく侵入してきて室内が不衛生な状態となります。こういった弊害を防ぐために、排水系統中の一部で水を貯留することによって、排水は自由に流動（流下）させ排水できるが、下水ガスや害虫などは逆流させないよう封水する器具を総称して、**トラップ**や**排水トラップ**あるいは**防臭トラップ**、**封水トラップ**といいます。

　トラップの分類方法はいろいろありますが、作用上の観点から分けますと、サイホン式トラップと非サイホン式トラップに大別できます。

　サイホン式トラップは**管トラップ**ともいい、排水通路を満水状態で通過することによってサイホン作用を起こし、自己洗浄作用を有する形式のトラップで、排水の流下水勢によってトラップの封水部に沈積あるいは付着しようとする小雑物を押し流すという**トラップの自浄作用**を行うメリットがありますが、封水を破られやすい欠点があります。サイホン式トラップは一種の"排水管継手"ということもでき、その形状によってＳ形（Ｓトラップ）、Ｐ形（Ｐトラップ）、Ｕ形（Ｕトラップ）に分けられます。

　非サイホン式トラップは一種の容器内に水を貯めて封水部とした形式のもので、サイホン作用を起こさないように排水を通過させるもので、もしサイホン現象で封水部の一部の水が失われても、封水をつくるのに必要な水が残り封水は破られることがありません。非サイホン式トラップはサイホン式トラップでは毛髪や繊維類が流入し封水が破られるおそれのある箇所などに用いられ、**ドラムトラップ**と**ベルトラップ（わんトラップ）**があります。

　トラップは各種衛生器具に適応した形状、構造を持たせ付属させるようにつくられるものがあり、このようなトラップを**器具トラップ**といい、洗面器や手洗器などの下部の器具排水管に設けられたものがそれです。そして衛生器具にトラップを内蔵させたもの、例えば大便器や小便器にはトラップを内蔵させますが、このようなトラップを**造付けトラップ**と呼びます。

> **topics**
>
> ▶"トラップ"は狩猟用語だったんだよ！
>
> 　狩猟のとき「わなを掛ける」ことを英語でトラッピング（trappings）といい、獲物を捕えるためのわなや落し穴をトラップ（trap）といい狩猟用語なんです。それが１つの流体は通過させるが、もう１つの流体は、わなに掛けて通させない、あるいは逆流させない器具が工業的に必要となり、開発された機器が、技術用語として「トラップ」となったのです。

3·3 トラップと阻集器

サイホン式トラップ: S形トラップ、P形トラップ、U形トラップ

非サイホン式トラップ: ドラムトラップ、ベルトラップ

「こんなへんな管だと水がたまってきたないじゃないか」

「衛生のためにわざと水がたまるようにしているんだよ」

「トラップにたまる水は封水っていう名がついている」

トラップなしの場合（洗面器・排水管）
- ムへんな臭い
- きもちわるい虫

トラップ付よ（洗面器・排水管・トラップ）
- 封水のおかげで臭めないわ
- 封水のおかげで虫が出てこれないのね

50 トラップの破封とは？

　トラップに水が貯まっている状態を**封水**または**水封**といい、この封水によってトラップの機能が果たせるのであり、正式にはトラップ流出口（**ウェア**と呼ばれるあふれ面）と**ディプ**（くぼみ）の間にある水のことです。そしてトラップの封水の有効深さであるウェアとディプとの垂直距離を**封水深**といい、封水深は50〜100 mmが必要と規定され、この封水深を**有効封水深**といいます。封水深が浅いと破封されやすく、逆に深いとトラップの自浄作用がなくなりトラップ内に沈降物が堆積するトラブルをきたします。トラップの封水が減少したり、無くなって排水管から下水ガスや害虫などが戻って（逆流する）くる現象を**破封**といい、トラップ最大のトラブルでいわばトラップとしての機能を完全に失ってしまい**無効トラップ**といわれます。無効トラップとしないように、かつスムーズに正しい排水が行われるように通気管を設けるなど、さまざまな工夫がなされていますが破封をきたすことがあります。破封の原因にはつぎのようなことがあるのです。

　自己サイホン作用による破封は器具などから多量の排水をすると、トラップと器具排水管が空気がなくなって水が充満するという**満管流**になり、サイホン作用が生じ排水の終了時に封水をも器具排水管側へ吸引され（流出し）破封する現象で、器具とトラップの組合わせや配管方法が不適当なときに生じやすいのです。

　誘導サイホン作用による破封は、トラップを境にして器具側は室内圧力（大気圧）であり、排水管側は正常な場合は大気圧と両者とも同一圧力で何も問題は生じません。しかし排水管側は配管状態や器具からの排水量などにより大気圧より高い正圧に、大気圧より低い負圧にと変動し、これにつれて生じるサイホン作用を**誘導サイホン作用**といいます。そして排水管側が著しい負圧（真空状態）となって、トラップの封水が排水管側へ吸出される場合の誘導サイホン作用を**吸出し作用**または**吸引作用**といい、排水立て管などで排水が瞬間的に満水状態で流れたとき、その付近の排水横管が負圧となるのです。逆に排水管側が著しい正圧となってトラップの封水が器具の排水口から押し出されたり、跳ね出す場合の誘導サイホン作用のことを**跳出し作用**や**吹出し作用**といわれ、上階と下階で同時に多量の排水がある場合などに、その中間階の立て排水管の部分の空気が一時的に急激に圧縮され正圧となるわけです。

　毛管現象による破封はトラップのウェア部などに毛髪や糸くずなどが引っ掛かってたれさがると、毛管作用が生じて徐々に封水がなくなり破封することをいいます。

　蒸発による破封は当該トラップの器具類で長期間まったく排水されない場合、封水が蒸発してしまい破封することをいいます。

3·3 トラップと阻集器

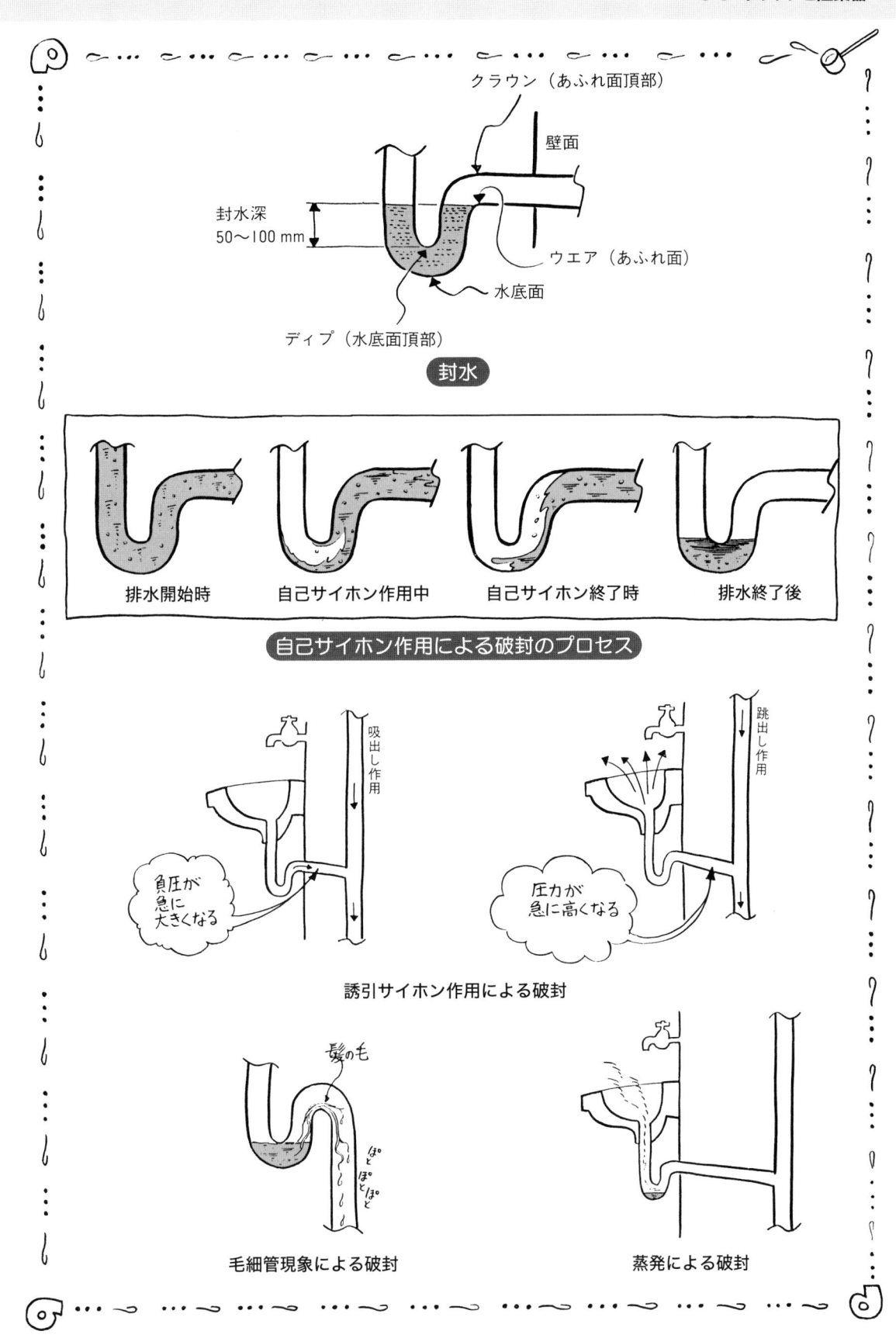

封水

- クラウン（あふれ面頂部）
- 壁面
- 封水深 50〜100 mm
- ウエア（あふれ面）
- 水底面
- ディプ（水底面頂部）

自己サイホン作用による破封のプロセス

- 排水開始時
- 自己サイホン作用中
- 自己サイホン終了時
- 排水終了後

誘引サイホン作用による破封

- 吸出し作用：負圧が急に大きくなる
- 跳出し作用：圧力が急に高くなる

毛細管現象による破封

髪の毛

蒸発による破封

51 器具排水管とは？

排水系統における衛生器具に付属または内蔵のトラップに接続する排水管で、排水横枝管や排水立て枝管に接続される箇所までのものを**器具排水管**といいます。

器具排水管は例えば、洗面器や手洗器のように器具排水管自体がトラップを構成するようにつくられているものと、大便器や小便器のように内蔵するトラップいわゆる造り付けトラップと排水枝管との間を接続するだけのものとがあり、両者とも独立した排水管というよりこれらの排水のための付属器具と考えてもよいものです。

器具排水管でもっともトラブルを生じやすいのは洗面器の場合です。洗面器はその用途上、毛髪、ゴミ、ヘアーピンなどが器内に入ったり落としたりして排水とともに器具排水管に流入し、そのトラップ箇所を詰らせたり、引っ掛かった毛髪などによる毛管現象で破封されやすいのです。したがってその器具排水管は、簡単に分解でき掃除がしやすいようにつくられています。

「あっ！　大切な指輪を洗面器の排水管に落としちゃった！　あなたどうしましょう！」

こんなときあわてることなく、イギリスレンチまたはプライヤーという工具があれば、ごく簡単な作業で分解、整備（掃除）、組立ができるようになっているのです。

---

memo

▶トラップにまつわる"トラップ"の話？

いままで説明したトラップは一般の人の目につくものばかりでしたが、人目につかないトラップを話題にします。

床排水トラップ：これは床排水金物ともいわれ、浴室やトイレなどの床面の排水に利用するもので、床排水口にトラップの機構を内蔵したものと、床排水口に接続して用いるトラップがあります。床排水トラップとして昔は"ベルトラップ"（わんトラップ）が多く利用されていましたが、これはゴミや毛髪などが詰まり、毛細管現象で破封しやすく、かつ詰まりやすいのでついベル（わん）を取りはずしたままにしやすいのです。こうなると機能を失いまったくの"無効トラップ"となってしまいます。したがって現在では使用が禁止されており、床排水トラップとしてはJISで定められたものを利用しましょう。

二重トラップ：これはトラップの名称ではなくトラップを設けた排水管に連結したもう1つのトラップを直列に設けることをいいます。二重トラップは2個のトラップの間の排水管内の空気が密閉されて管内空気圧が著しく変動し、スムーズな排水ができずまた破封しやすいのです。したがって二重トラップは禁止されています。しかし必要上どうしても二重トラップとしなければならない場合は、両トラップ間の排水管に通気管を設けましょう。こうすれば"二重トラップ"になりません。

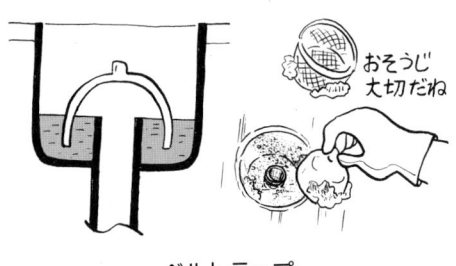

ベルトラップ

おそうじ大切だね

3・3 トラップと阻集器

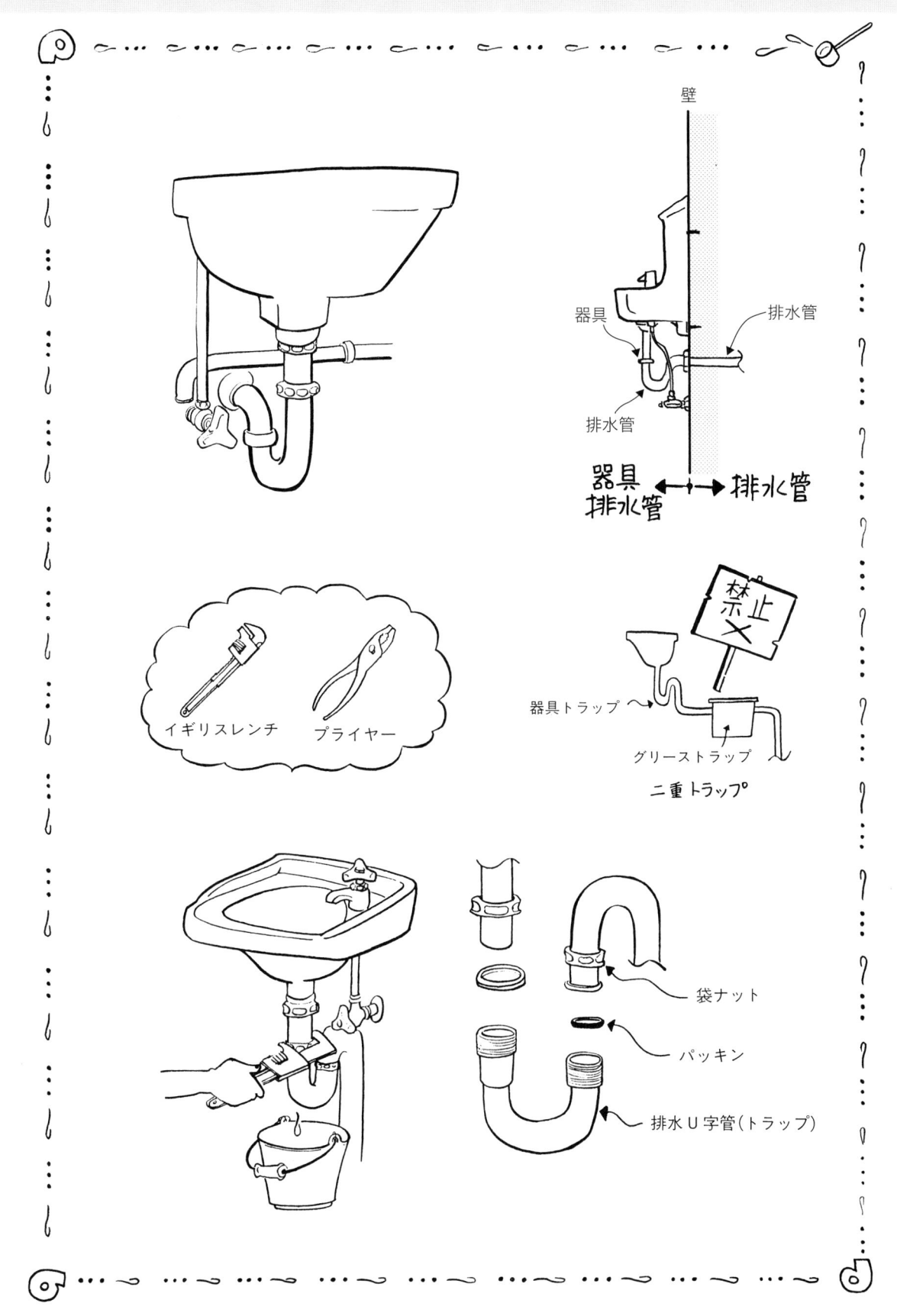

壁

器具

排水管

排水管

器具排水管 ← → 排水管

イギリスレンチ　プライヤー

禁止

器具トラップ

グリーストラップ

二重トラップ

袋ナット

パッキン

排水U字管（トラップ）

52 阻集器とは？

　排水管や下水管へ排水とともに流出させてしまうと、排水管を詰まらせたりする有害な物質、また再利用できる物質の流下を阻止し、分離、収集して、残りの排水のみを自然流下させるような機能、構造をもった装置をいいます。**阻集器**はトラップ機能をも兼ね備えている場合が多いので、**特殊トラップ**ともいいます。阻集器はその用途から多種のものがあり、その主なものを示しますが、基本的には、"二重トラップ"としないようにすることが肝要です。

　厨芥阻集器：これは厨房室に設け、調理場からでる茶がらや野菜くずなどのいわゆる厨芥などを阻集するもので、厨芥阻集器としてはドラムトラップが用いられます。ドラムトラップは排水管路の一部にドラム状の水たまりをつくり封水したものです。

　グリース阻集器：これも厨房室に設けるもので、厨房の排水には油脂類が多く含まれ、この油脂分が排水管内に付着、堆積すると排水の流出が妨げられるわけで、この油脂類を分離、除去するために設ける阻集器で、**脂肪トラップ**ともいい、水たまり容器内にスライド式の高低の仕切板を数枚設け、水面の油脂分の排水管への流出を阻止するようになっています。**バイオグリーストラップ**は微生物（バイオ製剤）を増殖・活性化して、厨房・調理場から出る排水中の廃油を分解し消滅させる機能付きグリーストラップです。

　毛髪阻集器：これは理髪店、美容院、公衆浴場などに設けられるものです。

　プラスタ阻集器：これは歯科医院や外科医院などで、治療に用いる金銀材の切りくず、プラスタ（石こう）を阻集するために用いられるものです。

　砂阻集器とは、泥や砂または研磨用金剛砂が流入する排水系統に設置して、それらを沈殿させ、除去または回収するための阻集器です。

　その他、洗濯工場での糸くずや布切れ、ボタンを阻集するため**洗濯場阻集器**（ランドリートラップ）などありますが、いずれの場合も定期的に阻集したものを除去し掃除することが機能保持上大切なことです。もちろんいずれの阻集器でも点検、掃除しやすい構造になっています。

---

memo

▶ランニングトラップとは？

　これはU字形のトラップで建物の排水横主管の末端（公共道路に近い敷地側）に設けるもので、公共下水道からの下水ガスや有害物などが建物側へ逆流による侵入を防止するためのトラップで、内部が点検、掃除できるように掃除口が設けられています。ランニングトラップはUトラップ、家屋トラップやメイントラップともいわれます。

▶ルーフドレンとは？

　陸屋根（ろく屋根）いわゆるビルの屋上など各階の平らな屋根の雨水を集めて、雨水中の木の葉や鳥の羽根や砂じんなどを阻集し雨水のみを雨水立て管に流すための、鋳鉄製の雨水取入れ口を**ルーフドレン**または**バルコニードレン**といいます。

　ルーフドレンは定期的に点検し、阻集した木の葉などを除去し掃除しなければ、雨水がたまり、屋上がプールと化し、雨漏りを生じたりします。

3·3 トラップと阻集器

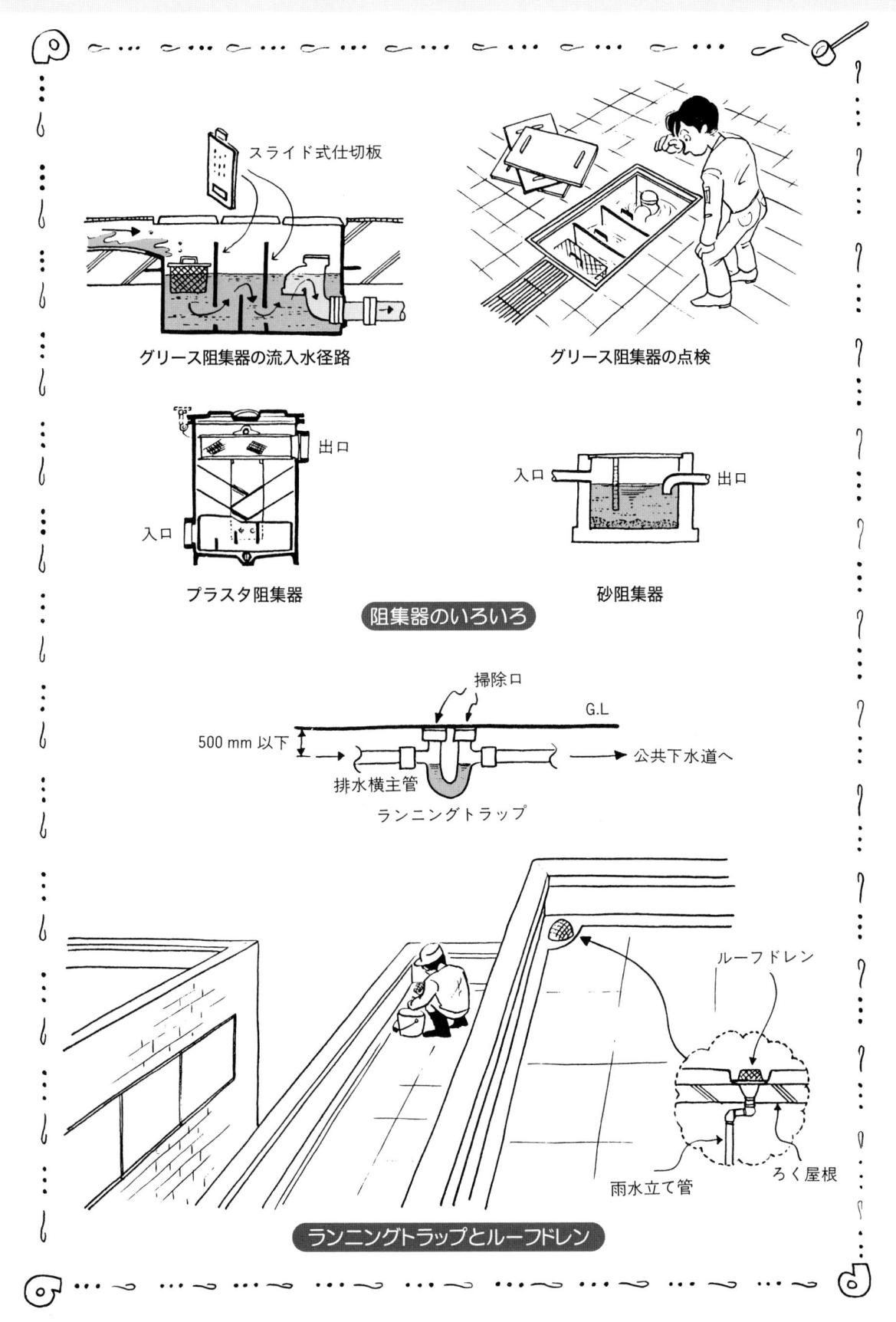

スライド式仕切板

グリース阻集器の流入水径路

グリース阻集器の点検

出口
入口
プラスタ阻集器

入口　出口
砂阻集器

阻集器のいろいろ

掃除口
G.L
500 mm 以下
排水横主管
公共下水道へ
ランニングトラップ

ルーフドレン
雨水立て管
ろく屋根

ランニングトラップとルーフドレン

111

53 通気方式の種類

　通気設備とは「重力式排水方式の排水設備において、排水によって引き起こされる排水管内の気圧変動をなくし、排水を円滑に行わせるために必要とする設備、いい換えればトラップの封水を破封させないため排水管内へ空気を自由に出入りさせ（通気させ）、常に大気圧に保ちスムーズにかつ衛生的に排水を行わせるための設備」ということになり、この目的の通気設備の主役が**通気管**であり、通気設備は排水管内の圧力を大気圧 ±25 mmAq（245.17 Pa）以内に維持するとともに、排水管内に新鮮空気を送り込んで管内を清浄する働きもあります。

　通気管はその目的上、大気に通じる通気管の末端部である**通気管管末**は必ず開口しておき、落葉などの異物が侵入するおそれがある場合は金網を設け、かつ雨水の浸入を防ぐための**通気筒**を設けることもあります。そして通気管管末は屋根上 0.15 m 以上立上げ、ビルの屋上など人の出入りする箇所では 2 m 以上とし、管末が建物出入口、窓などの付近にあるときはその上端より 0.6 m 以上立上げるか、水平に 3 m 以上離す必要があります。この理由は通気管管末より管内の下水ガスなどを吹き出したとき、このガスや悪臭を安全に拡散させるためです。

　通気設備を通気配管方式からしますと、各個通気方式、ループ通気方式、伸頂通気方式に大別されますが、単独で用いられることは少なく各方式を組み合わせて用いるのが普通です。

　各個通気方式は 1 個のトラップを通気するため、トラップ下流から取り出し、その器具よりも上方で通気系統に接続するか、または大気中に開口するように通気配管する方式をいい、各個通気方式は各器具の背部の壁の中で接続されるので**背部通気方式**ともいいます。**ループ通気方式**は 2 個ないし 8 個以内の器具群のトラップを一括して通気するため、最上流の器具排水管が排水横枝管に接続する点のすぐ下流から立ち上げて、通気立て管に接続する方式をいい、**回路通気方式**ともいいます。**伸頂通気方式**は伸頂通気管となる排水立て管の近くに器具が設置できる場合に用いる通気方式をいいます。

　なお、mmAq は 9.80665 Pa です。

---

point

▶通気配管にはどんな管を用いるのかな？
　排水配管の場合とまったく同じ材料硬質塩化ビニル管（VU 管）、排水用鋳鉄管、排水用鉛管を用います。ただし、通気管は内部の流体が空気ですので、方向変換の場合の管継手は排水配管の場合のような"大曲り管継手"でなく、通常の管継手でよいのです。

▶通気横管の勾配はどうするのかな？
　排水横管とは逆の勾配とします。つまり通気管管末に向かって先上り勾配とし、最小 1/200 ぐらいの勾配をとる必要があります。これは管内のドレン水滴などが自然流下によって排水管側へ流れ落ちるようにして空気の流動をスムーズにするためです。

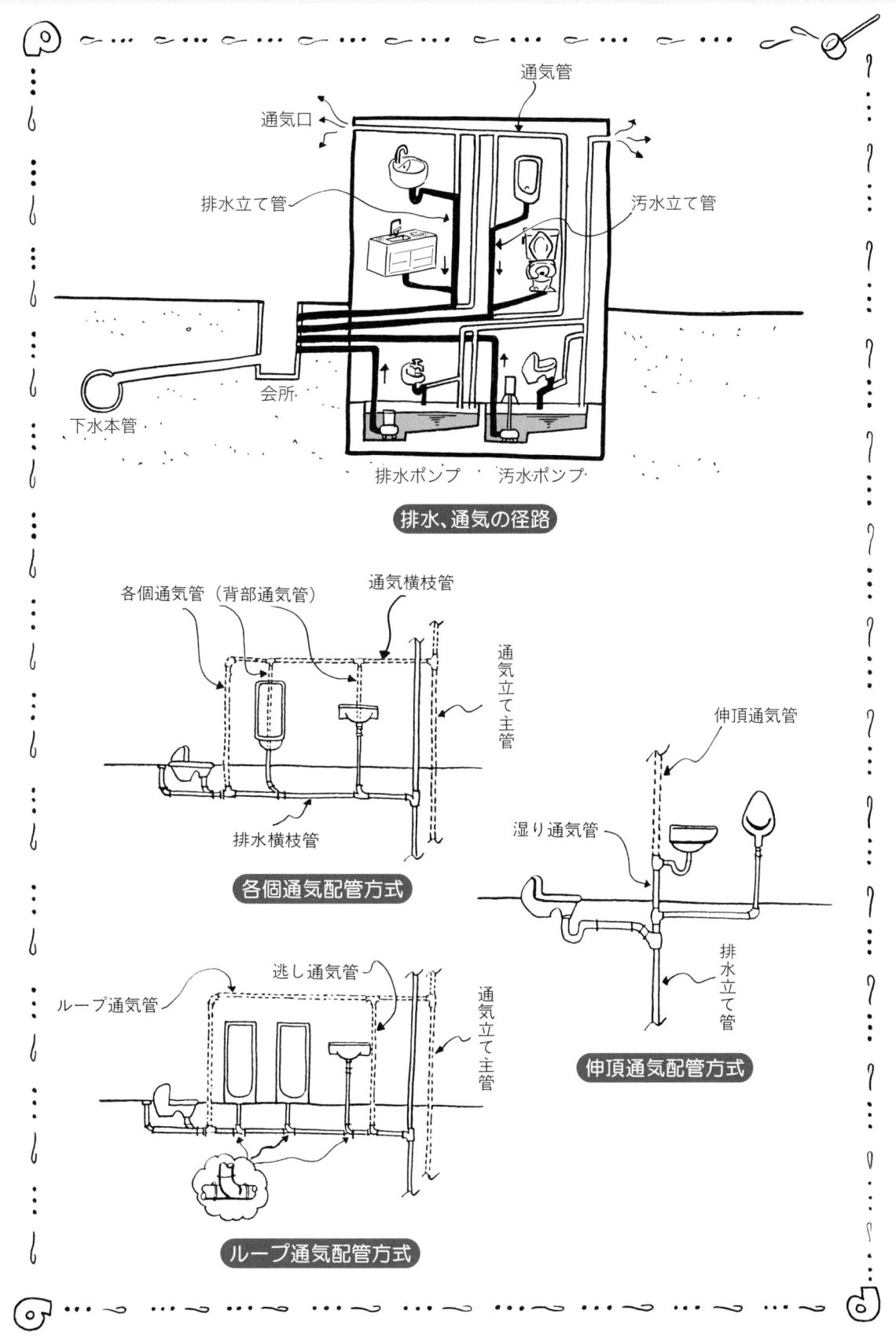

3・4 排水管を呼吸させてやるための通気設備

排水、通気の経路

- 通気口
- 通気管
- 排水立て管
- 汚水立て管
- 会所
- 下水本管
- 排水ポンプ
- 汚水ポンプ

各個通気配管方式

- 各個通気管（背部通気管）
- 通気横枝管
- 通気立て主管
- 排水横枝管

伸頂通気配管方式

- 伸頂通気管
- 湿り通気管
- 排水立て管

ループ通気配管方式

- ループ通気管
- 逃し通気管
- 通気立て主管

54 通気系統を構成している各部の通気管の名称

各個通気管：器具トラップを1個ずつ通気するときの個々の通気管をいい、最小径を32 mm、器具排水管またはそれと結ぶ排水管径の1/2以上とします。

器具通気管：器具排水管から垂直線と45°以内の角度で分岐し、立ち上げる通気管で、それから他の通気管までの間の管をいいます。

通気枝管：器具通気管と、それらの主管との間の管をいいます。

共用通気管：背中合わせまたは並列に設置した衛生器具の器具排水管の交点に接続して立ち上げ、その両器具のトラップ封水を保護する1本の通気管をいいます。

湿り通気管：便器以外の器具からの排水が流れることがある通気管、つまり器具排水管の立て管部と通気管を併用する管をいいます。

ループ通気管（回路通気管）：2個以上の器具トラップをまとめて通気するときの通気管で、排水管との接続点から通気立て管までの管をいいます。ループ通気管を立ち上げる排水横枝管とこの通気管が結ばれる通気立て管のうち、小さい方の管径の1/2以上とし、ループ通気管が受けもつ器具類は8個以下で、これ以上の場合は逃し通気管を必要とします。

逃し通気管：排水、通気の両系統間の空気の流通を円滑にするために設ける通気管をいい、その管径は排水横枝管径の1/2以上とします。

結合通気管（ヨーク通気管）：高層ビルでは排水立て管が長くなり管内気圧変動が大きくなります。このため何階かごとに排水立て管から通気管を分岐立ち上げ、通気立て管へ接続し途中階の排水管の通気をよくします。このための管をいい、結合通気管を分岐する排水立て管と、これを結ぶ通気立て管の管径のうち小さい方の管径以上とします。

伸頂通気管：最上部の排水横枝管が、排水立て管に接続した点よりもさらに上方へ、その排水立て管を立ち上げ、これを通気管として使用する部分をいい、伸頂通気管の管径は排水立て管と同一管径とします。

通気立て管：排水系統のいずれの箇所でも、空気の流通がスムーズに行われるように設ける立て管のことです。通気立て管の取出し口は最下階の横枝管の排水立て管への接続点よりさらに下の位置で、45°ぐらいの角度で排水立て管に接続します。上端は単独で屋上へ立ち上げるか、最高階位置の器具のあふれ縁から150 mm以上高い位置で伸頂通気管に接続します。管径は最小50 mmとし、排水立て管径の1/2以上とします。

通気ヘッダ：通気立て管および伸頂通気管を大気中に開口する前に、これらの管を1本にまとめた管寄せ部分をいいます。

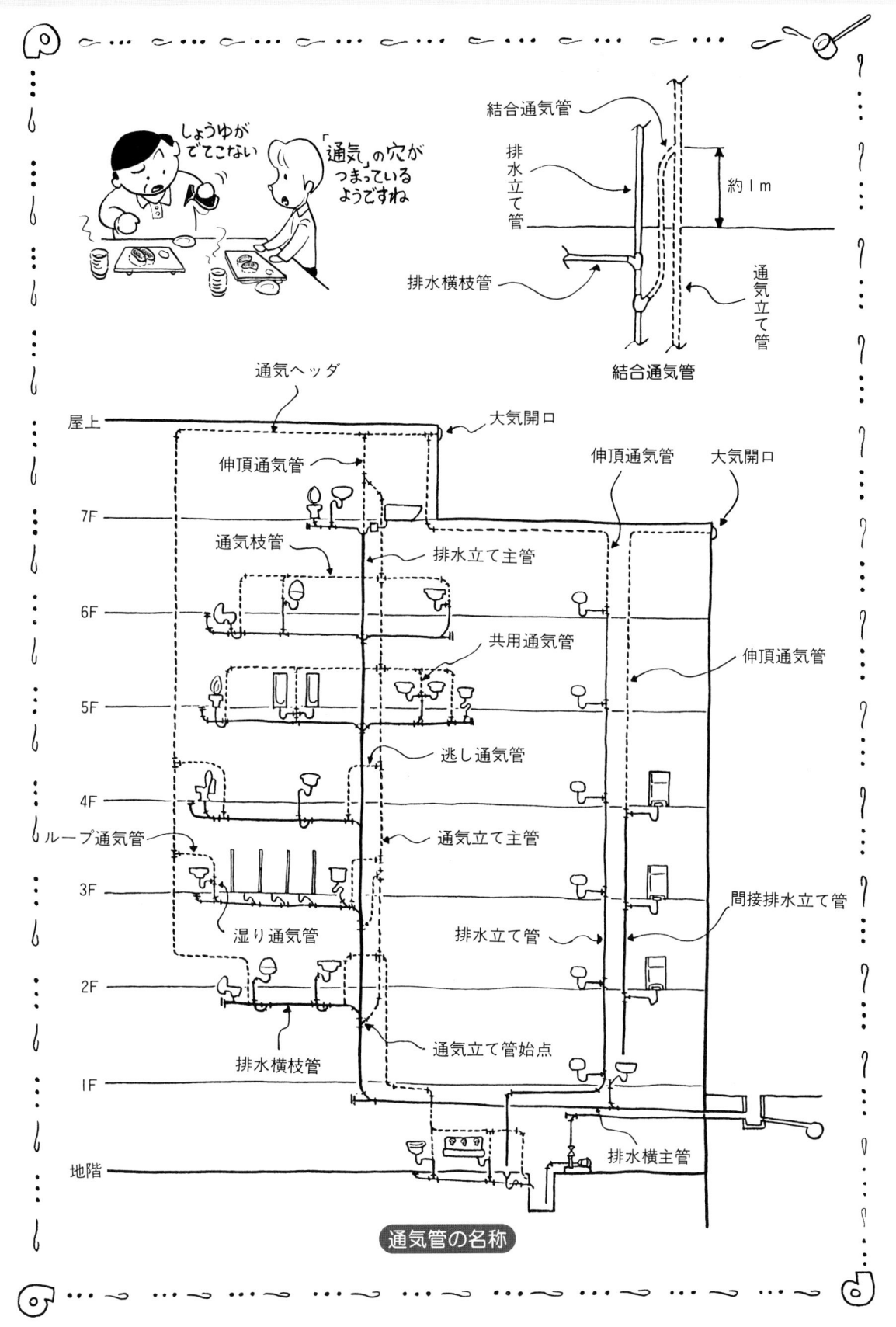

3・4 排水管を呼吸させてやるための通気設備

しょうゆがでてこない

「通気」の穴がつまっているようですね

結合通気管
- 結合通気管
- 排水立て管
- 排水横枝管
- 通気立て管
- 約1m

通気管の名称

- 屋上
- 通気ヘッダ
- 大気開口
- 伸頂通気管
- 伸頂通気管
- 大気開口
- 7F
- 通気枝管
- 排水立て主管
- 6F
- 共用通気管
- 伸頂通気管
- 5F
- 逃し通気管
- 4F
- ループ通気管
- 通気立て主管
- 間接排水立て管
- 3F
- 湿り通気管
- 排水立て管
- 2F
- 通気立て管始点
- 排水横枝管
- 1F
- 地階
- 排水横主管

55 煙試験、ハッカ試験って何のテスト？

　ビルなどを新築する場合、もちろんこれに併行して排水通気設備配管も施工するが、配管工事が完了した時点で、漏洩箇所があるか否か、そしてあればどの程度かを調べるための漏れ試験（気密試験）の1つの方法が煙試験です。この試験は排水通気設備配管を新設した場合、改修工事や増設工事を行ったとき、古くなった配管の漏洩の有無を確認するため行います。

　煙試験の要領を示すとつぎのとおりです。まず、すべてのトラップに水を注入して封水した後、煙発生器で配管内に煙を充満させ、通気立て管の通気管管末いわゆる大気開口部から煙が上昇し、全配管に十分煙が行きわたったことを確認すれば、大気開口部および下端の下水開口部を密閉します。さらに煙発生器で濃煙を送り込み、配管内の圧力が245.17 Paに達すると濃煙の送り込み作業は停止します。ここまでに要する時間は5〜30分程度です。この状態で全配管部のどこかで煙が漏れている箇所はないかを点検するのです。発煙物質としては塩化第2スズなど空気中で白煙を生じるものが用いられ、煙試験機によって管内へ濃煙を供給します。

　この煙試験という煙の色つまり視覚で漏れ箇所を見つける方法に対して、臭気つまり嗅覚でもって行う場合もあり、これはハッカ試験で行います。**ハッカ試験**は配管のすべてのトラップを封水するとともに、配管最下端の下水開口部を密閉した後、最高位置の大気開口部よりハッカ油15 gを温水1の割合で溶かした混合液を注入し、この大気開口部を密閉してから、ハッカの香りによって配管の漏れ箇所を見つける方法です。ハッカ試験はハッカの香りの拡散が非常に早いため微少な漏れでもすぐにハッカの匂いが建物内に広がり、漏れ箇所が特定しにくく、かつ連続して2回以上テストを繰り返せない欠点があってあまり用いられませんが、地中埋設管に対してはハッカ試験の方が漏れが発見しやすいのです。

　配管の漏れ試験の方法としてはこの他、空気圧試験、水圧試験がありますが、空気圧試験は漏れ箇所が発見しにくい。水圧試験は水頭差により全配管内を均一水圧保持することが不可能であり、かつ漏れ箇所からの漏水でその箇所の天井や床を汚損させてしまうといった欠点のためあまり用いられません。

---

memo

▶**煙試験は空調設備のときも行うよ！**
　建物の空調設備が完成したとき、設計通りの室内気流（空気の流れ）になっているか否か、建物内の各部のすき間の通気性、換気口のまわりの気流の動きなどを調べるために行うもので、空調機内で発煙筒などにより発煙させ建物全体の気流の状態などを煙つまり色によって調べるわけです。

3・4 排水管を呼吸させてやるための通気設備

56 排水ますとは？

　排水ます（排水桝）はますやマンホールともいい、主として屋外の地中において点検や掃除のため、地中に埋設されている排水管（排水横主管や敷地排水管）の途中あるいは排水管の合流部に設ける"ます"（桝）を総称していいます。一般の排水ますは敷地排水管における45°以上の水平方向変換箇所、合流箇所あるいは長い直線排水管の途上に設け、直線排水管の途上に設ける排水ますの間隔は、排水管の口径の120倍以内とします。排水ますはコンクリート打ち内面モルタル仕上げとし、底部に15 cm以上の泥だまりを設け、上部には鉄筋コンクリート製または鋳鉄製の防臭蓋を取り付けるのが普通ですが、近年は硬質塩化ビニル製の排水ますも市販されています。排水ますは流す排水の種類や構造上から多種に分類されます。

　排水系統は一般に、汚水＋雑排水のいわゆる汚水排水系統と雨水排水系統に大別され、それに応じて使用する排水ますも異なります。汚水排水系統での**汚水ます**としてはインバートますとドロップますが用いられます。

　インバートますというのは汚水中に"うんこ"やトイレットペーパーなどの固形汚物が停滞しないように、底部に半円形の排水溝、いわゆる"インバート"を設けたますで、もちろん泥だまりは設けません。公共下水道が完備している地域で一般家庭の敷地内に下水ますとして設けられているのは、すべてこのインバートますなのです。**ドロップます**は地形などの関係で上流側の排水管と下流側の排水管との間に、大きな落差がある場合に用いるインバートますの一種です。すなわち上流側の排水管はますの高位置に接続し、下流側の排水管は所定の低位置に接続し、ます内で排水をドロップさせるのでこの名称がつけられています。インバートますやドロップますなど、汚水排水系統で用いるますは必ず防臭蓋をしなければなりません。

---

note

▶雨水排水系統で用いる排水ますは？

　雨水排水系統で用いる**雨水ます**としては2つの方法があります。その1つはすべてが雨水のみを排水するいわば全雨水排水系統の場合です。これにはためますを用います。

　ためますは泥だめますともいい、ますの底部に15 cm以上の泥だめをつくりここで土砂などをため、雨水のみを流出するようにしたもので、ますの上面を地面よりやや低い目に設置し、蓋は格子蓋として地表の雨水をも受け入れます。

　もう1つは雨水排水系統から汚水排水系統へ雨水を流入させる場合です。このケースでは**トラップます**を用いますが、これは同じく底部に泥だめを設けるのですが、ます内の雨水流出管の先端を水だめ部に没入させて、ますおよびますの上流側に下流の排水の臭気が侵入しないように、トラップの役目をも兼ねたものなのでトラップますといいます。

▶会所ますとは？

　2系統以上の排水管をまとめて合流させるますの呼称です。

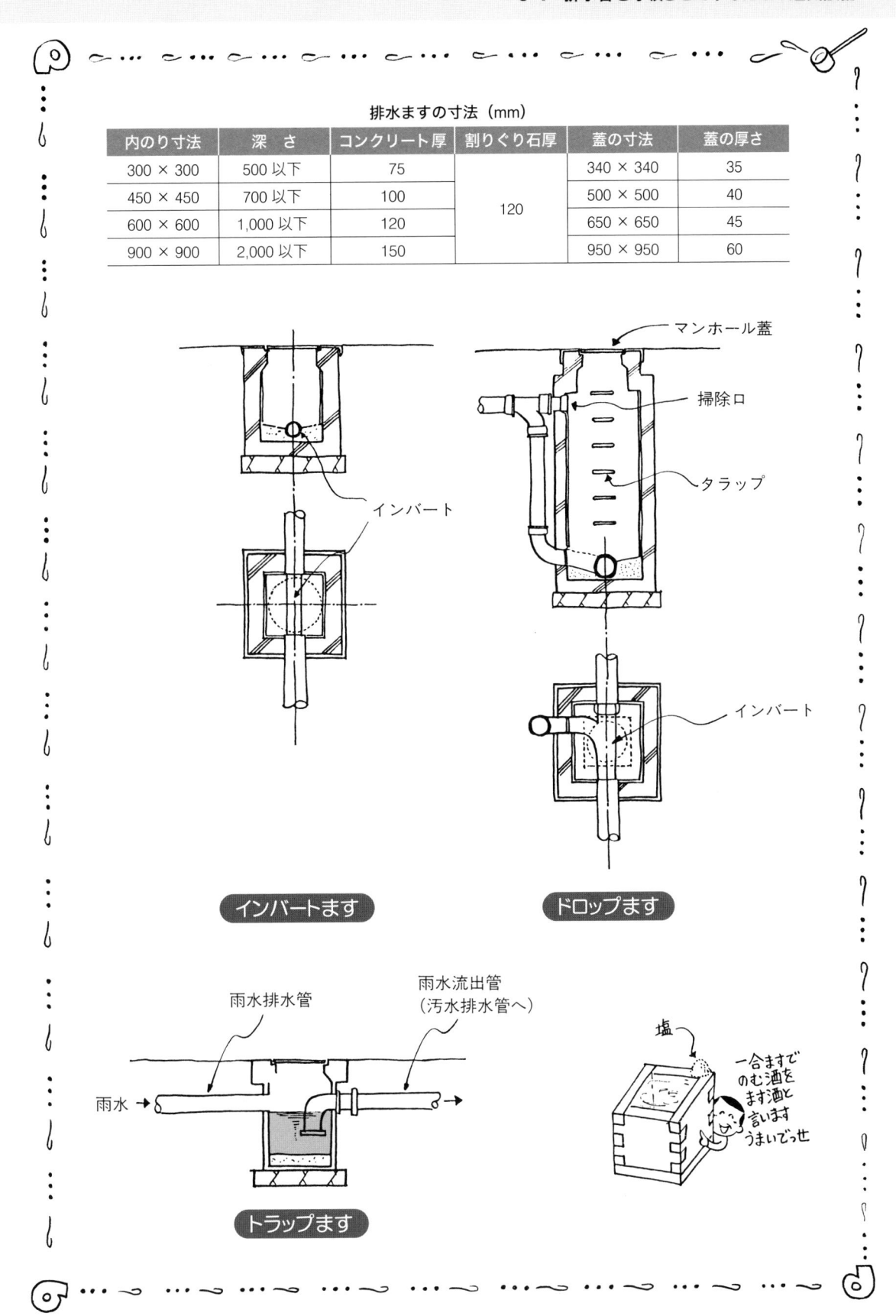

3・4 排水管を呼吸させてやるための通気設備

排水ますの寸法（mm）

内のり寸法	深さ	コンクリート厚	割りぐり石厚	蓋の寸法	蓋の厚さ
300 × 300	500 以下	75	120	340 × 340	35
450 × 450	700 以下	100		500 × 500	40
600 × 600	1,000 以下	120		650 × 650	45
900 × 900	2,000 以下	150		950 × 950	60

インバートます

ドロップます
- マンホール蓋
- 掃除口
- トラップ
- インバート

トラップます
- 雨水排水管
- 雨水流出管（汚水排水管へ）
- 雨水

一合ますでのむ酒をます酒と言いますうまいでっせ

57 排水槽の種類と構造

　地下室のある建物で、公共下水道の位置より低い箇所の排水を行うため、建物内の最下部に設ける水槽いわゆるタンクを**排水槽**または**排水ピット**、**排水ためます**といい、ここから排水ポンプにより公共下水道へと排水するわけです。この場合のように地下室から高い位置にある公共下水道へ、ポンプという機械力で排水する方法を**機械式排水方式**といいます。

　排水槽は貯留する排水の種類に応じて、汚水のみあるいは汚水と雑排水の両方を貯留する**汚水槽**、雑排水のみを貯留する**雑排水槽**、地下での湧水のみを、あるいは湧水と雨水の両方を貯留する**湧水槽**（**雨水槽**ともいいます）などがあります。いずれの排水槽を設けるかはその地域の公共下水道の有無、方式によって異なります。

　合流式下水道の地域ではあらゆる排水をまとめて、そのまま下水道へ放流してもよいので、1階以上の汚水、雑排水、雨水などはすべて重力式排水方式により下水道へ直接放流し、地下室で生じる汚水、雑排水、湧水を貯留する汚水槽1つでよいわけです。

　分流式下水道の地域では汚水および雑排水と湧水および雨水の2つに分けて、前者はいわゆる汚水用下水道へ、後者はいわゆる雨水用下水道（放水路）へ放流しなければなりません。したがって1階以上のそれは重力式排水方式で、地下室で発生するそれは汚水槽と湧水槽（雨水槽）の2つに分けて貯留し、それぞれのポンプで排水します。

　公共下水道がない地域では雨水はそのまま放流できますが、汚水および雑排水はすべて所定の水質にまで浄化してからでないと公共用水域に放流できません。したがって建物内で発生するすべての汚水、雑排水を汚水槽に貯留して処理した後、ポンプで放流します。この場合の汚水槽を**浄化槽**といいます。

　排水槽は一般に建物地下室の最下部の二重スラブの空間を利用されるので、構造上は鉄筋コンクリート造、防水モルタル仕上げです。しかし特殊な場合には内部防食ライニングを施した鉄板製、強化プラスチックでつくられたいわゆるFRP製などもあります。そして排水槽には点検用マンホール、排水ポンプ、ポンプの自動起動発停や満水時の警報のための自動制御装置、タンク内へ空気を出入りさせるために地上4m以上に立ち上げ開口する管径50mm以上の通気管などが付属し、タンク底部の床はポンプを配置するピットに向かって1/15〜1/10の勾配をつけます。

　そして排水タンクの有効容量は、あまり大きいと排水が腐敗し衛生上よくないし、といって小さ過ぎると排水ポンプの発停がひんぱんになりますので、最大でも24時間以上貯留しない容量とします。一般には排水ポンプ1台の最大揚水量の15分〜1時間ぐらいの容量とします。

3・5 排水槽のあらまし

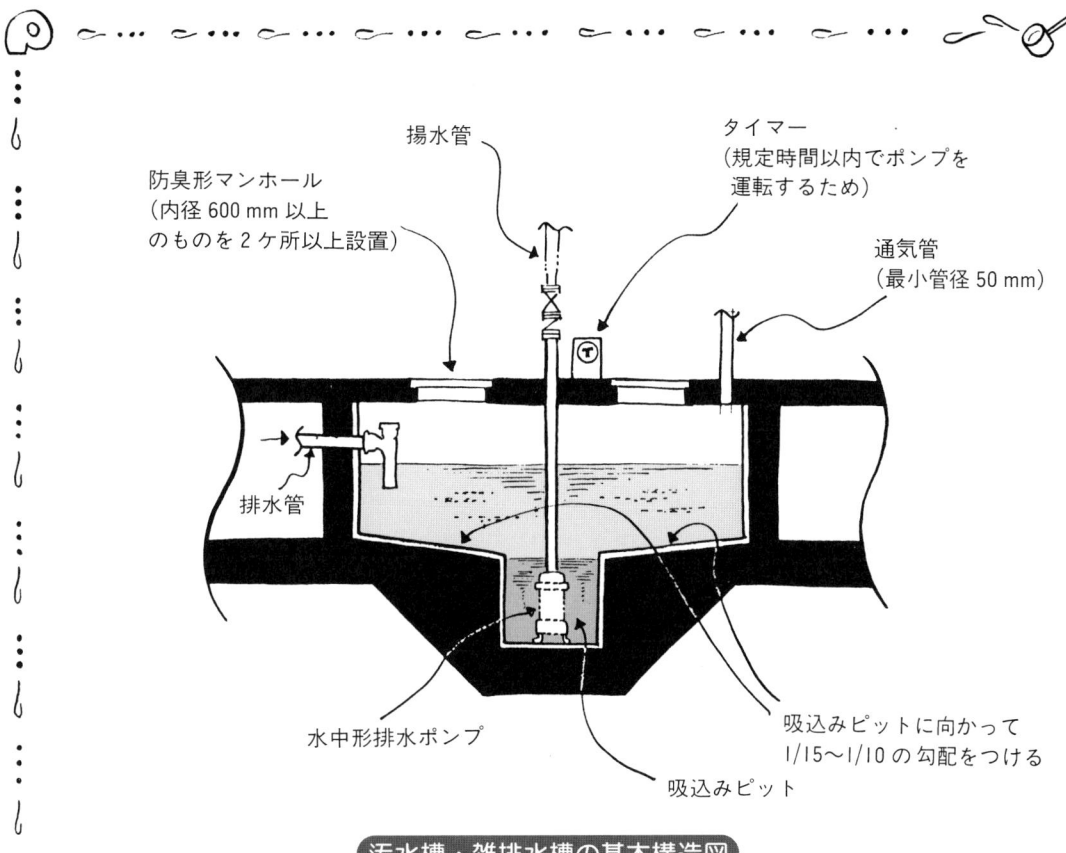

図：汚水槽・雑排水槽の基本構造図

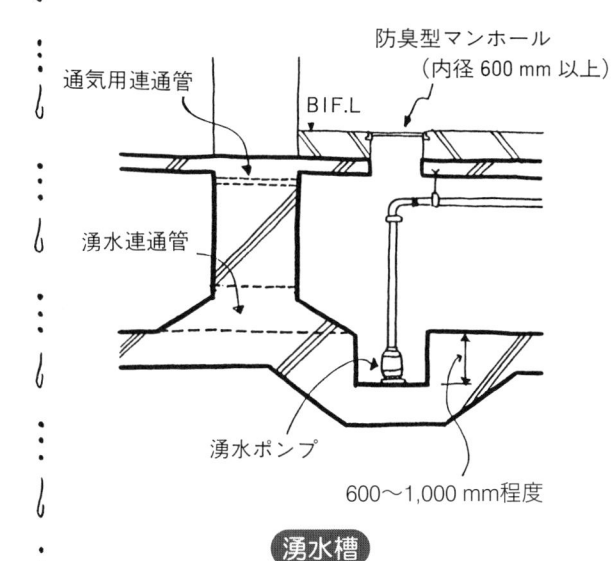

- 揚水管
- タイマー（規定時間以内でポンプを運転するため）
- 防臭形マンホール（内径 600 mm 以上のものを 2 ケ所以上設置）
- 通気管（最小管径 50 mm）
- 排水管
- 水中形排水ポンプ
- 吸込みピット
- 吸込みピットに向かって 1/15～1/10 の勾配をつける

図：湧水槽

- 通気用連通管
- 防臭型マンホール（内径 600 mm 以上）
- BIF.L
- 湧水連通管
- 湧水ポンプ
- 600～1,000 mm 程度

排水ポンプと排水槽の容量

排水量の条件	排水ポンプ容量	排水槽の容量
毎時最大流入量が算定できる場合	毎時最大流入量の 1.2 倍	最大流入量の 15～60 分
流入量が少量の場合	最小容量はポンプの口径による	排水量の 5～10 分
一定量が連続的に流入する場合	毎時平均流入量の 1.2～1.5 倍	排水量の 10～20 分

58 排水ポンプには水中モータポンプを用いるんだ！

　水中モータポンプは水中電動ポンプまたは水中ポンプともいわれ、ポンプと駆動用モータとが一体に組み込まれ、水中にて使用するポンプです。排水ポンプ用の水中モータポンプはポンプ自体の構造はうずまきポンプですが、汚水排水用として用いる場合は"うんこ"やトイレットペーパーなどの固形物が混じっている関係上、固形物がポンプの羽根車で閉そくしないように工夫がされており、さらに羽根車の閉そくを防ぐためにカッタを内蔵したものもあります。これを水中ブレードレスポンプといいます。

　排水ポンプは平時の最大排水量を十分に排水できる容量のものを2台設置し、通常は1台ずつ交互に自動運転できるようにし、火災発生時に消火設備の放水による場合など非常時に推定最大排水量を上まわる排水量が、排水タンク内に流入した場合には2台同時運転ができるようにします。排水ポンプは予備用を含め2台設置するのが原則ですが、1台のみつねに運転し予備用を通常、休止させることは避けねばなりません。この理由は予備用を長期間休止しておきますと、ポンプやモータのシャフトが錆びついたりしてしまい、通常用ポンプが故障して「いざ鎌倉！」といったときに回転（稼動）しません。したがって2台設置しても必ず交互に自動運転させることが肝要です。

　なお、給水設備における高置水槽や受水槽といった貯水槽の場合と同様、排水槽も定期的（6ケ月ごと）に浄化槽管理士によりタンク内を点検、整備しなければなりませんが、これらの槽内に入る場合には必ず前もって十二分な換気を行い、かつタンク内で作業中も十分な換気を行い続けることが肝要です。この換気を忘れてうっかり入ると酸素欠乏症いわゆる"酸欠"で死亡したり、重体におちいることになりかねません。この点はくれぐれもご注意ください。

---

memo

▶酸素欠乏症とは？

　空気中の酸素濃度が18％未満の空気を酸素欠乏空気（酸欠空気）といいます。空気中の酸素濃度は21％ですが酸欠空気になると大変なことになります。例えば木など可燃物は空気中の酸素と化学反応して燃えるわけですが、酸素濃度が18％にもなれば著しく燃えにくくなり、15％になればまったく燃えなくなります。このような酸欠空気状態の中へ人間が入れば"イチコロ"です。

　人間は呼吸によって空気を吸込み、肺に吸入された空気中の酸素は肺を流れる血液中のヘモグロビンと結合して、血液が全身をまわる間に、各臓器や組織に与えるというメカニズムで生きているわけですが、この重要な酸素が少なくなれば必要量の酸素が身体に供給されずいわば"窒息"したのと同じ状態になります。これを酸素欠乏症といい、死亡したり重体におちいります。酸欠空気中に入ればほとんど瞬時といってもよいほどの短時間に窒息状態になります。恐ろしいですね。

3・5 排水槽のあらまし

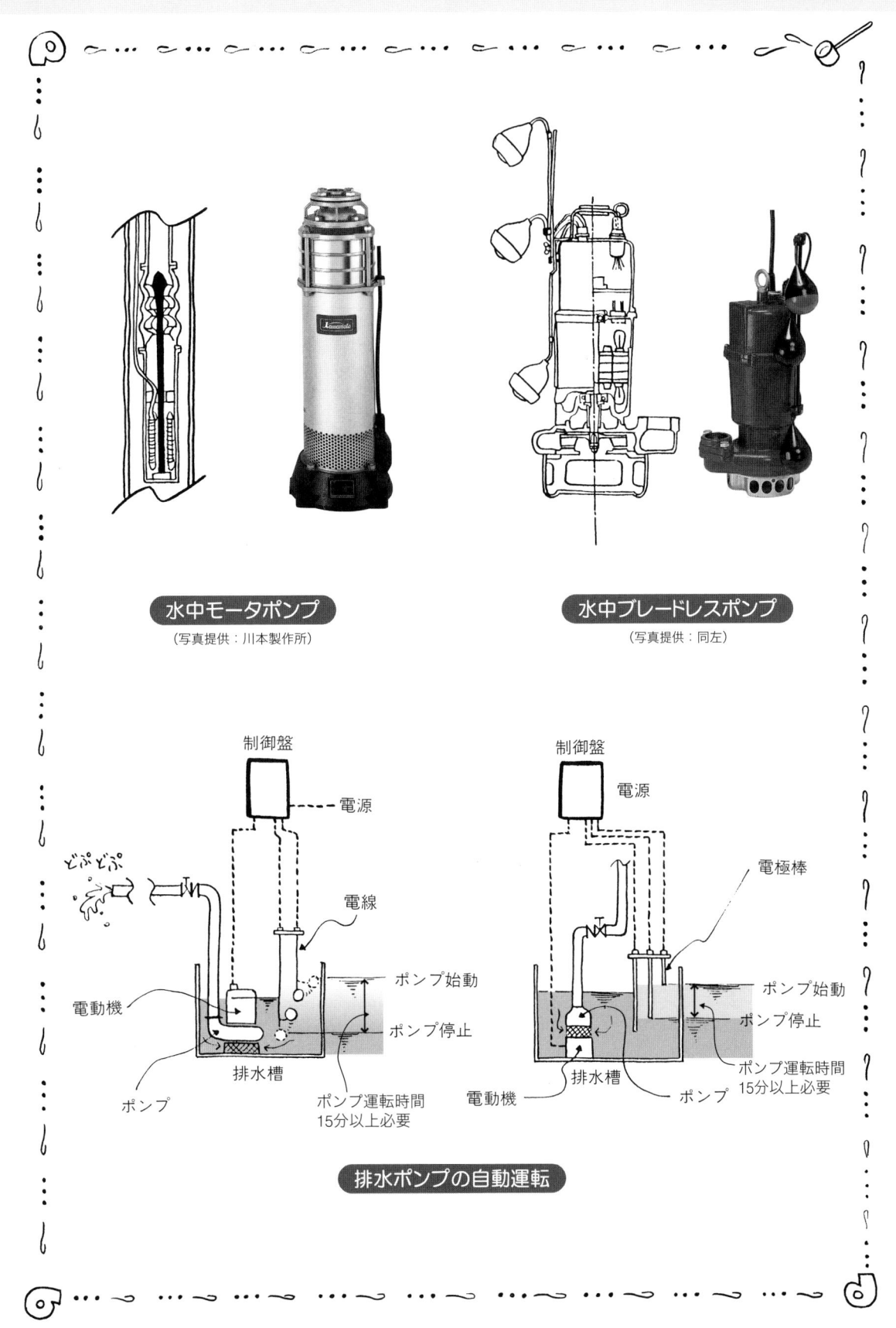

水中モータポンプ
(写真提供：川本製作所)

水中ブレードレスポンプ
(写真提供：同左)

制御盤
電源
電動機
排水槽
ポンプ
電線
ポンプ始動
ポンプ停止
ポンプ運転時間
15分以上必要

制御盤
電源
電極棒
電動機
排水槽
ポンプ
ポンプ始動
ポンプ停止
ポンプ運転時間
15分以上必要

排水ポンプの自動運転

59 BODって何の記号？ 浄化槽のはなし

　公共下水道がない地域のビルでは、排水のうち汚水（し尿水）と雑排水は必ず所定の水質にまで浄化処理して、いわばきれいな水としてからでなければ公共用水域に放流してはならないのです。したがって公共下水道が完備していない地域のビルなどでは、汚水や雑排水をすべて1ケ所に集めて浄化処理するわけで、このために用いるタンクを**浄化槽**といいます。浄化槽は浄化槽法という法律や建築基準法で規制され「便所と連結してし尿またはし尿と併せて雑排水を処理し、公共用水域に放流するための設備または施設」と定義されています。同じ浄化槽でも、建築基準法では**し尿浄化槽**といいます。

　浄化処理を行う場合、し尿だけを処理する**単独処理方式**と、し尿と雑排水とをいっしょに処理する**合併処理方式**がありますが、浄化処理の目安はBODなのです。例えば単独処理浄化槽の性能は、処理後の放流水のBODを90 mg/ℓ以下、BOD除去率が65％以上です。しかし公共用水域の条件などによって、もっと厳しい処理を義務づけられる地域もあります。

　成人が1人1日に排出するし尿の量は約1ℓで、BOD量は約13 g（13,000 mg）です。したがってBODは、13,000 mg/ℓです。そして1人1日あたりの用便後の洗浄水が50ℓとしますと、し尿といっしょになった水いわゆる汚水のBODは 13,000 mg/ℓ ÷ 50 = 260 mg/ℓで、単独処理浄化槽への流入汚水のBODということになり、これを浄化処理してBOD90 mg/ℓとして放流するとすれば、

　　この浄化槽のBOD除去率は、 260 mg/ℓ − 90 mg/ℓ ÷ 260 mg/ℓ × 100 = 65.4％

であり、この値が単独処理方式の浄化槽の基準となっているのです。

　汚水の浄化は基本的には、空気中の酸素で活動する微生物の働きを利用して汚水中の有機物を酸化分解する**好気性処理方式**と、空気のない沈澱汚泥の中で活動する細菌の働きによって汚泥を分解消化する**嫌気性処理方式**とによって行います。

　ところでBODというのは、**生物化学的酸素要求量**の英語名のイニシャルをとった略称です。水中に含まれる有機物などが微生物により分解される過程で消費される酸素量で、通常は20℃で、5日間で消費される酸素量で表わします。つまり水中の酸素の消費量の大小で、水の汚濁の程度を推定することができるのです。

▶ BOD、COD、TOC、TOD？？？

　CODは化学的酸素要求量のことで、TOCは全有機性炭素、TODは全酸素要求量の略称で、これらは相関関係を有し、浄水処理における水質の自動監視、自動制御などに利用されます。

▶ スカムとスラッジ

　スカム（scum）は、排水中の有機物が腐敗、発酵することにより発生するガスによって、排水中の懸濁物質、繊維質、油脂質、細菌が浮上して、水表面にできるスポンジ質の厚い膜状の浮きかすのことです。

　スラッジ（sludge）は、生汚泥、沈殿汚泥、消化汚泥、余剰汚泥等を総称した汚泥のことです。

3・5 排水槽のあらまし

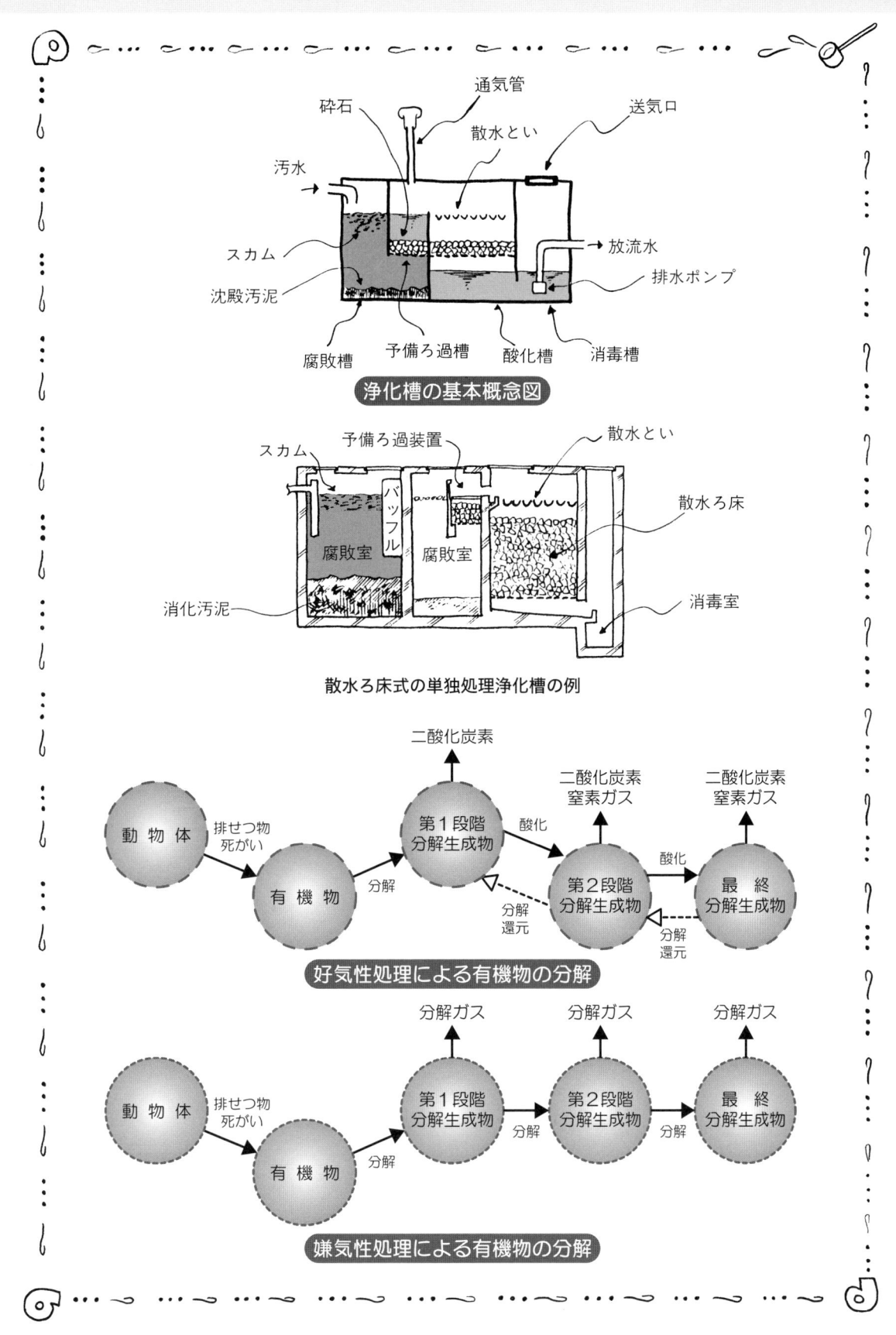

浄化槽の基本概念図

(図中ラベル: 砕石、通気管、散水とい、送気口、汚水、スカム、沈殿汚泥、放流水、排水ポンプ、腐敗槽、予備ろ過槽、酸化槽、消毒槽)

散水ろ床式の単独処理浄化槽の例

(図中ラベル: スカム、予備ろ過装置、散水とい、散水ろ床、バッフル、腐敗室、腐敗室、消化汚泥、消毒室)

好気性処理による有機物の分解

動物体 →(排せつ物 死がい)→ 有機物 →(分解)→ 第1段階分解生成物 →(酸化)→ 第2段階分解生成物 →(酸化)→ 最終分解生成物
(二酸化炭素、二酸化炭素 窒素ガス、二酸化炭素 窒素ガス、分解還元、分解還元)

嫌気性処理による有機物の分解

動物体 →(排せつ物 死がい)→ 有機物 →(分解)→ 第1段階分解生成物 →(分解)→ 第2段階分解生成物 →(分解)→ 最終分解生成物
(分解ガス、分解ガス、分解ガス)

4章 衛生器具設備

ビルの給排水、給湯の関連箇所に設ける厨房機器、浴槽、洗面器、便器など衛生的環境を構成するための設備を衛生器具設備といいます。平安朝時代に紫式部や小野小町といった貴婦人が使用したトイレなども詳しく説明します。

60 衛生器具の定義と分類

衛生器具は単に**器具**と略称されることもあり、建築物の給排水、給湯を必要とする箇所に設ける給水器具、水受け容器、排水器具およびこれらの付属品を総称していい、衛生器具を組み合わせ衛生的環境を構成、維持するための設備を**衛生器具設備**といいます。例えば、つぎのようなものです。

給水器具：給水栓、止水栓、ボールタップなど、とくに水および湯を供給する器具。

水受け容器：洗面器、手洗器、浴槽、便器など、使用する水（湯）や使用した水もしくは洗浄されるべき汚物を一時貯留、またはこれらを排水系統に導くために用いられる器具や容器。

排水器具：トラップなど水受け容器と排水管とを接続する排水部を受け持つ金具類。

衛生器具の材質は、その目的や用途に応じて、陶器、ほうろう鋼、ほうろう鋳鉄、ステンレス鋼、FRPなどありますが、衛生器具はつぎの条件を具備していることが必要です。

①つねに清潔に保つことができること
②吸水性が少ないこと
③耐食、耐摩耗性のあること
④製作が容易で、取り付けが簡単であること

衛生器具の材料のなかでも陶器でつくられたものが多いのです。その理由は陶器は複雑な形状のものをつくりやすく、また上薬をかけることにより吸水性も少なくなるからです。しかし陶器は割れやすい性質があり、重く、運搬、取り付けには十分気をつけなければなりません。

衛生器具のうち陶器製のものはとくに**衛生陶器**と呼ばれ、衛生陶器の素地質（材質）としては溶化素地質が用いられます。**溶化素地質**とは素地（生地）をよく焼き締め、素地が完全に溶化し、ゆう薬と素地が一体となったものをいい、吸水性はゼロに近く破断面でもほとんど吸水しません。最近は、便鉢表面の高硬度化、平滑加工と抗菌性を向上させた器具が一般的になってきています。溶化素地質の記号はVで表わされ、衛生器具の記号と併用して示されます。

> **memo**
>
> ▶インキ試験って、インキの品質テスト?
>
> **インキ試験**は、衛生陶器の品質確認のためのテストの1つです。すなわち、衛生陶器の素地の吸水性を調べるもので、陶器の乾燥した破片（試験片）を濃度1%のエオシンY水溶液いわゆる赤インキ溶液の中に1時間浸した後、これを割って赤インキ溶液が陶器素地の表面から何mmのところまで浸透しているかを測り、浸透したインキの深さにより吸水率を調べるのです。溶化素地質ではインキ浸透度は3mm以下とされています。
>
> 衛生陶器の試験にはこの他、急冷試験や貫入試験などが行われます。

衛生器具の材料と特徴

材種	製品の特徴	用途
陶製	耐食・耐久・耐薬品性に優れ 複雑な形状の製作ができる	
陶製	弾性・熱膨張係数・熱伝導率が きわめて小さく もろくて 衝撃に弱い	
ほうろう鉄器	軽量で堅ろう 仕上面が平滑で衛生的	
ほうろう鉄器	ほうろうが はく離する恐れがある	
ステンレス	軽量で弾力があり もろさに強い 加工性が良く さびない 耐久性に優れる	
ステンレス	他の材質の製品に比べて 価格が高い	
強化プラスチック（FRP）	軽量で耐久性に富み 感触が良く 保温性に富む	
強化プラスチック（FRP）	強アルカリ性や熱に弱い 傷がつきやすく 色あせたり 光沢を失う	

61 器具排水・給水負荷単位は入試の偏差値のようなものかな？

洗面器の1分間の排水量（排水管径32 mm、平均排水量28.5 ℓ/min）を器具排水単位1と定め、これに対する他の器具の排水量を比例数値で表わしたものを**器具排水負荷単位**または**器具排水単位**、あるいは「f.u.D.」と略称します。一般に洗面器は1、洗浄弁付き大便器は8、洗浄弁付き小便器は4、掃除用流しは3などの数値が用いられ、この数値は排水設備の設計において、排水管や通気管の管径を求めるときに使われます。つまり排水管径の算定の際に、排水系統にある各器具の排水負荷単位を累計する手法が用いられるのです。

そして給水設備の給水量や給水管径の設計に際しては、つぎに示すものが用いられます。

器具給水負荷単位：器具給水単位や給水単位ともいい、衛生器具の種類による使用頻度、使用時間および多種の器具の同時使用を考慮した負荷率を見込んだ給水単位で、個人用洗面器の1分間の使用水量（水圧98.0665 kPaで毎分14 ℓ）を基準流量とし、これを器具給水単位1として、その他の器具の単位を決めたものです。例えば公衆用洗面器は2、洗浄弁付き大便器は10などとします。そして給湯の場合における**器具給湯単位**は器具給水単位の3/4にとるのです。器具給水単位は給水設備の設計において、同時使用流量を求めるときに使います。

器具同時使用率：同時使用率ともいい、建築物には多種多様の器具が設備されますが、これらがすべて同時に使用されることはありません。器具の個数に応じて同時に使用される割合を同時使用率といい%で示します。例えば器具数が2個のときは同時使用率は100％、3個なら80％、5個なら70％とします。同時使用率は給水設備の設計に際し、給水管の管径を求めるときに使われます。

器具単位法：器具の種類ごとに流量を基準として単位化し、給水負荷、給湯負荷の算定や排水の管径計算を簡単に行う方法です。

---

note

▶**設備階とは？**

設備機械室を集約して、階全体を占めるような場合の呼称です。設備階は超高層ビルの最上階や中間階に採用され、設備のために必要な空間を**設備スペース**といいます。そして給排水、給湯用配管などの立て管を縦方向にビル内を貫通させた区画に、集中して設置する空間を**パイプシャフト**または**配管シャフト**といいます。

パイプシャフトには各階に点検扉が設けてあり、ここから入って立て管類の点検を行いますが、床のないパイプシャフトでは足場が悪いので、点検に際しては十分な注意が必要です。

4・1 衛生器具のあらまし

パイプシャフト

パイプシャフトの位置

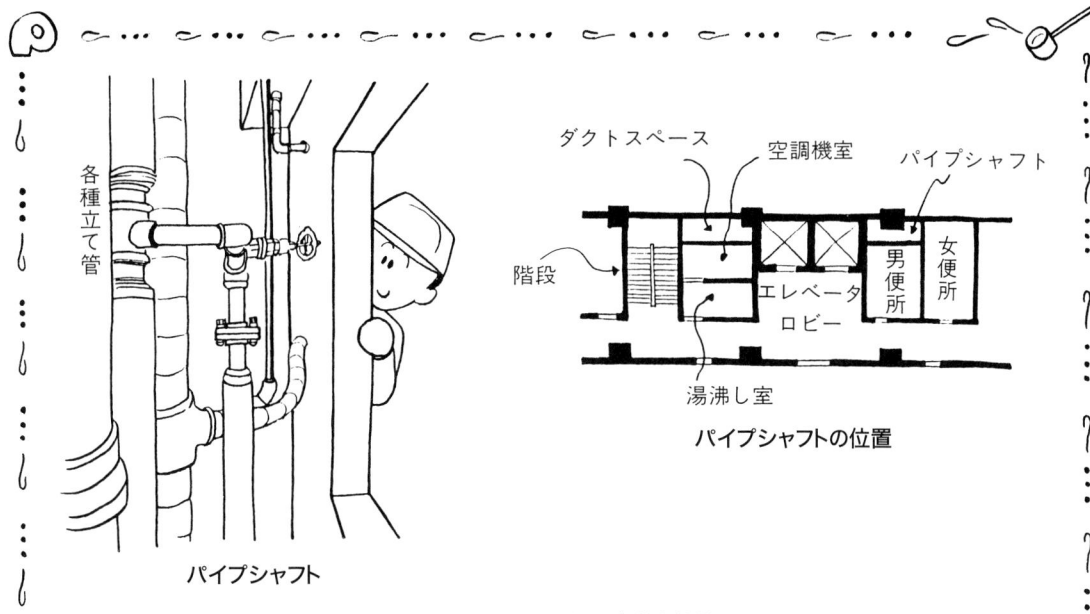

各種衛生器具などの排水負荷単位数

器具名		トラップの最小口径 [mm]	器具排水負荷単位数	器具名		トラップの最小口径 [mm]	器具排水負荷単位数
大便器	私室用	75 注1	4	手術用流し		40	3
	公衆用	75 注1	6、8 注2	調理用流し	住宅用	40 注1	2
小便器	壁掛小形	40 注1	40		住宅用ディスポーザ付き	40	2
	ストール大形	50 注1	4、5 注2		住宅用ディスポーザ付きかつ食器洗浄機付き	40	3
洗面器		30（32）注1	1		パントリー、皿洗用	40〜50	4
洗面器	並列式	40	2		湯沸し場用	40〜50	3
手洗器		25 注1	0.5		バーシンク私室用	40	1
手術用洗面器		30 注1	2		バーシンク公衆用	40	2
洗髪器		30 注1	2	食器洗浄機	住宅用	40	2
水飲み器又は冷水器		30 注1	0.5	ディスポーザ	営業用	50	3
歯科用ユニット、歯科用洗面器		30	1		営業用 注3	1.8 ℓ /min ごと	2
浴槽	住宅用	30 注1、40	2	床排水		40	2
	洋風	40 注1、50	3			50	3
囲いシャワー		50	2			75	5
連立シャワー	ヘッド1個当たり		3	標準器具以外のもの		30	1
ビデ		30 注1	1			40	2
掃除流し	台形トラップ付き	65 注1	2.5			50	3
		75	3			65	4
洗濯流し		40	2			75	5
掃除・雑用流し	Pトラップ付き	40〜50	2			100	6
洗濯機	住宅用	50	3	1組の浴室器具	洗浄タンク付き大便器、洗面器、浴槽		6
	営業用	50	3				
連合流し		40 注1	2		洗浄弁付き大便器、洗面器、浴槽		8
	ディスポーザ付き	40	4				
汚物流し		75	6	排水ポンプ・エゼクタ吐出し量 3.6 ℓ /min ごと			2
実験流し		40 注1	40 注1				

注1 SHASE-S 206 に規定　注2 使用頻度が高い場合に用いる　注3 連続使用に用いる
（出典：空気調和・衛生工学会『SHASE-S 206_2009 給排水衛生設備規準・同解説』）

62 ビルに必要な衛生器具の数はどうして算定するのかな？

建築物に必要な衛生器具の設置数は、器具使用時間をベースにして算出します。

器具使用時間は**器具占有時間**または**占有時間**ともいい、衛生器具を1人が使用する時間を統計的に求めた平均値を示し、これによって衛生器具設置数を算定するわけです。例えば、男子大便器の占有時間は300秒、小便器は30秒、洗面器は手洗いのみであれば10秒・洗面のみであれば75秒、女子の場合は大便器の占有時間は大小平均90秒、洗面器は手洗いのみであれば30秒・洗面のみであれば300秒とされています。例えば事務所衛生基準規則ではこれを基準にして、男子用大便器の数は同時に就業する労働者60人に1個以上、男子小便器は30人に1個以上、女子用大便器は20人に1個以上と定められています。

topics

▶"うんこ"と"おシッコ"!?

人間も含めあらゆる動物が生存するためには、水を飲み食物を食べて栄養をとり、かつその残りかすを排泄する、いわば当然の生理現象です。しかし排泄物の話をしたりする場合、とくに日本人は「尾籠（びろう）な話」と敬遠しがちで、正面きって話しにくい側面があり、文章で表現する場合はなおさらです。しかし建築設備の勉強の場合、排泄物の話は、とくに排水設備や衛生器具の場合は必要不可欠とします。

排泄物は大便と小便に分けられ、『新国語中辞典』（三省堂）によりますと、"排泄物"とは、動物がその栄養分をとり終えた残りの不要物質を、尿や糞などとして、体外に押し出すこと。"大便"とは肛門から排泄される食物の残りかす。くそ、ふん、うんこ。"小便"とは血液中の老廃物および水分が膀胱、尿道を経て体外に排出されるもの。ゆばり、尿、小水、小用。"屎尿"とは大便と小便。"屁"とは腸の中のガスが肛門からもれるもの。おなら。と説明されています。もちろんこの通りで、生理学や医学の勉強の場合はこれでよいかもしれませんが、建築設備工学などでこのような用語を用いて楽しく勉強できるでしょうか。

いずれにしても便所の話は避けて通ることはできず、便所の話をすれば必ず大便、小便という言葉がでてきますが、これでは心苦しいし、少しでも不快感、不潔感をなくすための用語はないかと「夜の目も寝ずに昼寝して」よく考えましたところ、作家の開高健先生の名文を思い出しました。昭和56年6月7日の毎日新聞に「食卓は笑う」という文章の中で、つぎのように書いておられます。

「フランス語には"ピピ・カカ・ポポタン"という隠語がある。ことごとくいわゆる"下ネタ"で、ピピは御叱呼、カカは雲古、ポポタンはお尻である。この種のハナシを上品かつヒリヒリとやるにはなかなかの素養と注意と話術が必要とされる。」

で、先生の"御叱呼"、"雲古"という漢字を使わせていただこうかなと思ったのですが、何だか取っ付きにくい感じがしますので、どのような言葉で表現しても五十歩百歩だと、"清水の舞台から飛び降りよう"と居直り、独断と偏見で"うんこ"と"おシッコ"そして"おナラ"を「学術用語」？？として用いさせていただきます。

4・1 衛生器具のあらまし

法令による必要衛生器具の数の一例

建物種別	算定基準		最小器具数（個）		備考	適用法規
			大便器	小便器		
劇場・映画館 演芸場・観覧場 公会堂・集会場	階の客席床面積 (m^2)	300m^2以下	$\dfrac{客室床面積}{15}$		男子の大便器＋小便器数と女子便器数はほぼ同数とする。男子の大便器は、小便器5個以内ごとに1個設ける。	東京都建築安全条例
		300超え 600m^2以下	$20 + \dfrac{客室床面積 - 300}{20}$			
		600超え 900m^2以下	$35 + \dfrac{客室床面積 - 600}{30}$			
		900m^2超え	$45 + \dfrac{客室床面積 - 900}{60}$			
事業附属寄宿舎（第1種寄宿舎）	寄宿舎数（人）	100人以下	$\dfrac{寄宿舎数}{15}$			事業附属寄宿舎規定
		101〜500人	$7 + \dfrac{寄宿舎数 - 100}{20}$			
		501人以上	$27 + \dfrac{寄宿舎数 - 500}{25}$			
作業（事業）場	男子		$\dfrac{労働者数^*}{60}$	$\dfrac{労働者数^*}{30}$	＊同時に就業する労働者数	労働安全衛生規則
	女子		$\dfrac{労働者数^*}{20}$			
事務所	男子		同上	同上		事務所衛生基準規則
	女子		同上			
旅館	・浴室またはシャワー室及び便所の設備のある和式基準客室の数が、2室以上あり、かつ和式基準客室の1/10以上					国際観光ホテル整備法施行規則
	便所を付設してないの客室の合計定員		共同便所		31人以上300人以下 ・7＋10人増ごとに1 301人以上 ・34＋20人増ごとに1	旅館業法施行規則
	5人以下		2			
	6人以上10人以下		3			
	11人以上15人以下		4			
	16人以上20人以下		5			
	21人以上25人以下		6			
	26人以上30人以下		7			
国際観光ホテル	・浴室またはシャワー室及び便所の設備のある旅館基準客室の数が、2室以上 ・冷水及び温水を出すことのできる洗面設備のある旅館基準客室の数が、4室（旅館基準客室の数が15室を超えるときは、その超える客室の数の1/4に4室を加えた数）以上 ・浴室またはシャワー室及び便所の設備のある洋式基準客室の数が、洋式基準客室総数の1/3以上					国際観光ホテル整備法施行規則
ユースホステル	収容人員		便所は水洗式とし、各便所に1個以上の洋風便器を設置		シャワー設備 ・シャワー室内に1個/15人 ・浴室内に1個/30人	国際観光ホテル整備法施行規則

63 洗面器の種類

器内に水や湯を貯めて顔や手を洗うことを目的とする水受け容器を、**洗面器**といいます。洗面器には給水器具として給水栓のみを設ける場合、別々の給水栓と給湯栓が設けられる場合、湯水混合水栓を設ける場合があり、この給水栓の下方には給水量の最大給水量を一定限度に調節するためや給水栓の修理のために**洗面器用止水栓**を取り付けます。この他、**水石けん供給器**も付属しますが、これには水石けんタンクから各供給栓へ分配する方式と、水石けん供給器ごとに水石けん容器が付属した独立タイプのものがあります。

洗面器には排水金具として十字形のストレーナや排水栓が付属する他、器具トラップの流入側に接続される**オーバーフロー装置**が内蔵されます。これは排水口に栓をして湯水を一時貯えて洗面をするために、湯水を入れ過ぎたり、洗面時に水面が大きく揺れたとき、湯水が洗面器のあふれ縁をこえて床下にこぼれ落ちるのを防止するためです。

洗面器は形状や仕様上から、角型、丸型、楕円型、バック付き、そで付き、たな付き、カウンタ付きなど多種に分けられますが、洗面器の取付け上からは壁掛式とカウンタ式に大別されます。

壁掛洗面器は壁面に直接取り付けるタイプで、従来から一般に普及している形式で取付け方法により、つぎの2通りがあります。**ブラケット式洗面器**は壁面に固定したブラケット金具に載せるように配置する方式ですが、欠点が多いため用いられなくなりました。**バックハンガ式洗面器**は洗面器の後部をハンガ金具によって取り付ける方式で、取付け具が表われず形状がすっきりし、清掃もしやすく清潔になります。

カウンタ洗面器は**はめ込み洗面器**ともいい細長い台いわゆるカウンタにはめ込んで取り付けるもので、ホテルや住宅用として広く用いられます。カウンタ洗面器はつぎの4種があります。**オーバーカウンタ式洗面器**これは**セルフリミング式洗面器**と**ベッセル式洗面器**があり、カウンタの切込みに洗面器をはめ込み、洗面器のリムをカウンタの上に乗せて固定する方式です。**フレーム式洗面器**はフレームに引掛けた釣り支持金具、支持金具を下からカウンタの裏面に締付ける締付金具などによって洗面器をカウンタに固定する方式で、カウンタの上面と洗面器の上面とが揃って見栄えがよく、清掃が容易であり、カウンタ材に制約を受けないので広く普及しています。**アンダカウンタ洗面器**はカウンタの裏面にブラケットなどで洗面器を固定する方式で、カウンタのくり抜き部の断面が表われるため、カウンタは大理石、人造大理石などに限られ、とくにカウンタとの接続部が湯水に接するためシールを確実にする必要があります。

セルフリミング式洗面器

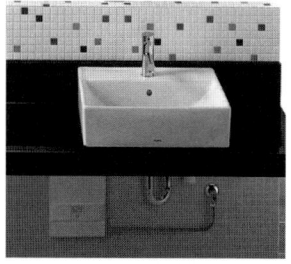

ベッセル式洗面器
（提供：TOTO株式会社）

4・2 洗面器にまつわるはなし

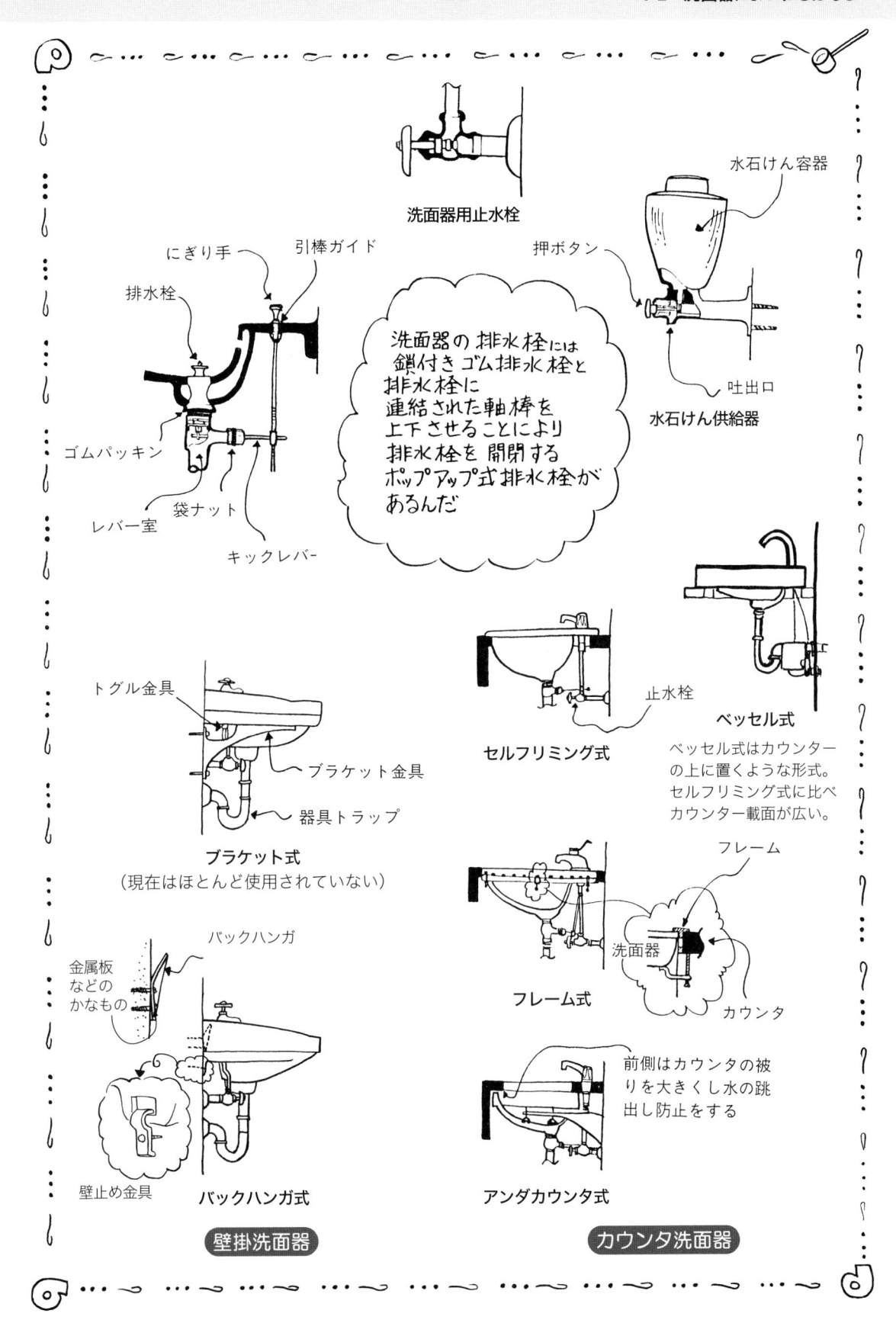

洗面器用止水栓

水石けん供給器
- 水石けん容器
- 押ボタン
- 吐出口

- 排水栓
- にぎり手
- 引棒ガイド
- ゴムパッキン
- レバー室
- 袋ナット
- キックレバー

洗面器の排水栓には鎖付きゴム排水栓と排水栓に連結された軸棒を上下させることにより排水栓を開閉するポップアップ式排水栓があるんだ

ブラケット式
（現在はほとんど使用されていない）
- トグル金具
- ブラケット金具
- 器具トラップ

セルフリミング式
- 止水栓

ベッセル式
ベッセル式はカウンターの上に置くような形式。セルフリミング式に比べカウンター載面が広い。

バックハンガ式
- 金属板などのかなもの
- バックハンガ
- 壁止め金具

フレーム式
- フレーム
- 洗面器
- カウンタ

アンダカウンタ式
前側はカウンタの被りを大きくし水の跳出し防止をする

【壁掛洗面器】　【カウンタ洗面器】

64 洗面器と手洗器はどう違うの？

洗面器と手洗器は法的というか規格上の区分はなく、手洗器は洗面器の一種と考えればよいでしょう。しかし、手洗器と洗面器の用途や設置箇所なども異なるので、両者の区別はやはりはっきりしておく必要があります。

手洗器とは洗面器の小型のもので、手を洗うことを目的とし、オーバーフロー口および排水栓のないものをいいます。つまり手を洗うだけなので流しっ放しというわけです。最近、洗面器にもオーバーフローは設置していないものが出てきています。手洗器は公衆衛生上とくに必要なもので、便所、厨房、食堂などには必ず設置せねばならず、給水栓は手洗い衛生水栓または手洗いフラッシュ弁を用い、給湯栓は原則として用いられません。

洗面器や手洗器とはその用途が異なりますが、ビルの便所でよく見かける衛生陶器として、掃除流しがあります。**掃除流し**は**スロップシンク**あるいは単に**シンク**ともいい、掃除用の水をバケツで取水したり、掃除後の汚れた水を流したり、モップなど掃除用具を洗ったりするもので、構造的には大型の手洗器と考えればよいものです。

掃除流しに類似したものとしては、病院や診療所などで、オマルに受けた汚物や検査後の検便を排出したり、汚れたおむつを洗ったり、オマルやシビンの洗浄のために用いる**汚物流し**、化学実験室などで実験台に取り付けられ、実験用器材を洗浄し、また薬品などを排出するための**実験用流し**、洗濯機では洗い落せない汚れ物のつまみ洗いに用い、流しの内側に洗濯板を立てかけられるようにした**洗濯用流し**などがあります。

洗面器や各種の流しなどの衛生陶器はその使用目的から、汚れやすく、かつ排水中の毛髪や汚物などによって付属の器具排水管（トラップ）には、これらの不純物が詰まりやすいので、トラップ部は簡単に分解できるように（洗面器、手洗器など）、またはトラップ部に掃除口が設けられていますので（掃除流しなど）、適宜あるいは定期的に不純物を除去することが肝要です。

衛生陶器本体の汚れを落す掃除要領を参考までに示しておきます。衛生陶器の汚れには、水あか、鉄錆、油、汚物の付着などがありますが、普通の水あか、湯あか、油などの汚れは中性洗剤をスポンジまたはやわらかい布につけてふき取ればきれいになります。この場合、クレンザーやみがき砂を用いてこすってはいけません。これらは粒子があらく陶器面を傷つけるからです。ひどい水あかや鉄錆など中性洗剤では汚れが落ちない場合には、小布を棒切れなどの先に巻き、小布に希塩酸を浸したものでふくようにこすればきれいになります。なおこのとき、希塩酸が給水栓などメッキした器具には触れないように留意しましょう。メッキ部分を腐食させるからです。

衛生陶器の点検

4・2 洗面器にまつわるはなし

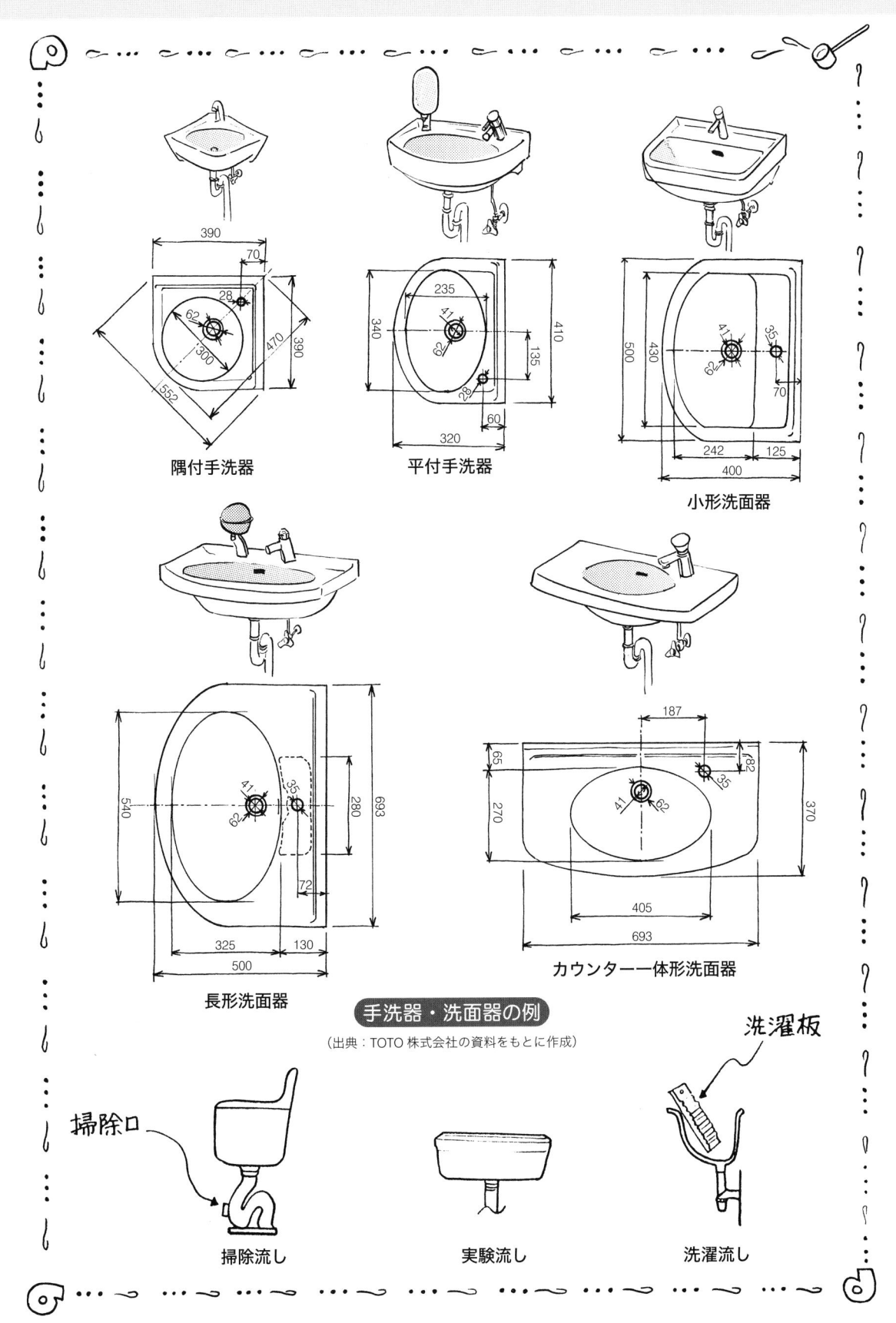

隅付手洗器

平付手洗器

小形洗面器

長形洗面器

カウンター一体形洗面器

手洗器・洗面器の例
（出典：TOTO株式会社の資料をもとに作成）

掃除口 →

掃除流し

実験流し

洗濯板

洗濯流し

65 ビデは流し類かな？　それとも便器類？

　ビデは一般につぎのように説明されています。**ビデ**とは、器内の中央の底部から水または適温の湯が噴水状に吐水され、女性局部洗浄や肛門の洗浄などを行う衛生器具（衛生陶器）の一種で、一般に浴室や便所などに設けられ、小物や足の洗浄などにも使われることがあります。

　ビデはフランスで生まれ発達したもので、次第に世界中にひろがりヨーロッパ、北米や中南米でも使われています。とくにラテン系民族の人々が多く使っており、これは入浴と大いに関係しています。日本では主に高級ホテルで使われています。

　ビデは日本人によって多くの悲喜劇が演じられてきました？？　外国旅行をした日本人が何の目的で設置されているのか、何のために使用するのか、その使用方法がわからないため、ビデで水を飲んだとか、便器と間違えて"うんこ"をしたらうんこが流れず困り果てたとか、などなどです。といって、この人達を笑ってはいけません。実は私も中学生のとき生まれてはじめて"ホテル"にいき、そのとき"うんこ"がしたくなり便所に入ったのですが、"ウン悪く"何だかわけのわからない大便器があったのです。つまり洋風大便器、うんこはしたいし、うんこの仕方はわからず困り果てた経験があります。ビデは4つの目的のために使われます。

①男女を問わず、"うんこ"のあと肛門をきれいにするため
②女性がおシッコをしてそのあとをきれいにするため、または生理のときなどに局部をきれいにするため
③足を洗うため
④冷え症の人が就寝の前などに足を暖めるため

　したがって、ビデとは顔や手以外の身体の一部分を洗ったり、暖めたり、おシッコをしたり（"うんこ"はだめ！）する衛生陶器である、と理解すればよいでしょう。そしてビデは足を洗う場合や足を暖める以外は、壁に向かってまたがり、つまり馬乗りになって使用します。

　ビデはその用途の関係で、衛生器具いわゆる水受け容器として、便器に属するのか、流し類の範ちゅうに入るのかは未だ定められていないようです。

---

memo

▶**給湯栓と給水栓、どちらが右？**

　洗面器やビデあるいは浴槽などで給湯栓と給水栓を併用する場合、または湯水混合栓を用いる場合のいずれの場合も、向かって左側のハンドルがお湯、右側のハンドルを水とするのが世界共通のルールです。

　そしてお湯の場合はH（hotの頭文字）または赤色、水の場合はC（coldの頭文字）または青色で表示されます。

4·2 洗面器にまつわるはなし

混合水栓
バキュームブレーカ
リム洗浄口
排水栓
洗浄用噴水頭

中世ヨーロッパではシャワーを浴びる習慣があまりなく，ビデで「下」を洗っていた．

トイレ　ビデ
ちゃぷちゃぷ

ビデはトイレと逆向きにまたがる．もしくはすわる．

フランス語の「子馬」を意味する「ビデ」という名称がついた

ビデは流し類かな？
便器類に属すのかな？
給湯栓は左側に
給水栓は右側か
ややこしいなあ

まかりまちがっても
ビデでうんこしたら
あかんで

66 らくな姿勢で"うんこ"ができる洋風大便器

　大便器と小便器を総称して**便器**といい、便器には水洗式用と汲取り用（非水洗式用）とがありますが、ビルなどにおいては汲取り便所は皆無なので、水洗式用のみ説明します。
　大便器は大便用の水受け容器（便鉢）で、便鉢に造付けトラップが内蔵されており、そして大便器洗浄弁またはロータンクなどが付属します。そして大便器は洋風と和風に大別されます。**洋風大便器は腰かけ式大便器**といわれ、水洗の洗浄方式によりつぎのように分けられます。

①**洗落し式洋風大便器**：これは漏斗形の便鉢底部にトラップを設けた形のもので、"うんこ"つまり汚物を直接、間接にトラップの溜水中に落下させて臭気の発散を少なくし、洗浄水が上から押し出され、水の落差による流れで汚物を排出する構造の大便器で、構造が最も簡単なタイプです。この洗落し式は溜水面が狭くなっています。

②**サイホン式洋風大便器**：これはトラップ排水路を満水しやすいように屈曲させ、排水時に洗浄水で自己サイホン作用を起こさせ、排出力を強くしたもので、洗落し式よりは溜水面が少し広くできていて、洗落し式と比較して排水音が静かになります。

③**サイホンゼット式洋風大便器**：サイホン作用を早くかつ強力にするため、トラップ内に噴射口を備え、ここから洗浄水の一部を直接排水路へ吹き込みます。汚物を吸い込むように気持ちよく排出するようにしたもので、溜水面が広く臭気の発散も少なく、また排水音が静かで大便器としては優れたものです。しかし汚物を排除するための洗浄水を最も多く必要とします。

④**サイホンボルテックス式洋風大便器**：これは洗浄水を短時間に吐出させ、うず巻作用と吸込み作用を起こして、汚物を流すタイプのもので、溜水面が広く臭気の発散や汚物の付着が少なく、空気の混入が少ないので排水音はきわめて静かになります。この方式は他の大便器に比べロータンクの位置を低くできるので、便器とロータンクが一体成形された**ワンピース洋風大便器**とすることができます。しかし、汚物を排出するための洗浄水を大量に必要とすることから、現在はほとんど採用されず生産もされていない状況です。

⑤**ブローアウト式洋風大便器**：これは便鉢の排水底部に設けた噴水口（ゼット穴）から洗浄水の大半を、排水路に強く噴出させて便鉢の汚物を吹き飛ばす方式で、排水路の屈曲が少なく、その径も大きいので、詰まりにくい長所はあるが、洗浄水の給水圧は 0.1MPa を必要とし、低水圧やロータンクでは使用できず、かつ洗浄時の騒音がきわめて大きいという欠点があるため、ほとんど使われなくなってきています。

洗落し式洋風大便器 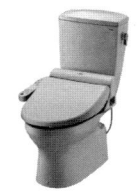　　　サイホン式洋風大便器 　　　サイホンゼット式洋風大便器
（提供：TOTO 株式会社）

4・3 大便器と付属設備

洗落し式	サイホン式	サイホンゼット式

サイホンボルテックス式 **ワンピース便器**（水面が広い） **ブローアウト式**（ゼット穴）

洋風便器のいろいろ

洋風大便器は楽な姿勢で "うんこ" ができ また 大便器と小便器を併用できる一穴便所（いっけつトイレ）で合理的だね

（日常の手入れ方法）
トイレ用洗剤をブラシまたは布等につけて 軽くこすり落し その後 水または温水で清拭しましょう

（頑固な汚れの手入れ方法）
従来の便器であれば、練りはみがきをブラシまたは布等につけて こすり落し それでも落ちない時は 耐水サンドペーパー（#1200程度）で こすり落しましょう※

いずれにしても頑固な汚れになる前に手入れをすることが一番大切なことなのです

※最近の便器では便鉢表面の平滑加工による防汚技術も開発され、その表面の品質維持のためにも研磨剤入り洗剤等の使用は控えています。

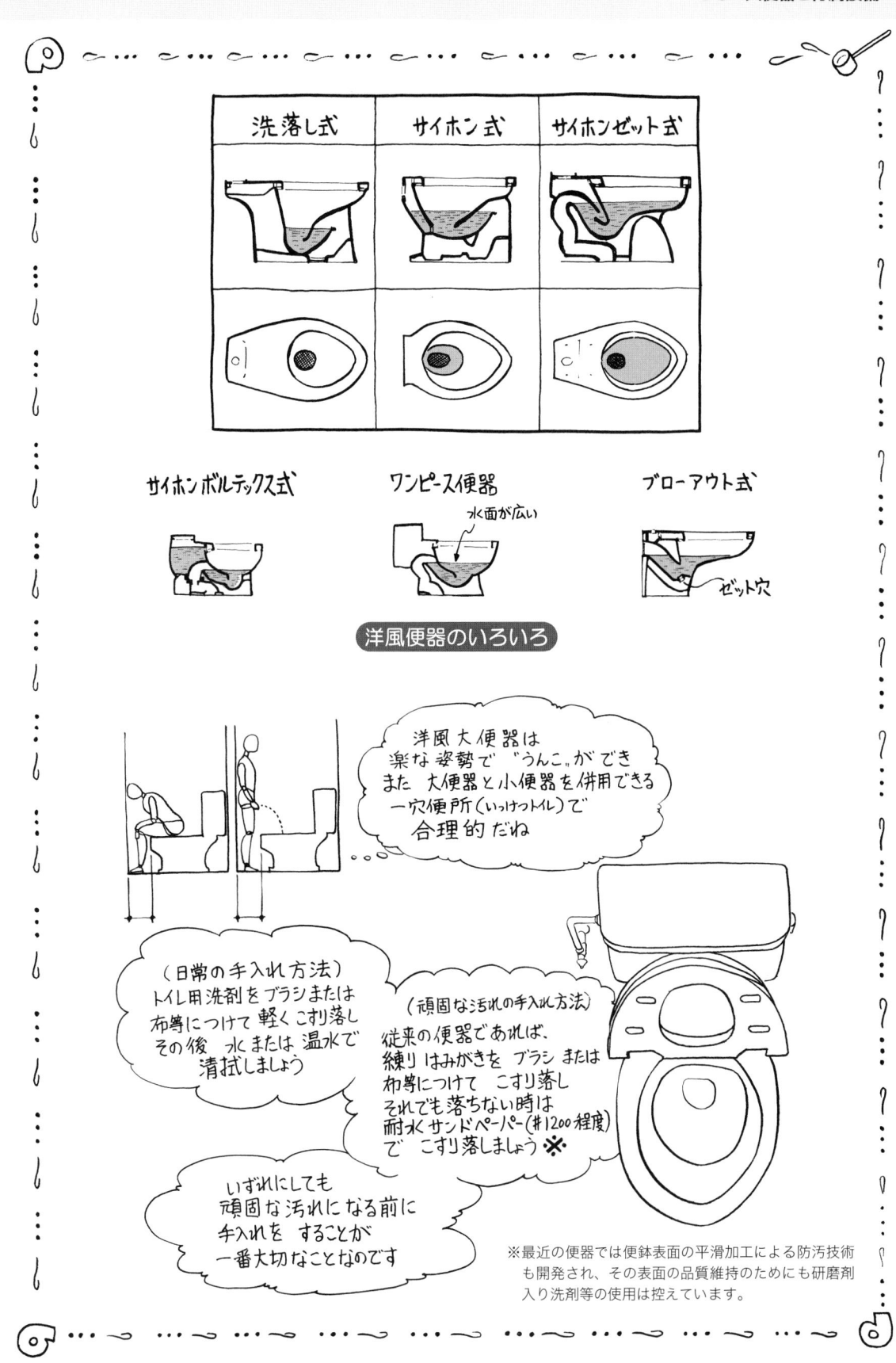

67 ほんとに"金隠し"って必要なのかな？　和風大便器のはなし

　和風大便器はしゃがみ式大便器ともいい、説明するまでもなく、しゃがんだスタイルで使用する大便器のことです。和風式大便器としては洋風大便器と同じ原理の洗落し式、ブローアウト式も一部用いられますが、最も広く用いられるのは洗出し式で、一般に和風大便器といえば、洗出し式大便器を意味していると解釈してもよいほどです。

　洗出し式和風大便器は水深のごく浅い便鉢に"うんこ"を一時ためて、洗浄の際にトラップ内へ押し流す方式のもので、便鉢部の水深がごく浅いため勢いよく"うんこ"をしても、洋風大便器のように溜水中の水が跳ね返らない、つまりウンコを水面に落としても"おつり"がこないが、汚物が空気中に盛り上がりそのため臭気の発散が著しく、汚れも付きやすい欠点があります。しかし和風大便器の大部分を占める洗出し和風大便器は"うんこ"が盛り上がってよく見えるため、うんこの量やその状態がよくわかり、自分の健康管理に役立つメリットはあります。

　また、便器を一段高い箇所に設ければ、いわゆる"一穴式便所"（大小便の区別がない便所）とすることができるのは、洋風大便器と同様です。

---

topics

▶和風大便器に"金隠し"は必要かな？

　和風大便器に必ず大便器の前のおおいともいうべき金隠しが構成されています。金隠し（きんかくし）というと女性には話しにくい隠語的な要素がありますが、れっきとした"学術用語"です。金隠しのついたしゃがみ込み大便器である和風大便器は世界的にもめずらしいそうで、日本だけでなく韓国や中国でも使われますが、金隠しのついたしゃがみ式大便器でないと絶対だめだと、いわゆる和風大便器を必ず用いるのは日本だけのようです。金隠しのないしゃがみ式の大便器は世界で広く用いられています。要するに金隠しは大便器の機能上必要とするものではなく、何となくついているだけですが日本では金隠しのないしゃがみ式大便器は、つくったとしても1つも売れないと思います。

　金隠しという言葉は「きぬかけ」から転化した言葉ではないかという説があります。昔は一般庶民の排便はいわゆる"野糞"（野外で排便すること）で、紙も庶民にとっては無縁のものでしたから、用便後の肛門は尻ふき用の"捨木"で処理したそうです。

　平安朝時代は便器を"樋箱"（ひばこ）といい、高貴な人はこれを使用していました。高貴な女性は当時、十二単（じゅうにひとえ）を着ていましたので樋箱に行けば、十二単の着衣が邪魔をして、樋箱の目的の位置にしゃがみ込めず用をたせなかったようです。そこで十二単の裾を持ち上げるようにした"きぬかけ"が発明されたといわれています。このきぬかけが転化して金隠しになったとすれば、金隠しは便器の後方にあるべきだと思いますが、平安朝時代に紫式部など高貴な女性が十二単で"うんこ"をしている姿を想像するだけでも、何と雅やか（みやびやか）な気分になれることでしょうか？

4・3 大便器と付属設備

金隠し
トラップ
洗出し式和風大便器

色よし
形よし
かたさもOK♪

今日も
一日
がんばるぞ

和風大便器による一穴式便所

タイ（シャム）便器　　ビルマ便器　　インド便器　　トルコ便器

外国のしゃがみ式大便器

しゃがみ式大便器

床
木製樋箱
（枠から下は床下におさまる）

きぬかけ
平安朝時代の排便想像図

141

68 大便器の洗浄方式には3種類あるんだ！

　大便器の洗浄方法つまり排便後の大便器内の"うんこ"を洗い流すための洗浄水を供給する方式には、ハイタンク方式、ロータンク方式、大便器洗浄弁方式の3種類があります。**大便器ハイタンク方式**はタンクを高い位置に取り付ける方法ですが、ロータンクに比べ落差が大きいので洗浄音が高く、また水圧の低い場合にはタンクを満水にするのに時間がかかり、取り付けや補修の作業が不便といった欠点が多いため、現在ではほとんど用いられません。したがって大便器の洗浄方式には、大便器洗浄弁方式と大便器ロータンク方式の2種類があると解釈してもよいでしょう。

　大便器洗浄弁方式は洗浄弁方式あるいは**フラッシュバルブ方式**ともいい、給水管の水を洗浄弁を介して大便器に供給するもので、いずれの形式の大便器にも適用されます。この方式は給水圧力に流動時 0.07 MPa 以上を要し、洗浄音は流水音をも含めて大きいという騒音の他に、ごく短時間に多量の水が流れるので、近隣の水栓への影響が大きいという問題点があるため、一般家庭用としてはほとんど用いられません。事務所、学校、工場、劇場、デパートなど、使用頻度が高いあるいは一時的に多数の人が連続使用する場合などに採用されます。いずれにしても大便器洗浄弁方式は大便器（トイレ）の連続使用が可能で、洗浄弁の設置に場所をとらないので便所内を広く使える利点があります。

　洗浄弁は主にハンドル（レバー）式が用いられますが、バルブを操作（使用）するという観点からすれば、ハンドル式の他に押しボタン式、足踏式などがあります。押しボタン式や足踏式、電装式はハンドル部の押棒を水圧ピストン式にしたもので、給水管から導管を遠隔操作部まで導き、操作弁を介してフラッシュバルブを操作する方式で、操作弁には足踏弁いわゆる足踏式と押しボタン弁（押しボタン式）とがあります。また、近年増加している電装式は、手かざしセンサーや薄型のタッチスイッチで電磁弁を作動させる方式です。

　大便器ロータンク方式は単に**ロータンク方式**ともいい、大便器よりやや高い位置にタンク（水槽）いわゆるロータンクを設け、ここに一定量の水を貯留し、排便後にこの水を大便器へ供給して洗い流す方式です。この方式は洗浄の場合にはタンクへの給水圧力に関係なく、大便器への供給水量やその圧力が一定で、良い洗浄結果が得られ、騒音も少なく、タンクへの給水圧力は流動時 0.05 MPa 以上でよいのです。しかしタンクを満水するのに時間がかかり（水圧 0.05 MPa の時約1分）、大便器の連続使用はできませんので、一般家庭用やホテルの個室用あるいはアパート、マンションの私室用などに広く用いられます。ロータンクの容量は組み合わせて使用する大便器によって異なり、洗出し式大便器や洗落し式大便器で 13 ℓ、サイホン式やサイホンゼット式の大便器では 15 ℓ の水量を必要としておりましたが、最近では節水化に伴い 6 ℓ 以下でも洗浄できるようになってきています。

4・3 大便器と付属設備

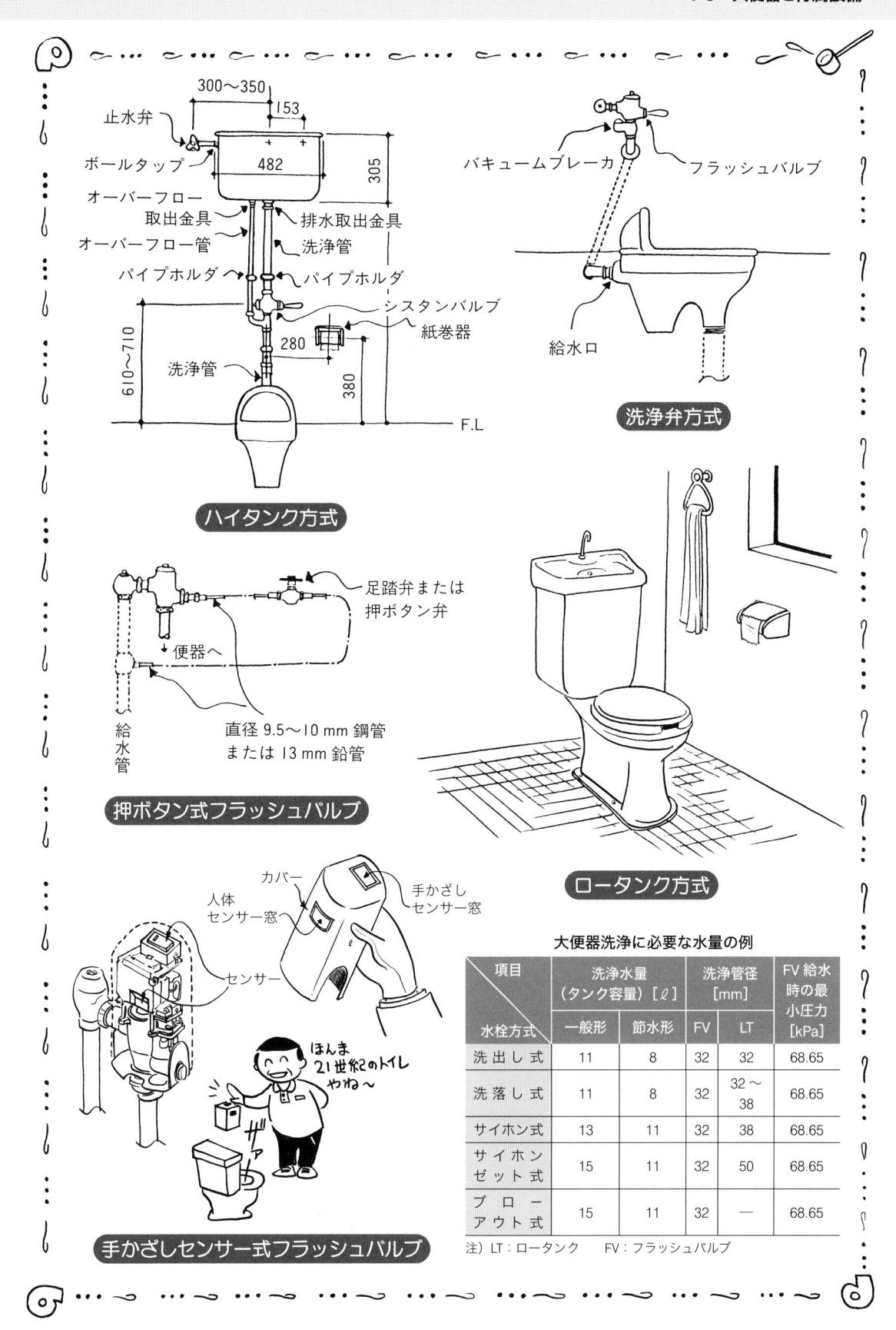

ハイタンク方式

- 止水弁
- ボールタップ
- オーバーフロー取出金具
- オーバーフロー管
- パイプホルダ
- 排水取出金具
- 洗浄管
- パイプホルダ
- シスタンバルブ
- 紙巻器
- 洗浄管

寸法：300〜350、153、482、305、610〜710、280、380、F.L

洗浄弁方式

- バキュームブレーカ
- フラッシュバルブ
- 給水口

押ボタン式フラッシュバルブ

- 足踏弁または押ボタン弁
- 便器へ
- 給水管
- 直径 9.5〜10 mm 鋼管または 13 mm 鉛管

ロータンク方式

手かざしセンサー式フラッシュバルブ

- カバー
- 人体センサー窓
- 手かざしセンサー窓
- センサー

ほんま21世紀のトイレやね〜

大便器洗浄に必要な水量の例

項目 水栓方式	洗浄水量（タンク容量）[ℓ]		洗浄管径 [mm]		FV給水時の最小圧力 [kPa]
	一般形	節水形	FV	LT	
洗出し式	11	8	32	32	68.65
洗落し式	11	8	32	32〜38	68.65
サイホン式	13	11	32	38	68.65
サイホンゼット式	15	11	32	50	68.65
ブローアウト式	15	11	32	—	68.65

注）LT：ロータンク　FV：フラッシュバルブ

69 大便器洗浄弁とバキュームブレーカの仕組み

　大便器洗浄弁は一般に**フラッシュバルブ**または**洗浄弁**と呼ばれ所要水圧は 0.07 MPa 以上で、通常、ハンドル（レバー）または押しボタンで操作（開き）し、操作したとき 8 ℓ の水が流出し、ゆっくりとバルブが自動的に閉止するようになっています。フラッシュバルブの二次側（下流側）にはバキュームブレーカを設けるのを原則とします。フラッシュバルブの作動原理は使用しないときは、ピストン弁が圧力室の水圧で下に押し出されて弁を閉じていますが、排便後、洗浄水を出そうとハンドルを下向きに押すとリリーフ弁が開いて、圧力室内の水が押し出されるためピストン弁が上に上がり、つまりバルブが全開し、洗浄水が流出するのです。ハンドルから手を放すと、リリーフ弁は閉じ洗浄水はピストン弁の小穴から徐々に圧力室に入るので、ピストン弁がゆっくり下に押されて、約 8 秒後に閉止されます。洗浄水量は水量調節ねじをドライバーでねじ込むとピストン弁の揚程が短くなり弁が速く復帰、つまり洗浄水の流出量を少なくできます。しかし衛生上や排水管の保全上などから、1 回に 8 ℓ の水を流出させるのが標準です。

　バキュームブレーカは断水その他の原因で給水管内に真空状態（負圧）をきたしたとき、自動的に空気を吸い込み、大気圧を保って、吐水した水や使用した水が逆サイホン作用により、上水系統（給水管）へ逆流するのを防止するための器具をいいます。バキュームブレーカは大便器用洗浄弁つまりフラッシュバルブの他にも必要に応じて併用されます。バキュームブレーカには、常時は圧力のかからない部分に設ける**大気圧式バキュームブレーカ**と、給水系統の常時圧力がかかる箇所に取り付ける**圧力式バキュームブレーカ**があります。フラッシュバルブの場合には、常時は圧力のかからない箇所に大気圧式バキュームブレーカを設けるのです。

　なお、フラッシュバルブやバキュームブレーカの修理や点検のときに、給水管の水を閉止するため、フラッシュバルブの上流側にはストップバルブを設けます。

---

note

▶節水形大便器とは？

　水資源の節約いわゆる省エネルギーの見地から、1 回当りの使用水量を 8.5 ℓ 以下に減じるように、便器の排水路や給水装置に工夫をこらしてつくられる大便器をいいます。

　節水形大便器は節水形フラッシュバルブなど専用の器具が必要で、設置価格は若干高くつきますが、節水効果による経費節約で十分にカバーできます。しかし節水形大便器は無条件でどこにでも採用するわけにはいきません。したがってこれを設備する場合には、水道局や指定水道工事店とよく相談する必要があります。

　省資源の観点から、長年衛生器具の節水技術の開発がされてきています（p.147 年表参照）。

4・3 大便器と付属設備

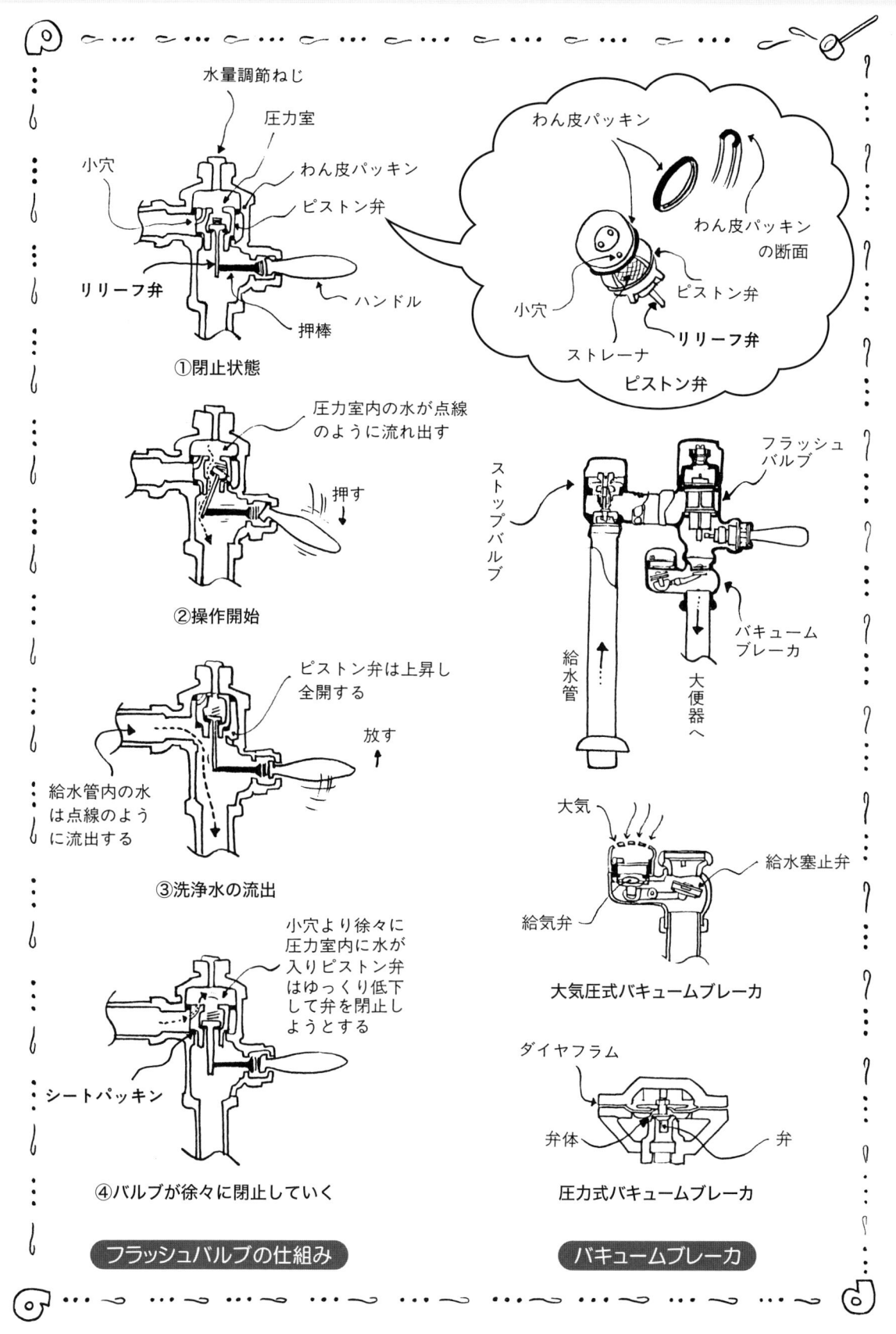

フラッシュバルブの仕組み

①閉止状態
- 水量調節ねじ
- 圧力室
- 小穴
- わん皮パッキン
- ピストン弁
- **リリーフ弁**
- ハンドル
- 押棒

（ピストン弁の詳細）
- わん皮パッキン
- わん皮パッキンの断面
- 小穴
- ピストン弁
- **リリーフ弁**
- ストレーナ

ピストン弁

②操作開始
- 圧力室内の水が点線のように流れ出す
- 押す

③洗浄水の流出
- ピストン弁は上昇し全開する
- 放す
- 給水管内の水は点線のように流出する

④バルブが徐々に閉止していく
- 小穴より徐々に圧力室内に水が入りピストン弁はゆっくり低下して弁を閉止しようとする
- シートパッキン

バキュームブレーカ

- ストップバルブ
- フラッシュバルブ
- 給水管
- 大便器へ
- バキュームブレーカ

大気圧式バキュームブレーカ
- 大気
- 給水塞止弁
- 給気弁

圧力式バキュームブレーカ
- ダイヤフラム
- 弁体
- 弁

70 大便器洗浄弁に生じやすいトラブル

　大便器洗浄弁いわゆるフラッシュバルブに生じやすいトラブルは、洗浄水が止まらなくなるあるいは止まるのが遅くなること、いわゆる止水不良、急閉止してウォータハンマを起こすこと、ハンドル部から漏水することの3点が主なものです。
　止水不良をきたした場合のチェックポイントはつぎのとおりです。
　止水不良の主因はピストン弁にありますので、ピストン弁を抜き取ってチェックしてください。
◎シートパッキンに小石など夾雑物がかんでいないか。かんでいたり傷がついている場合はパッキンを新品と交換します。
◎圧力室への小穴が水あかなどで詰まったり、狭くなっていないかを点検し、小穴を掃除します。
　小穴が狭くなるとピストン弁の復帰に時間を要し、止水しにくくなり、詰まってしまうと洗浄水が出っ放し、つまり止水しなくなります。
◎リリーフ弁のパッキンが悪くないか。悪ければ新品と交換します。
　ピストン弁に異常がなければ、ハンドルと連絡されている押棒を点検します。押棒ピストンがいわゆる"ごみかみ"していれば是正してください。
　ウォータハンマを起こし急閉止する場合、つまり手で押さえたハンドルを放すと（ハンドルを戻すと）、ドーンとウォータハンマの音を立てて洗浄水が急閉止する場合は、ピストン弁のわん皮パッキンと俗称される、Uパッキンが破れているか、著しく摩耗しているのが原因です。つまりUパッキンが破れたりすると、ハンドルを戻したときパッキンの破れ箇所から圧力室にすぐ水が充満し、ピストン弁いわゆるフラッシュバルブが急閉止するためです。
　ハンドル部から漏水する場合は、ハンドル部のパッキン押えナットがゆるんでいるか、その箇所のパッキンが傷ついたり摩耗しているのです。
　吐水量の調整いわゆる水量調整は、フラッシュバルブの水量調節ねじで行います。ドライバーでねじを時計回りに閉め込むと吐水量は少なくなり、反時計回りにまわすと増量になります。適正な水圧であれば吐水時間を12～16秒ぐらいにすると11～15ℓの吐水量が得られるはずです。なお、水勢（水圧力）の調整はフラッシュバルブ上流側にあるストップバルブの開閉ねじで行います。つまり水勢の強過ぎるときは時計回りに閉め込み、水圧力が弱いときは反時計回りにまわします。

▶フラッシュバルブの調整に注意!!
　フラッシュバルブを水勢（水圧力）が強過ぎ、かつ吐水量が多過ぎるようなことに調整すると、排便後、洗浄水を流そうとフラッシュバルブのハンドルを押した（開いた）とき、瞬時に多量の水が勢いよくでてくるため、水や"うんこ"が大便器上にはね上がり、"おいど"はもちろんのこと、着物や履物もずくずくになってしまいます。

4・3 大便器と付属設備

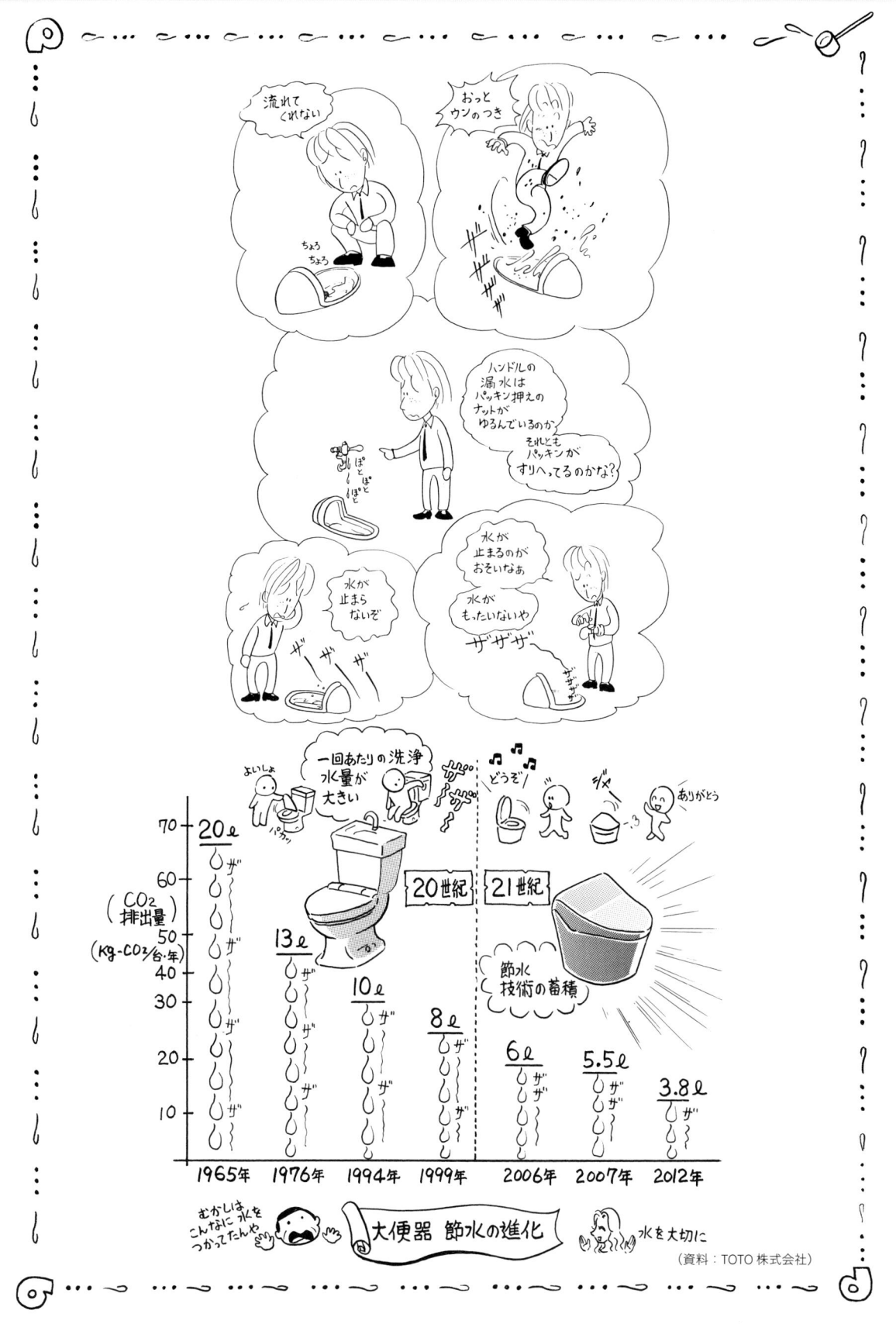

71 家庭用として広く用いられるロータンク方式

　大便器の洗浄方式の特徴などから、一般家庭用やホテルなどの個室用として広く用いられるのはロータンク方式（大便器ロータンク方式）ですが、これに用いる洗浄用水を貯留するタンク（水槽）を**ロータンク**といい、大便器本体に密結されるものと、壁面の比較的低い位置に設置されるものがあり、またロータンクへの給水で手が洗えるようにした**手洗い付きロータンク**と、手洗器を別に設ける**手洗い無しロータンク**があります。

　ロータンクは大便器の上に取り付け、水の落差によって大便器内を洗浄するわけですが、タンク容量は組み合わせる大便器によって異なります。

　ロータンクは給水管よりタンク内へ給水を行わせるとともに、その水面（水量）を自動的にコントロールする**ボールタップ**、ボールタップの故障時にタンクから水があふれないように便器の方へ水を逃がすための**オーバーフロー管**、タンクの貯水を洗浄のため大便器へ流出させるための排水弁（排水弁としてはハンドルを操作すると鎖が上がり、これが持ち上げられて便器へ水が流れる**フロート弁**が多く用いられます）、そして排水弁（フロート弁）を操作するためのハンドルレバー（洗出しおよび洗落し式大便器では大小切替式）、さらにロータンクの点検や修理の際、給水管よりの給水をストップさせるための止水栓などが付属します。

　ロータンクで起こりやすいトラブルは、排水弁が完全に閉止せず、便器内に常に水が漏れること、オーバーフロー管より水があふれて便器内へ水が漏れることが主なものです。

　排水弁（フロート弁）からの漏水原因は、ハンドルレバーからの鎖（フロート弁鎖）がからみついて短くなっているか、またはフロート弁のゴムが老化し変形していることが多いのです。前者の原因の場合は鎖のからみつきを直すことであり、後者の場合はフロート弁を新品と交換することです。

　オーバーフロー管から水があふれて便器内に漏水している場合は、ボールタップに原因があります。まず、ボールタップのフロート（浮玉）を持ち上げてみることです。このとき水が止まればボールタップの止水位調整不良ですので、ボールタップの水位調整弁を調整します（この場合、ドライバー調整できるものとねじ回転調整方式のものとがあります）。フロートを持ち上げても水が完全に止まらない場合は、ボールタップのシートパッキンの損傷や摩耗ですのでパッキンを新品と交換します。

4・3 大便器と付属設備

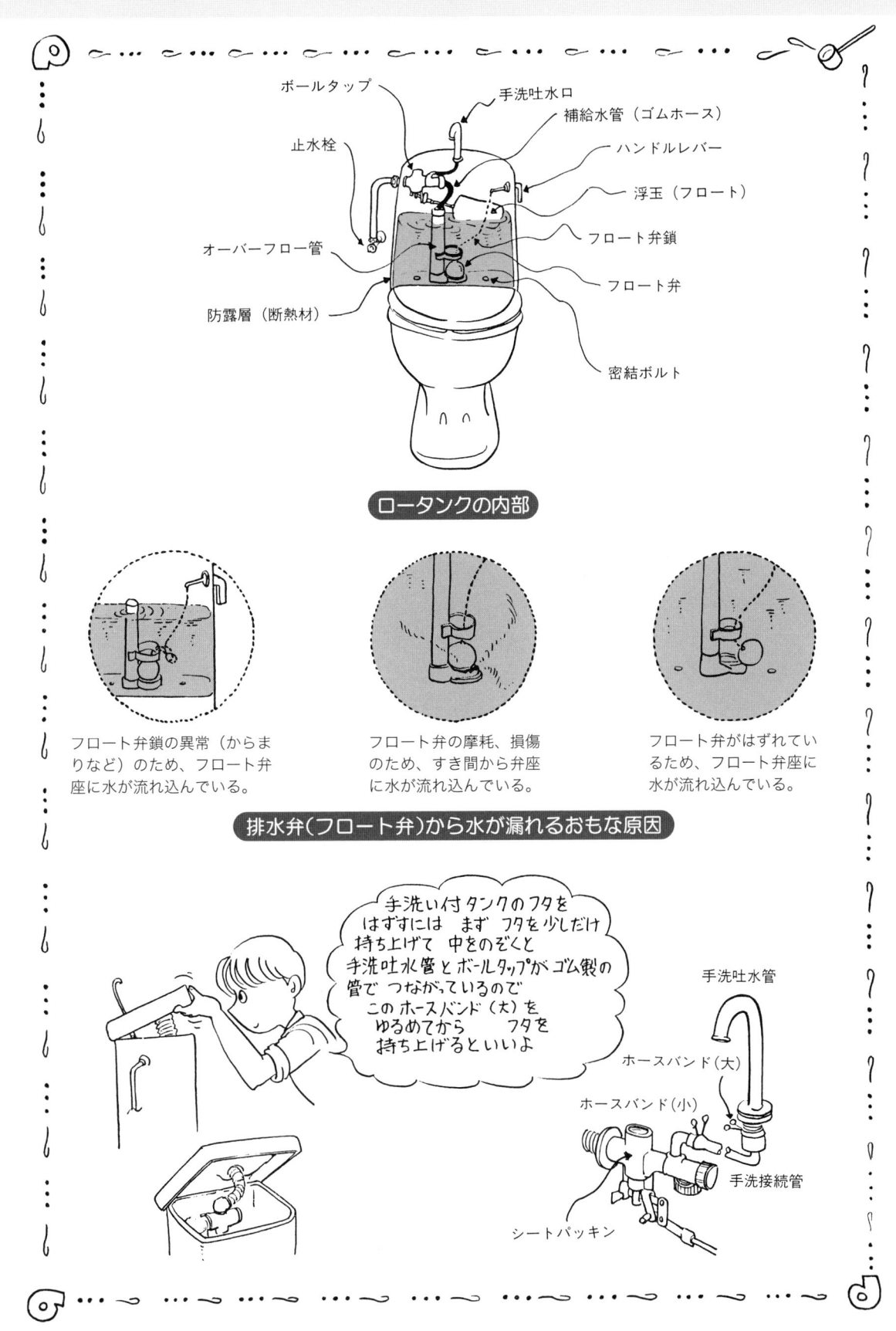

ロータンクの内部

- ボールタップ
- 手洗吐水口
- 補給水管（ゴムホース）
- 止水栓
- ハンドルレバー
- 浮玉（フロート）
- オーバーフロー管
- フロート弁鎖
- フロート弁
- 防露層（断熱材）
- 密結ボルト

排水弁（フロート弁）から水が漏れるおもな原因

フロート弁鎖の異常（からまりなど）のため、フロート弁座に水が流れ込んでいる。

フロート弁の摩耗、損傷のため、すき間から弁座に水が流れ込んでいる。

フロート弁がはずれているため、フロート弁座に水が流れ込んでいる。

手洗い付タンクのフタをはずすには まず フタを少しだけ持ち上げて 中をのぞくと 手洗吐水管とボールタップがゴム製の管で つながっているので このホースバンド（大）をゆるめてから フタを持ち上げるといいよ

- 手洗吐水管
- ホースバンド（大）
- ホースバンド（小）
- 手洗接続管
- シートパッキン

72 ロータンクの補助水管とは？

　サイホン式大便器およびサイホンゼット式大便器では、ロータンクの排水弁が閉じてからサイホン作用が終了します。このため洗浄直後の便鉢における溜水面は著しく低く、サイホン終了後に流れ込むわずかの水量では正常な溜水面に戻りません。サイホン式およびサイホンゼット式大便器の特長は溜水面が高い、つまり便鉢内の水面を広くし"うんこ"をすぐ溜水内に落下し沈めさせ、便器の汚れを少なくし、かつ臭気の発散を少なくする点です。したがって便鉢内の水面が所定の広さに広がる（水面が高くなる）ことが必要なのですが、すでに排水弁は閉じてしまい水が流れ込んできません。困ったことです。どうしても洗浄後の低い溜水位から所定の高い溜水面になるように"補給水"を必要とするのです。

　このような悩みを解決するためのカラクリが**ロータンクの補助水管**なのです。幸い、ロータンクの排水弁が閉止した後、タンク内を満水にするため約1〜2分間ボールタップは開いていて給水管より給水されます。そこでこのボールタップからの給水を一部もらって、便鉢の溜水面を高めるのに用いられるのが補給水管で、ボールタップよりの水の一部をもらうためゴムホースを用い、このホースの先端をオーバーフロー管に差し込み、止め金具で固定したものを補助水管というのです。オーバーフロー管は大便器へといつも通じているわけです。補給水管は必ずオーバーフロー管内に差し込まれていなければなりません。

---

memo

▶**ロータンクの水は決められた量で！**
　ロータンク内の貯水量(洗浄水量)は種類によって異なりますが、通常6〜11ℓが必要です。よく洗浄水量を節約、つまり水道料金を始末しようと、ロータンク内へレンガやビール瓶などを入れているのを見受けますが、このようなことをしますと洗浄水量が不足して大便器や排水管が詰まったり、故障の原因となります。使用する大便器の適量の洗浄水が供給できる容量のロータンクが付属していますので、このようなことは避けなければなりません。このようなことをして排水管を詰まらせたりすると、その後始末に相当のお金を必要とすることになります。

▶**大小便切り替えハンドルレバー**
　洗出し式大便器および洗落し式大便器はその洗浄方式としておシッコや"うんこ"を上から水で押し込んでいくので、おシッコのときは少ない洗浄水で排除できます。そのため洗出し式および洗落し式の大便器に付属するロータンクでは、タンクのハンドル部分が大小便切り替え式とし、男子のおシッコの場合は節水できるようになっています。しかし女性のおシッコの場合はトイレットペーパを使いますので、おシッコのみのときでも大のレバーで水を流しましょう。

ロータンク「小」レバー操作時間と流出水量

操作の状況	洗落し便器（洋風）[ℓ]	洗流し便器（和風）[ℓ]
「小」レバー瞬時	0.4	0.3
「小」レバー1秒間	1.0	1.0
「小」レバー2秒間	2.3	2.3
「小」レバー3秒間	3.6	3.5
「小」レバー4秒間	4.8	4.6
「小」レバー5秒間	6.0	5.6

条件）タンク容量11ℓ　注）「小」レバーを持ち続けても洗浄水量が変わらないホールドタイプもあります。

4・3 大便器と付属設備

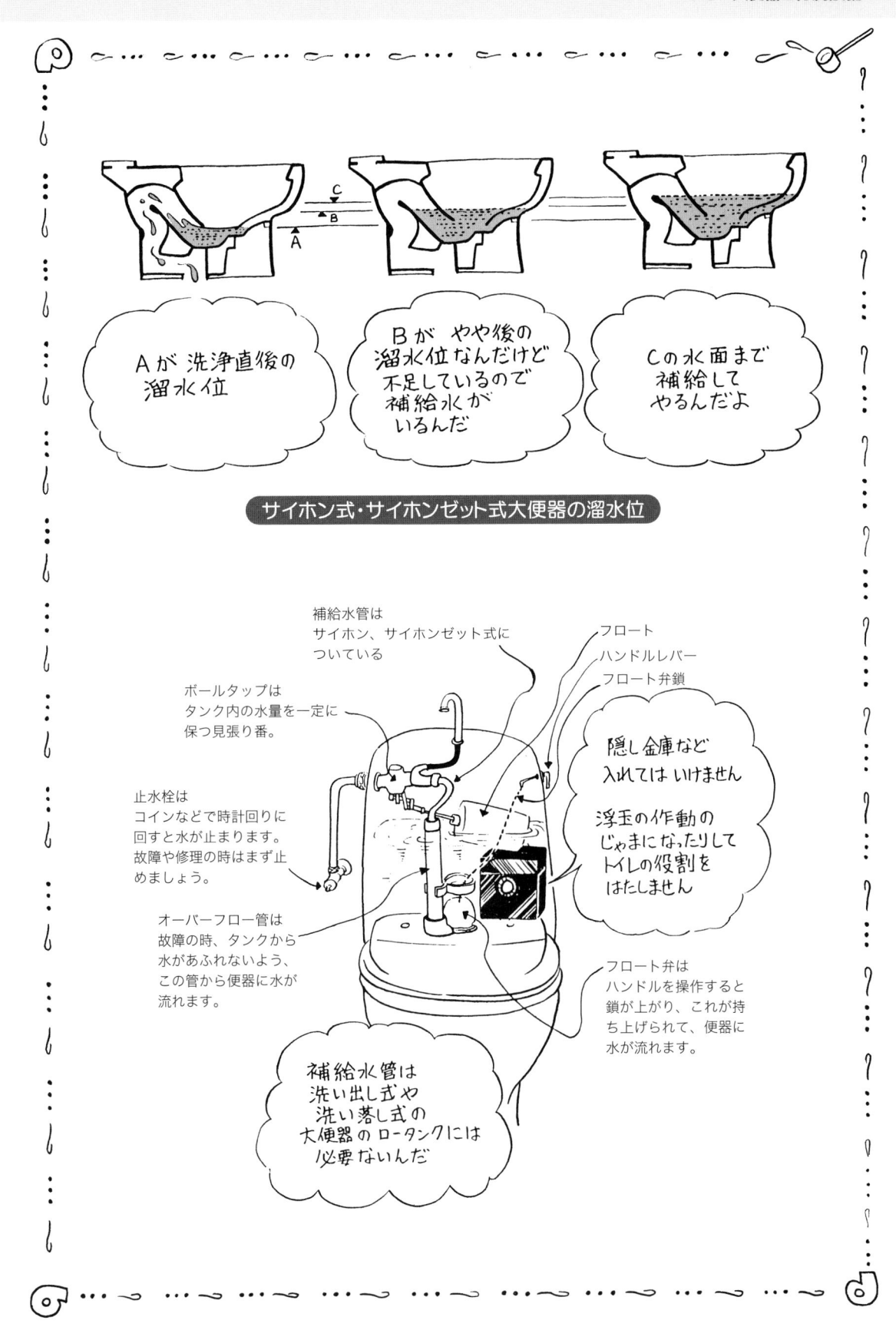

- Aが 洗浄直後の溜水位
- Bが やや後の溜水位なんだけど不足しているので補給水がいるんだ
- Cの水面まで補給してやるんだよ

サイホン式・サイホンゼット式大便器の溜水位

- 補給水管はサイホン、サイホンゼット式についている
- ボールタップはタンク内の水量を一定に保つ見張り番。
- 止水栓はコインなどで時計回りに回すと水が止まります。故障や修理の時はまず止めましょう。
- オーバーフロー管は故障の時、タンクから水があふれないよう、この管から便器に水が流れます。
- フロート ハンドルレバー フロート弁鎖
- 隠し金庫など入れてはいけません 浮玉の作動のじゃまになったりしてトイレの役割をはたしません
- フロート弁はハンドルを操作すると鎖が上がり、これが持ち上げられて、便器に水が流れます。
- 補給水管は洗い出し式や洗い落し式の大便器のロータンクには必要ないんだ

73 硬い巨大"うんこ"は大便器を詰まらせる！

　すでに理解されたように、洗出し大便器（和風大便器）と洗落し式洋風大便器は単純な構造ですが、サイホン式やサイホンゼット式洋風大便器はサイホン作用をよく起こすように便器の排水路（トラップ）が曲がりくねっています。したがって複雑な構造の大便器では"うんこ"などが詰まりやすいのです。このため、JIS A 5207 "衛生陶器"で「洋風サイホンゼット便器（タンク密結を含む）については直径 53 mm、その他の大便器については直径 38 mm の木製球が完全に通過しなければならない」と規定されています。

　53 mm の木製球が完全に通過するようにつくられていても、現実には巨大硬直形"うんこ"によって詰まりが生じています。"うんこ"の直径と長さや硬さなどは人によって異なり、また同一人物であってもそのときの体調により違ってくるのは当然で、日本人のウンコの最大直径や長さはどうかなどの測定データはありません。しかしウンコで大便器を詰まらせるのは、スポーツ選手や便秘の人に多いそうです。

　いずれにしてもサイホン式大便器やサイホンゼット式大便器、サイホンボルテックス式大便器の洋風大便器の場合は、巨大硬直形ウンコをする傾向のある人は（自分で巨大ウンコをしているという認識があるかなぁー？）、一気にウンコを押し出さず、肛門の括約筋（ぶっちゃけた話が"しりのあな"ですわ）をコントロールして、分割払いで細かくウンコをすることが肝要です。大便器の便鉢の水面が異常に高くなり「詰まったのかな？」と気がついた場合は、決してフラッシュバルブを開いたり、ロータンクより洗浄水を流してはいけません。汚水が便器よりあふれ出てくること確実です。

> **memo**
>
> ▶詰まった"うんこ"の除去作業！
> 　ウンコがどこに詰まっているかは外側からはわかりませんが、詰まりを認めたときは市販のラバーカップを使って、ウンコを引っぱり上げる方法を数回繰り返すことにより除去することが可能です。すなわち、
> ①ラバーカップを便器の排水口に当て、ゆっくり押すと、ゴムが反転してめくれた状態になります。
> ②つぎにラバーカップを急激に手前に引っぱり上げるように引き上げます。
>
> 　この①〜②の方法を数回繰り返し、いったん作業を中断し、便鉢内の水面が低下するかどうかを観察します。水面が低下しないようであれば、さらにこの作業を数回繰り返しますと、水が引くようになります。ということは巨大ウンコが見えるところまで戻ってきたということで、これを細かくして洗浄水で流せばよいのです。
> 　以上の正しい方法で、ウンコの除去作業を数回繰り返しても除去できない場合は、水道工事店に依頼することです。

4・3 大便器と付属設備

74 水洗便所でも臭い！

汲取り式便所の臭さに比べれば水洗便所のそれは大したことはありません。しかし水洗便所でも臭いのは確かです。水洗便所でも臭い主な原因は大便器における"うんこ"の悪臭です。ウンコをしているときの悪臭の発散源はつぎの5ケ所です。

①水面上に盛り上がったウンコからの臭気。これは悪臭の発散源としては最大のもので、とくに洗出し式および洗落し式大便器では、ウンコが水面上に盛り上がります。

②乾燥面に付着した"うんこ"から発する悪臭。これも洗出し式や洗落し式大便器では水面が狭い、またはごく浅いという構造上から、乾燥面にウンコが付着しやすく、かつ洗浄水を流しても取れにくいのです。

③肛門の周囲に付着した"雲古"から発する悪臭。

④肛門を出て水面までを落下中の"unko"から発する悪臭。

⑤臭気としては比較的少ないが、水面から発する臭気。

"うんこ"の臭気を完全に除去することは物理的、化学的にも不可能ですが、悪臭を軽減する方法はあります。まず化学的な臭気軽減方法としてはつぎの3方法です。

㋑マスキング法：これは悪臭よりも強い芳香性の匂いを出して、臭気を弱める方法で、しょうのうや芳香剤がそれです。

㋺吸着法：これは臭気をある物質に吸着させて臭気をとる方法で、吸着法としては活性炭が該当し、冷蔵庫に広く用いられています。しかし吸着法はすべての臭気を吸着しませんし、ときどき交換する必要があります。最近ではO_2脱臭方式等が出てきています。

㋩消臭法：これは化学反応で臭気を軽減させる方法で消臭剤が該当します。

一般には㋑と㋩とを組み合わせた方式、つまり消臭法で大半の消臭を消し、残った消臭はマスキング法（芳香剤）で不快感を軽減しようとする方法による便座（大便器）があります。

物理的な臭気軽減法としては、大便器の便鉢内で生じる臭気をすべて排水管の方へ排出する方式です。すなわち、大便器に着座と同時に排気脱臭ファンと開閉弁が働き、悪臭を排水管へ排出させ、排便後立ち上がっても1分間は脱臭ファンが作動するようにし、脱臭ファン停止と同時に逆流防止弁が閉じ、悪臭が排水管から逆流しないようにされているのです。

▶便所の臭気除去は換気が一番！
ビルの便所の臭気排除は何といっても、排気口に換気扇を設け、便所内の臭い空気を追い出し、吸気口（ガラリ）から新鮮空気を吸い込ませる第3種換気法が効果的です。この方法ですと便所の扉を開けたとき、便所内の臭い空気が外へ出ることはありません。

4・3 大便器と付属設備

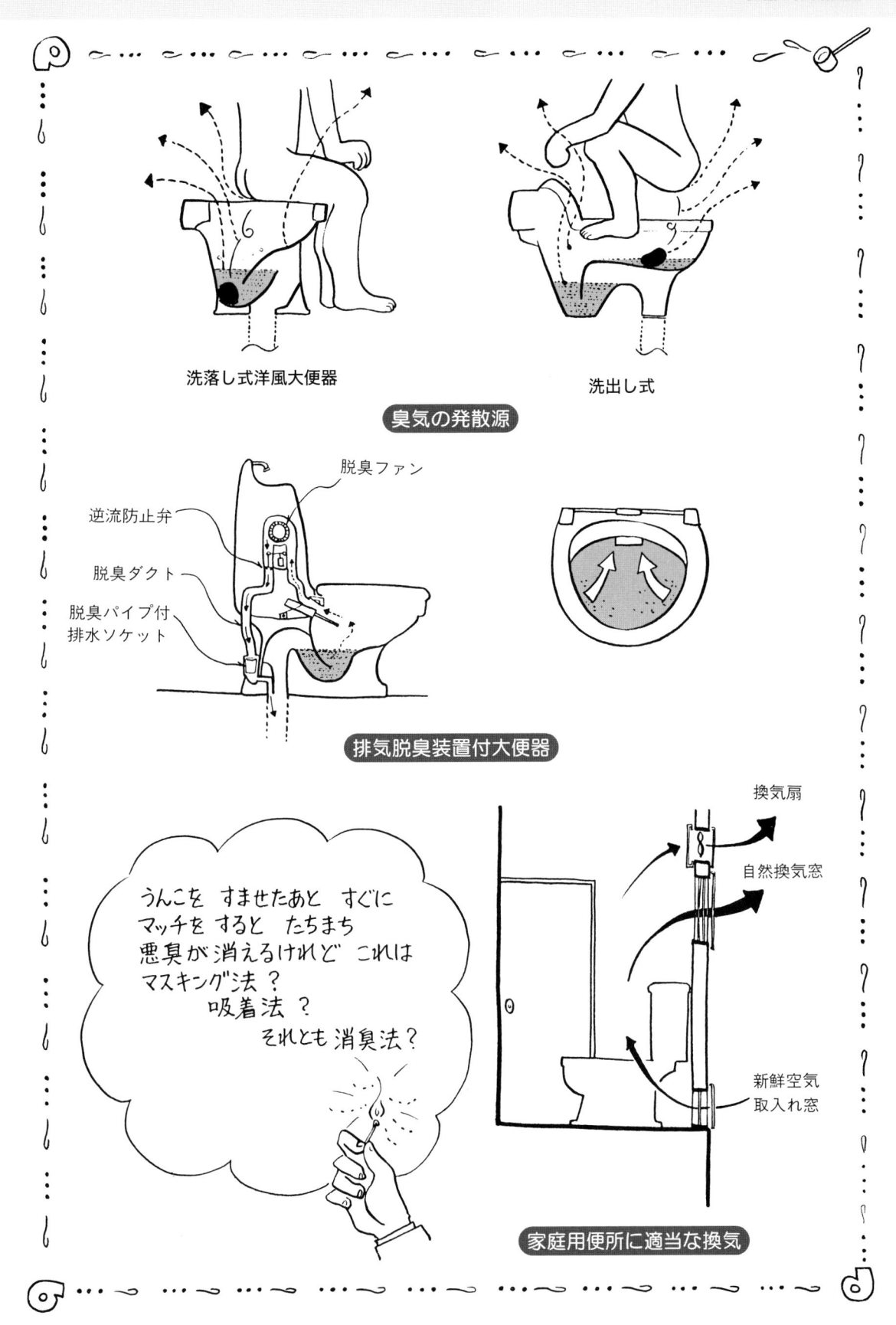

洗落し式洋風大便器

洗出し式

臭気の発散源

脱臭ファン
逆流防止弁
脱臭ダクト
脱臭パイプ付排水ソケット

排気脱臭装置付大便器

うんこを すませたあと すぐに マッチを すると たちまち 悪臭が 消えるけれど これは マスキング法？ 吸着法？ それとも消臭法？

換気扇
自然換気窓
新鮮空気取入れ窓

家庭用便所に適当な換気

155

75 小便器の種類

　小便器は主として男性の小便用に使用される水受け容器をいいますが、もちろん女性用小便器もあります。しかし女性用小便器は例外的ともいえるもので、一般に小便器といえば男性用のそれを意味していると解釈してもよいのです。小便器はつぎの3種類に大別されます。

　壁掛小便器は壁面に取り付ける漏斗形をしたもので、価格が安いために主に住宅用として使用されていましたが、取付け高さによっては子供のおチンチンが届かず、かといって低く取付けると大人が使いにくいといったことで近年ではあまり用いられなくなりました。壁掛小便器は「そで」がないので、ビルなどの便所で連設する場合は各小便器間に仕切板を設ける必要があります。なお、壁掛小便器は内面全部を完全に清浄するために、**フラッシングリム（洗浄リム）**を持ったものでなければなりません。

　壁掛ストール小便器はストール小便器の高さを縮めて壁掛型にしたもので、「そで付き」なので連設する場合でも仕切板は不要です。この小便器は大型、中型、小型があり、壁掛小便器の場合と同様、トラップは内蔵されたいわゆる造付けトラップです。主にオフィスビルに用いられます。

　ストール小便器は床に据え付ける方式の小便器で、大人も子供も使える利点があり、この便器も大型、中型、小型のサイズがあります。そしてストール小便器はトラップを内蔵したトラップ付き、トラップ着脱式、トラップ無しとがあり、**トラップ着脱小便器**はトラップに詰まった異物を簡単に除去できるようにするため、トラップ構成部を着脱できるようにしたもので、不特定多数が使用し、異物が詰まりやすい駅舎、地下街、学校、デパートなどの公衆的な便所に主に用いられます。

　小便器には**リップ**といっておシッコのしずくを受けるところが前に突き出ているのですが、壁掛式ではこのリップが上方にあり、用便のときズボンがリップと接触しそうになり、どうしても後にさがっておシッコをしてしまいます。そのためおシッコの最後のしずくが床にこぼれますが、ストール小便器はリップが低い位置にあって便器に接近しておシッコができますので、床におシッコのしずくがこぼれることは少ないようです。

　壁掛ストール小便器、ストール小便器は大人用としては大型または中型のサイズのものが用いられます。また、最近では大人も子供も使えるリップの低い壁掛小便器が主流となりつつあります。床から少し上がっているので床掃除も容易になっています。

　なお、以上説明したいずれの小便器も器内のおシッコを流水作用によって押し流す方式の洗落し式です。

壁掛小便器
（提供：TOTO株式会社）

4・4 小便器のはなし

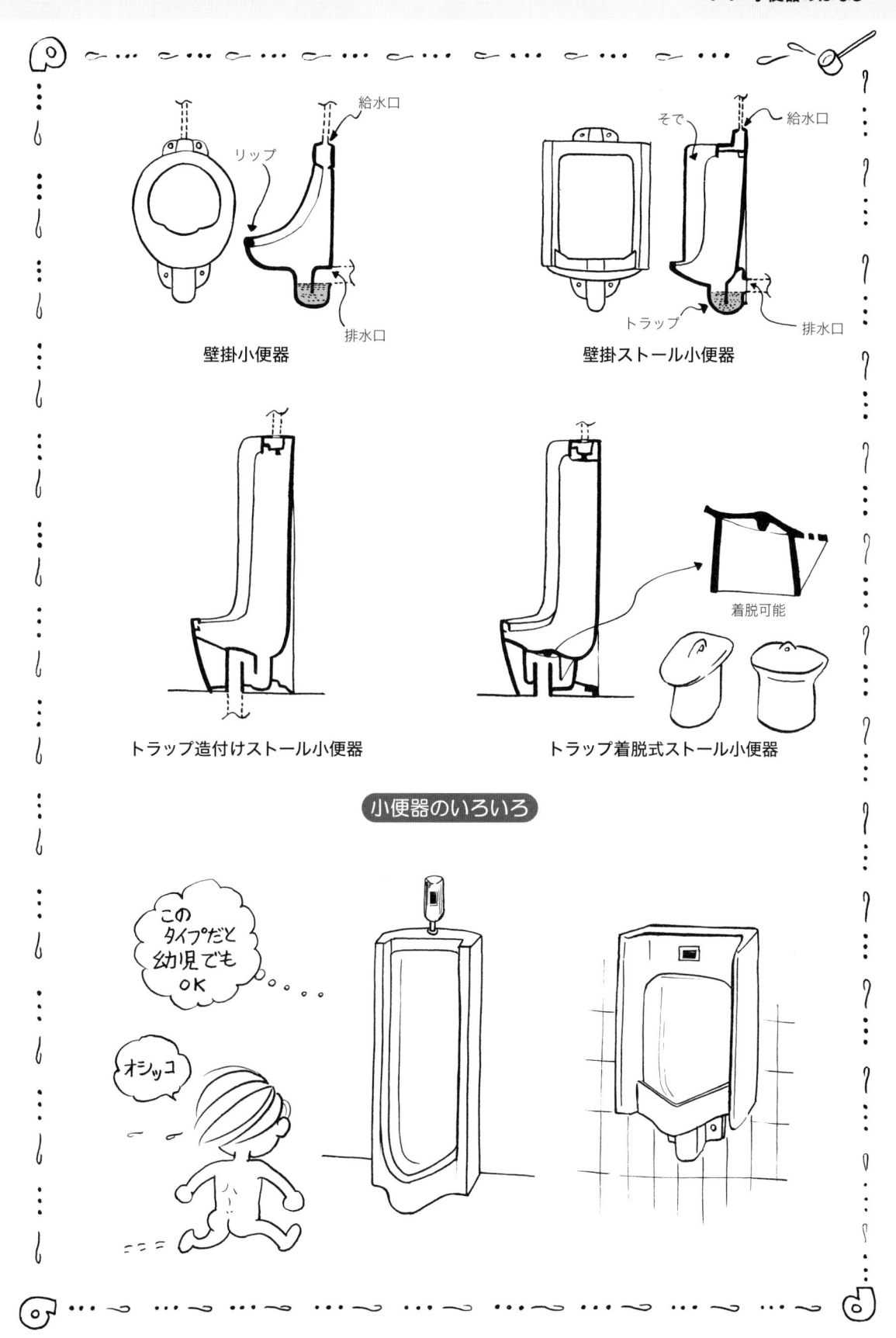

給水口
リップ
排水口
壁掛小便器

そで
給水口
トラップ
排水口
壁掛ストール小便器

トラップ造付けストール小便器

着脱可能
トラップ着脱式ストール小便器

小便器のいろいろ

このタイプだと幼児でもOK

オシッコ

76 小便器の洗浄方式はいろいろあるよ！

　小便器の洗浄に要する1回当りの水量は約4ℓで、10～15秒間で給水する必要があり、この範囲を超えると水勢が強過ぎて水跳ねを生じたりあふれたりし、不足すると完全に洗浄することができず、臭気発散やトラップ内や排水管の詰まりの原因となります。しかし最近は、従来の水出方式からスプレッダ洗浄方式（小便器上部のスプレッダーから放射状に勢いよく吐水する方式）に変化してきており、約2ℓという少ない水量でも汚水の排出を可能にしています。洗浄方式には、洗浄水栓方式、手動洗浄弁方式、等間隔自動洗浄方式、感知自動洗浄方式などがあります。

　洗浄水栓方式とは、小便器の上方に小便器水栓（小便器カラン）を設け、おシッコのすんだ後、自分で水栓のハンドルを開き、水を4ℓ流したら、また自分で閉めるようにした方式で、いわば完全手動制御方式といえるもので、水栓への給水圧力は0.03MPa以上で、家庭用小便器の洗浄方式として用いられます。小便器水栓の構造は普通の水栓（給水栓）と同じです。洗浄水栓方式はどれくらい流したら4ℓであるのか確認する方法がなく、かつ、おシッコをした後もしばらく水の流れを見ていなければならないなど不便な点があります。したがって近年ではこの方式はほとんど用いられなくなっています。

　手動洗浄弁方式は**手動フラッシュバルブ方式**ともいい、洗浄水洗方式における小便器用水栓のかわりに小便器フラッシュバルブ（小便洗浄弁）を用いる方式です。**小便器フラッシュバルブ**は操作ボタンである押しボタンを操作すると（押すと）、一定時間内に一定量の水が流出した後に自動的に弁を閉じるようにしたバルブで、1回の吐水量は4ℓで、0.07MPa以上の水圧が必要です。小便器フラッシュバルブの原理や構造は大便器フラッシュバルブとほぼ同様で、またフラッシュバルブの修理や点検のときに、給水管の水を閉止するためにフラッシュバルブの上流側にストップバルブを設けるのも、大便器フラッシュバルブの場合と同様です。

　手動洗浄弁方式は洗浄水栓方式の場合と同様に、おシッコをした後に洗浄を忘れたり、あるいは故意に洗浄をしないつまりフラッシュバルブの押しボタンを押さない場合が多々あり、使用後の洗浄が確実でなく不衛生でトラップや排水管に詰まりを生じやすいので、洗浄を怠りがちな公衆用のものには不適で、家庭用か小さなオフィスビルなどで小便器の数が3～4個以下の便所にしか用いられません。手動フラッシュバルブ方式は洗浄水栓方式に比べ、おシッコをした後の洗浄操作がいわばワンタッチと簡単で、また衛生的なメリットはありますが、家庭用としてはフラッシュバルブ方式が認められない地域があります。したがって参考までに洗浄水栓方式の小便器用水栓で4ℓの水を流す目安として、小便器用水栓のハンドル開度と吐水量の関係を表として示しておきます。最近の洗浄方式は、ほとんどが自動洗浄方式であり、その中でも感知自動洗浄方式が主流となっています。それらについては次項に詳しく述べます。

4・4 小便器のはなし

小便器水栓

小便器用フラッシュバルブ

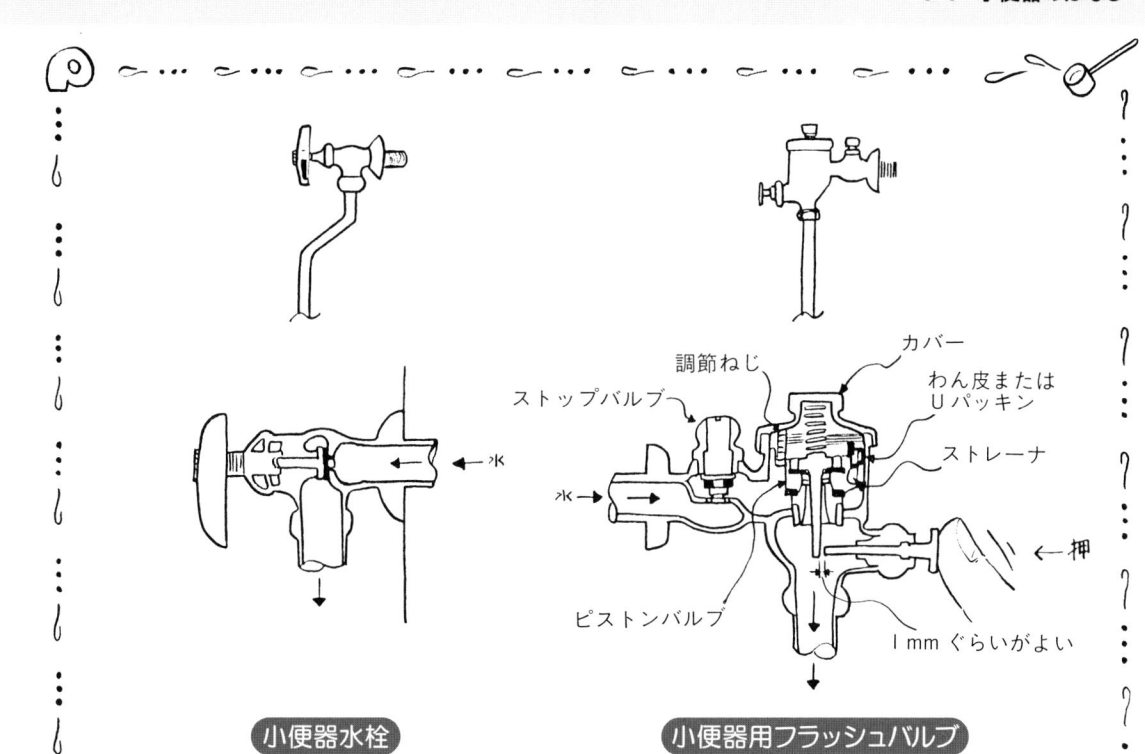

調節ねじ
カバー
ストップバルブ
わん皮または Uパッキン
ストレーナ
ピストンバルブ
←押
1mm ぐらいがよい

小便器洗浄水栓のハンドル開度と吐水量 [ℓ / 分]

品名	水圧	開度				
		30°	60°	90°	120°	全開
小便洗浄水栓 (JIS 製品)	98.0665 kPa (1 kgf/cm²)	5.8	11.6	17.2	18.2	27.0
	196.133 kPa (2 kgf/cm²)	9.0	16.8	21.0	23.0	54.0

家庭にも小便器を…

小便器へのあこがれ

ありゃ
洋風大便器だと 便器の向こう側までとびそうだし

便器に入れるとオシッコの勢いで水面がはねかえって床がよごれるしよごれるとおこられるしさ

まぁ そんな事情があったなんて知らなかったわ

77 小便器の等間隔自動洗浄方式とは？

　等間隔自動洗浄方式というのは便所（小便器）の使用状態などに関係なく、一定時間ごとに小便器を自動的に洗浄する方式で、デパートや駅舎、映画館などの不特定多数が使用する便所や公衆便所に採用されます。この理由は使用者に洗浄の操作をさせないため、洗浄が確実にできるからです。しかし洗浄間隔があまり長いと臭気発散だけでなく、排水不良などの原因となるので、便所の使用ひん度にもよりますが3〜10分間隔ぐらいにするのが望ましいのです。この等間隔自動洗浄方式は自動サイホン式と自動フラッシュバルブ式に大別されます。

　自動サイホン式洗浄方式は自動サイホン装置をセットしたハイタンクを2〜5個の小便器群の高所に配置し、一定間隔で自動的に各小便器に給水し洗浄する方式です。**自動サイホン装置**というのはU字管によりタンク内の貯水位が一定の高さになると、サイホン現象を起こしタンク内の水を落差により各小便器へ吐水させるもので、タンク内が空になると空気を吸込んでサイホンは終了するというサイクルを繰り返すものです。

　自動サイホンの作動水位は一定ですから、作動水位に達する時間つまりタンクへの給水量を増減することにより洗浄間隔が調整できるのです。自動サイホン式はハイタンクを高い位置に取り付け、給水配管や洗浄管も複雑になりますが、タンクへの給水圧は低圧でもよいし、給水管径は15 A（15 mm）〜20 A（20 mm）でよいのです。

　この自動サイホン式は終業後や休日、すなわち便所を使用しない時間帯はハイタンクへの給水管の止水栓を閉止しなければなりません。このわずらわしさを解消するため、ハイタンクの止水栓を電磁弁とし、これにタイマーセットを組み合わせ、便所を使用する時間帯のみ給水するようにするなどの工夫がなされています。

　自動フラッシュバルブ式洗浄方式はフラッシュバルブにソレノイドとタイマーセットを組み合わせた装置を付属させ、タイマーにより一定間隔でソレノイドへ1秒間だけ通電し、その磁力でフラッシュバルブを開けて吐水を開始させ、吐水後はフラッシュバルブの自閉機能により弁を閉止させるもので、洗浄間隔は3〜15分の範囲内で自由に調節できるようになっています。

　自動フラッシュバルブ式は給水管の給水圧は0.07MPa以上を必要とし、給水管の管径も25 A（25 mm）以上が必要ですが、小型であるので設置スペースをとらず給水配管も単純になる利点があります。もちろんこの方式のフラッシュバルブの原理構造は手動洗浄弁方式における小便器フラッシュバルブとまったく同じです。なお、自動フラッシュバルブ式洗浄方式の可能な洗浄小便器個数は、必要洗浄水量4ℓの小便器では2〜4個、6ℓのものでは2〜3個とされています。

4・4 小便器のはなし

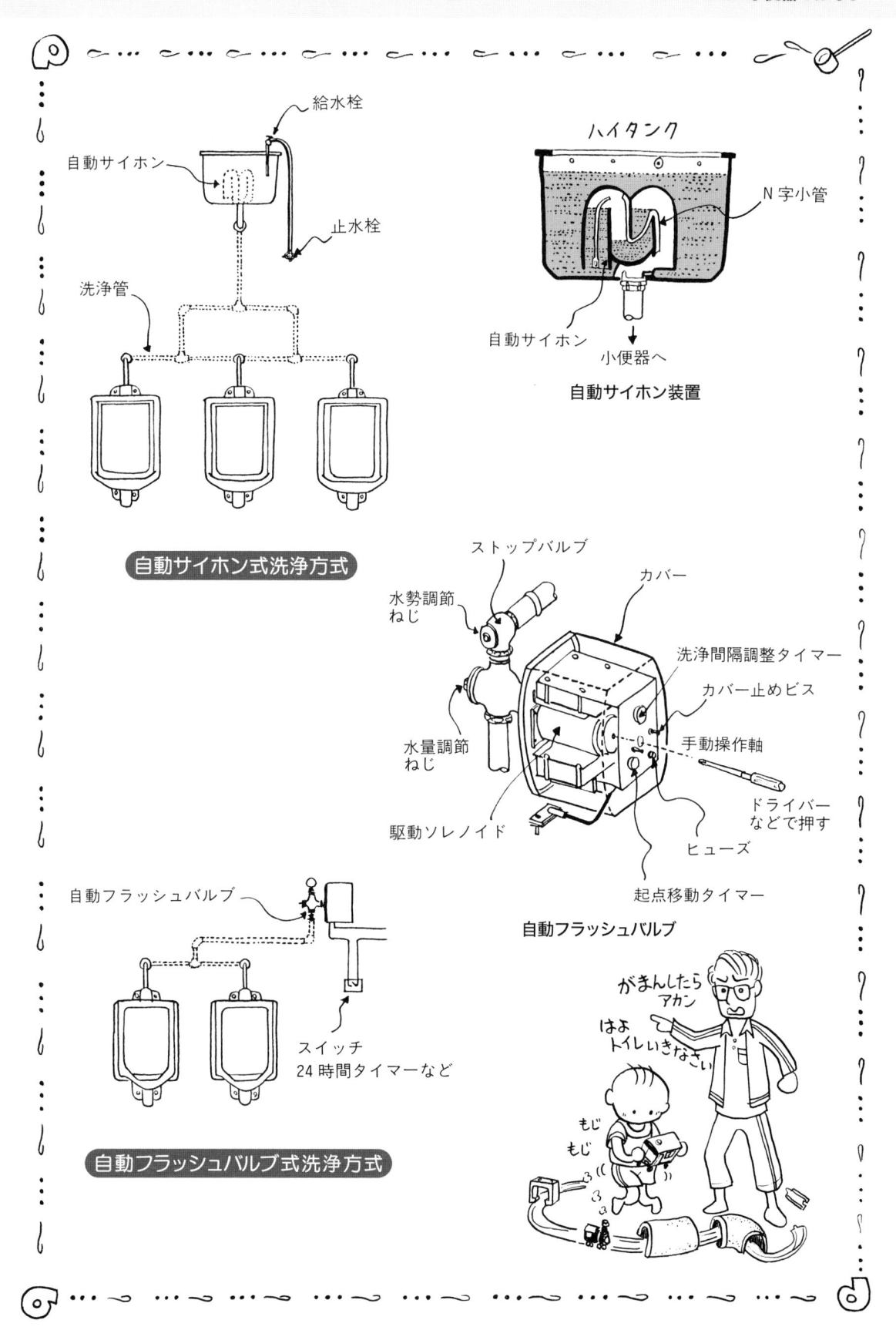

- 給水栓
- 自動サイホン
- 止水栓
- 洗浄管

自動サイホン式洗浄方式

ハイタンク
- N字小管
- 自動サイホン
- 小便器へ

自動サイホン装置

- ストップバルブ
- カバー
- 水勢調節ねじ
- 洗浄間隔調整タイマー
- カバー止めビス
- 水量調節ねじ
- 手動操作軸
- ドライバーなどで押す
- 駆動ソレノイド
- ヒューズ
- 起点移動タイマー

自動フラッシュバルブ

- 自動フラッシュバルブ
- スイッチ 24時間タイマーなど

自動フラッシュバルブ式洗浄方式

がまんしたらアカン
はよトイレいきなさい
もじもじ

78 感知自動洗浄方式は最も合理的な小便器の洗浄方式なんだ！

感知自動洗浄方式というのは自動制御において状態を感知する部分である**センサ**（検出端）によって、小便器を使用することを感知し、いわば小便器の使用ごとに自動的に小便器へ吐水させ洗浄するシステムで、使用しない限り洗浄しないので衛生的でかつ節水効果も得られる合理的な小便器の洗浄方式で、連立感知自動洗浄方式と個別感知自動洗浄方式に大別されます。

連立感知自動洗浄方式は**焦電センサ感知自動洗浄方式**ともいい、複数個の小便器を連立設置されている場合に、小便器を使用した人数を焦電センサで感知し、この信号により小便器群の上部に設けた自動フラッシュバルブを開き、全小便器を自動的に洗浄するシステムです。**焦電センサ**というのはある種の結晶を加熱すると、その表面に温度変化に応じた電荷が発生するのですが、この現象を焦電効果といい、つまり人体の熱線により人の有無を感知するセンサで、この焦電センサは比較的広角度の範囲内でも感知が可能です。この焦電センサを連立小便器のすべての使用者を感知できる天井、壁面の高い位置に設けるのです。ただし、洗面器や大便器の使用者は感知しないようにしなければなりません。この連立感知自動洗浄方式の洗浄間隔は、使用者数と時間とで設定が可能で、設定使用者数に達しないときでも、設定時間になれば洗浄することもできます。すなわち使用者が1〜20人の範囲で自動洗浄できるように設定できるのですが、設定人数を大きくとると洗浄間隔が長くなり、臭気の発散が強くなって不衛生です。このため時間も1〜20分の範囲で洗浄間隔を設定できるようになっています。

個別感知自動洗浄方式は**赤外線感知自動洗浄方式**ともいい、赤外線センサにより小便器の使用者を感知し、その信号によってフラッシュバルブを開いて洗浄させるという**赤外線感知フラッシュバルブ**（感知フラッシュバルブ）を個々の小便器ごとに設け、個別に使用の都度、自動洗浄する方式です。感知フラッシュバルブは使用者を感知する赤外線センサとコントローラ、フラッシュバルブによって構成され、人が小便器の前に立つことにより赤外線の反射をキャッチし、約5秒間経過した後に、この反射がなくなることにより使用者が立ち去ったことを感知してフラッシュバルブを開き洗浄を行うわけです。

この方式は小便器個々に感知フラッシュバルブを設けるのでコストは高くつきますが、使用した小便器のみを確実に自動洗浄するので衛生的で節水効果も抜群で、また100Vの交流電源用の他に電源配線を必要としないリチウム電池（寿命は7〜8年）などを用いる乾電池用とがあり、また洗浄水量も簡単に調節できるようになっています。現在この方式が小便器洗浄システムの主流になっています。

4・4 小便器のはなし

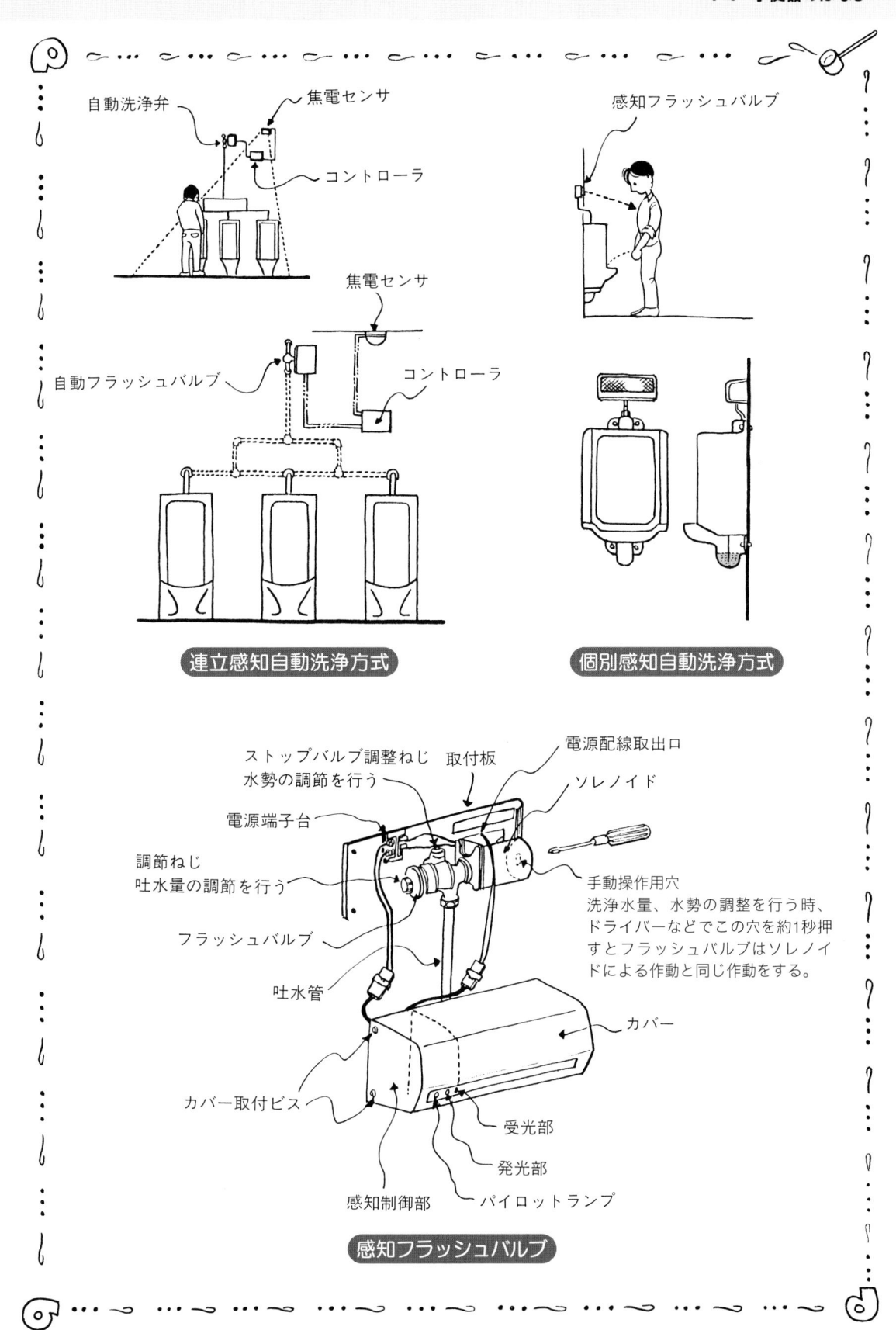

- 自動洗浄弁
- 焦電センサ
- コントローラ
- 感知フラッシュバルブ
- 焦電センサ
- 自動フラッシュバルブ
- コントローラ

連立感知自動洗浄方式

個別感知自動洗浄方式

- ストップバルブ調整ねじ 水勢の調節を行う
- 取付板
- 電源配線取出口
- ソレノイド
- 電源端子台
- 調節ねじ 吐水量の調節を行う
- 手動操作用穴 洗浄水量、水勢の調整を行う時、ドライバーなどでこの穴を約1秒押すとフラッシュバルブはソレノイドによる作動と同じ作動をする。
- フラッシュバルブ
- 吐水管
- カバー
- カバー取付ビス
- 受光部
- 発光部
- 感知制御部
- パイロットランプ

感知フラッシュバルブ

163

79 小便器は大便器よりも詰まりやすい！

　小便器に最も起こりやすいトラブルはおシッコをした後の洗浄水の不足により、おシッコの成分が尿石と化し、小便器のトラップ部分や排水管を詰まらせることなのです。実に意外と思われるでしょう⁉　しかし事実なのです。

　尿つまりおシッコは、生体内の老廃物や余剰物を、腎臓というフィルターを通して尿道から外部へ排出される透明な液体です。尿の成分は詳しくは1,000種以上もあるということですが、おシッコの中にはまったく細菌はいません。つまり排出直後のおシッコはまったくの無菌状態で、細菌の有無だけの尺度で測ると最高にきれいな水といえます。そしておシッコの量はどうでしょうか。健康な成人の尿量は1日1.5ℓ前後で、排尿回数は1日4～6回が普通です。つまり1回当りのおシッコの量は約0.3ℓです。しかし、おシッコをした後の小便器の洗浄水量は4ℓ程度を使用しなければ、小便器やその排水管を正常に維持できないとされています。

　排泄直後のおシッコは淡黄色の透明でしかも無菌で、かつ、その量は0.3ℓ程度なのに、なぜ4ℓ程度もの洗浄水を必要とするのか不思議ですね！

　この理由は基本的にはおシッコ中の塩類にあるのです。排泄した尿をそのまま放置しておきますと、塩類や粘液のため濁ってくるとともに、付近の細菌と作用し、尿素は分解されてアンモニアになります。そしてさらに長時間放置しておきますと、種々の塩類が**析出**（物質が溶解している状態から結晶して出てくる現象）し、ドロッとした液状から固形状に変化してきて、いわゆる**尿石**となるのです。おシッコには"腎臓結石"や"膀胱結石"などの病気をきたすように、体内の不要物を排出するとき、石のように硬くなる物質を多く含んでいるのです。このおシッコを小便器で十分な量の洗浄水で洗い流さないと、トラップ内やその排水管の内壁に固着することになり、おシッコごとの洗浄水が不足するごとに尿石が増加し、流路を狭くしていくわけです。そしてさらに悪いことには、おシッコのとき小便器内へたばこの吸がらを投げ込んだり、たんを吐く人が多いことなのです。とくに"たん"は粘ばっこくて尿石に付着するので、小便器の排水ルートを加速して狭くし、ついには詰まってしまうのです。

　一般的には大便器の排水管の方がその内径を不純物により狭められやすいと考える人が多いのですが、実は小便器の方がはるかにその排水管を狭められ詰まりやすいのです。この点はよく認識してください。小便器の詰まりは"ラバーカップ"で押し流すことができる場合もありますが、**スネークワイヤ**（フレキシブルワイヤ）という修理用具を用いて掃除するか、希塩酸を使って尿石を溶かさなければならない場合が多く、最悪の場合には小便器を取り外して修理しなければなりません。最近では、この尿石の付着を抑制するシステムを搭載した小便器も出てきています。水を電気分解した殺菌水を1日に数回流すことで、尿石の原因であるバクテリアを殺してしまうシステムです。また、節水効果もあります。

4・4 小便器のはなし

小便器の方が
大便器よりも詰まり
やすいとは 知らなかったなぁ
おシッコが石になる
なんて⁉

おシッコの あとは
じゅうぶんに 洗浄水を
流さないと いかん‼
まちがっても タンを吐いたら
いかんで‼

木製
ゴム

ラバーカップ
（スッポン）

フレキシブルワイヤ

プランジャポンプ
水道接続用ホース

圧力式洗浄機

掃除用具のいろいろ

80 密閉式便所のはなし

　大便器や小便器、そして"うんこ"やおシッコなど、うさん臭い話や尾籠な話題が続きましたが、話のついでに便所にまつわる雑談をしましょう。日本の便所は男子の小便所を除いてすべて世界に冠たる密室になっているのです。つまり音はすれども姿は見えないようにつくられていますが、これは日本に際立ったことといってよいでしょう。排便は人間の生理上必要不可欠ないわば本能的な行為であり、誰もが日々行わなければならないことだから、人に見られて何が恥ずかしいことか！　といった感覚が欧米や中国などにあります。

　これに対して日本では"うんこ"をしている姿を見られるのは、最も恥ずかしいことの1つになっています。しかも女性の場合、おシッコのときの音も人に聞かれたら恥ずかしいという感覚が顕著で、そのため自宅の便所やホテルなどの個室に設けられている便所以外では、おシッコをするときこれをしている間ずっと洗浄水を流し続ける人が圧倒的に多いのです。業界用語でいえば"空水を流す"で、この無駄に使用する水はものすごいもので、例えばデパートではこのための水道料が年間1,500〜2,000万円といわれているのです。この無駄水による損失を防止しようと女性用便所には、大便器室内に入ってその扉を閉じた時点から排便をすませて扉を開くまでの間、洗浄水が流れるいわゆる流水音だけを発する装置が設けられるほどです。このような事態に至った原因は何なのでしょうか。ひょっとするとこの原因は日本特有の文化である茶道や花道にあるのではないかと私は思っていますが、皆さんはどうお考えになりますか。

　中国をはじめ世界各国ではドアや間仕切りがない、いわゆる"開放式便所"がたくさんあります。日本の小便所で男同士がおシッコをしながら、会話をかわす方式で"うんこ"をするわけです。もちろん女性用便所と男子用便所は分けてありますが、日本人はこのような開放式便所ではとてもじゃないが落ち着いて"うんこ"はできません。

---

memo

▶多機能便座とは？

　近年の洋風大便器は衛生上、機能上からもいろいろなものがつくられています。便座をつねに一定の温度に保持するための"暖房便座"、冬は落ち着いて"うんこ"ができます。それに排便後、おいど（肛門）を温水で洗浄してくれ、かつ温風で乾燥させてくれるという"温水洗浄便座"。いいですね。また温水洗浄便座はお尻だけではなく、女性の前の方も洗うこともできるわけです。排泄直後のおシッコはまったくの無菌状態ですが、女性の局部はおシッコが出ると同時に、複雑な部分に付着し、局部にある細菌と作用して尿素は分解されてアンモニアになります。

　いずれにしても暖房便座や温水洗浄便座などの機能を設けたものを**多機能便座**と呼び、衛生上すばらしい大便器ですね。

▶多目的トイレ

　平成18年（2006年）12月20日に施行されたバリアフリー新法で設置が義務付けられた「車いす対応トイレ」と「オストメイト対応トイレ」が今後必要となってきます。

4・4 小便器のはなし

開放式トイレ

こんなトイレ困るわね
やだー
どうしよう
女子学生

しかし 彼女たちの多くは 仲よしの友だち全員を
引きつれて トイレへ行くのである

音を消すためだけに
水を流すのは
たいへんな ムダ使い
である

トイレに
ついて
きてよ

私は
トイレに
用はない
けど

これも
ひとつの
社交なのよ

このごろは 水の流れる
音を 出す装置を 取付けて
あるところも 多くなって
きたが… なんとか
ならんものかね

友だちで
あっても
しているときの
音は
聞こえないように
水を流す子が
多い

トイレで
おしゃべりを
するので
トイレから帰ってくるのが
おそい

車イス
OK

赤ちゃん
OK

多目的
トイレ

オストメイト OK

多目的トイレ

81 浴槽の種類

バスタブというのは洋風浴槽のことをいい、**洋風浴槽**とは背もたれ付きの楽な姿勢で脚を伸ばして入浴できる浅くて細長い浴槽で、全身を横たえ槽内で石けんを使用し、かつ槽内でシャワーをも浴びる形式のもので、日本では以前**寝浴槽**や**洋風バス**ともいわれていました。洋風浴槽は一般家庭で用いられることはいわば例外的で、主にホテルで洋風浴槽とシャワー設備、洋風大便器および洗面器などをセットして**バスルーム**として用いられます。洋風浴槽の材質としては合成樹脂、ステンレス、ほうろう、人造大理石などが用いられています。

話が前後しますが、**浴槽**は入浴するための衛生器具で、形状により和風浴槽、洋風浴槽、和洋折衷浴槽に分けられ、設備形態により据置き型、埋込み型に分類されます。そして浴槽の材質はいまの洋風浴槽の場合と同じです。

和風浴槽はしゃがんだ姿勢で肩までたっぷり湯の中に身体を沈め、いわばのんびりと身体を温めるのが主目的で、身体を洗うのは浴槽外で行う形式のものです。洋風浴槽は1人が入浴をすませるごとに湯を完全に捨ててしまうので、その容量は135〜230ℓですが、和風浴槽は何人もが入れ替わり入浴しますので、その容量は210〜500ℓと大きいこと、および木材、とくに檜（ひのき）を用いた木の香りも豊かないわゆる"檜風呂"が特徴です。そして和風浴槽の場合には浴槽の深さが深いため、浴槽に入りやすいように浴槽設置部の床を、洗い場の床より下げて設置する埋込み式の場合が多いのですが、排水については、その下げた床に設ける床排水トラップにより排除することになり、浴槽下部の空間が不衛生な状態にならざるを得ないのです。

和洋折衷浴槽は文字通り和風と洋風の特徴を取り入れた形式の浴槽です。すなわち肩まで身体をたっぷり湯につかりながら、かつ背もたれがついて楽な姿勢で入浴できるようにしたもので、これは一般家庭に著しく普及してきています。

以前の和風浴槽の場合は、いわゆる風呂がまで湯を沸かす"直だき式"が多かったのですが、近年では和風、洋風、和洋折衷のいずれの形式の浴槽も給湯機を用いて、給湯栓により湯を張るタイプのものがきわめて多くなってきています。そしていずれの場合もシャワー装置を併用するようになってきているとともに、健康上の見地から気泡で身体をマッサージする**気泡浴槽**（**ジェットバス**）も普及してきています。

4・5 バスタブって何のこと?

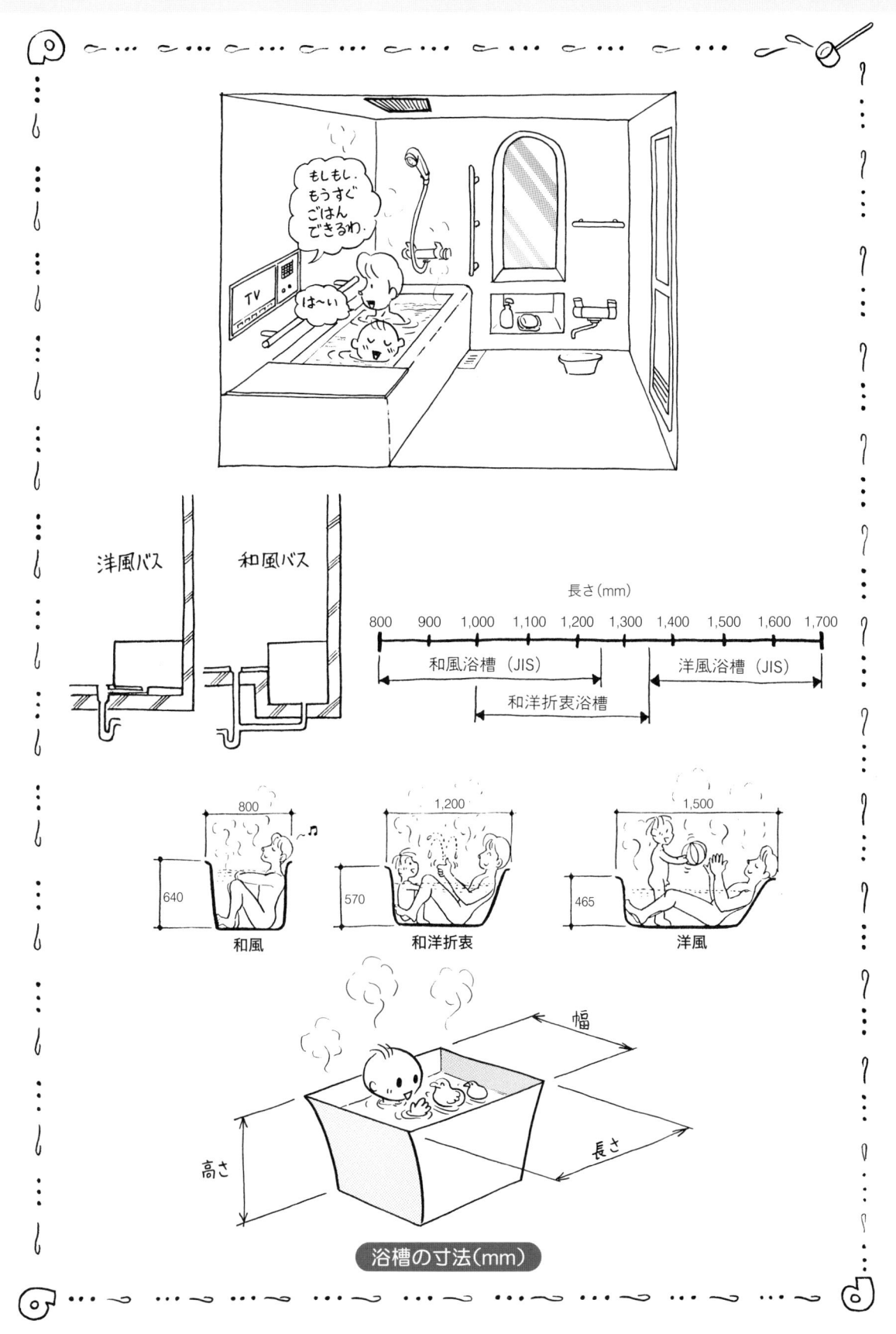

もしもし、もうすぐごはんできるわ

は〜い

TV

洋風バス　和風バス

長さ(mm)
800　900　1,000　1,100　1,200　1,300　1,400　1,500　1,600　1,700

和風浴槽(JIS)　　洋風浴槽(JIS)

和洋折衷浴槽

800　　　　1,200　　　　1,500
640　　　　570　　　　465
和風　　　和洋折衷　　　洋風

幅　長さ　高さ

浴槽の寸法(mm)

82 シャワーって快適だね！

シャワーとは水・湯を開閉する止水部である**シャワー給水栓**と、湯水を強い雨状に噴射放出するためのシャワー給水栓の端末に取り付けられる多数の穴のあいた散水部である**シャワーヘッド**、およびこれらの連結管によって構成される装置をいいます。シャワー水栓の代りに止水と湯の温度調節を兼ねたミキシングバルブが使用されることもあります。

シャワーはいま述べたように"シャワー（湯水）を浴びる"ための装置をいうのですが、日本では"シャワー"といえば「湯水（シャワー）を浴びる」ことを意味して広く用いられているようです。いずれにしてもシャワーは欧米では浴槽（洋風浴槽）内で身体に石けんをつけて洗い、シャワーで石けんを流し落すというのがいわゆる入浴という慣習上、シャワーは洋風浴槽の必需品となっています。しかし近年では日本でもシャワーが普及してきており、入浴とシャワーを併用するようになっています。

シャワーには固定シャワーとハンドシャワーがあり、**固定シャワー**はシャワーヘッドをバスルームの壁面の高位置に固定させて取り付け、立った姿勢でシャワーを浴びるようにしたもので、アメリカではこれが主流を占めています。日本では固定シャワーは一般には用いられません。**ハンドシャワー**はシャワーヘッドを手で持ちながら、身体の各部に湯水を浴びるようにしたもので、日本人の入浴方法のように浴槽には身体を沈め温めるだけで、いわゆる狭い洗い場で身体を洗い浴槽内へ汚れた湯水が入らないようにする場合でのシャワーには、ハンドシャワーは適した方法といえます。

note

▶非常用シャワーとは？
　実験室や検査室で作業中に薬液などで身体が汚染されたとき、すぐに洗い流すためのシャワーをいいます。非常用シャワーは実験室内または実験室などの廊下に設けられます。

▶シャワーカーテンの使い方！
　シャワーを使用するとき、浴槽外またはシャワールームの外に湯水が飛び散るのを防止するために設けるカーテンをいいます。国内のいわゆる洋風ホテルのバスルームや単身者用のユニットバスでお目にかかります。シャワーカーテンはポリエステルなどの化学繊維ですが、これを正しく使うためには、まず、カーテンを浴槽内に入れて広げ、ハンドシャワーの湯水を浴槽のふちから下の部分に片側から順次かけていくと、カーテンがぴったりと浴槽に張りつきます。こうしてからシャワーを浴びると、カーテンがシャワーの水流と空気の乱流によってカーテンが身体にまつわることがなく、快適なシャワーが楽しめます。

▶快適なシャワーの吐水量は？
　シャワーの最適温度は入浴温度よりやや高い42℃とされています。シャワーヘッドから吐出される湯量は1分間に10ℓ以上が快適で、このためにはシャワーヘッドでの水圧は0.05MPa以上を必要とします。水圧が低いなどの事情で吐水量が少ない場合でも、1分間に6ℓぐらいは出ないとシャワーの快適さは味わえません。

4·5 バスタブって何のこと?

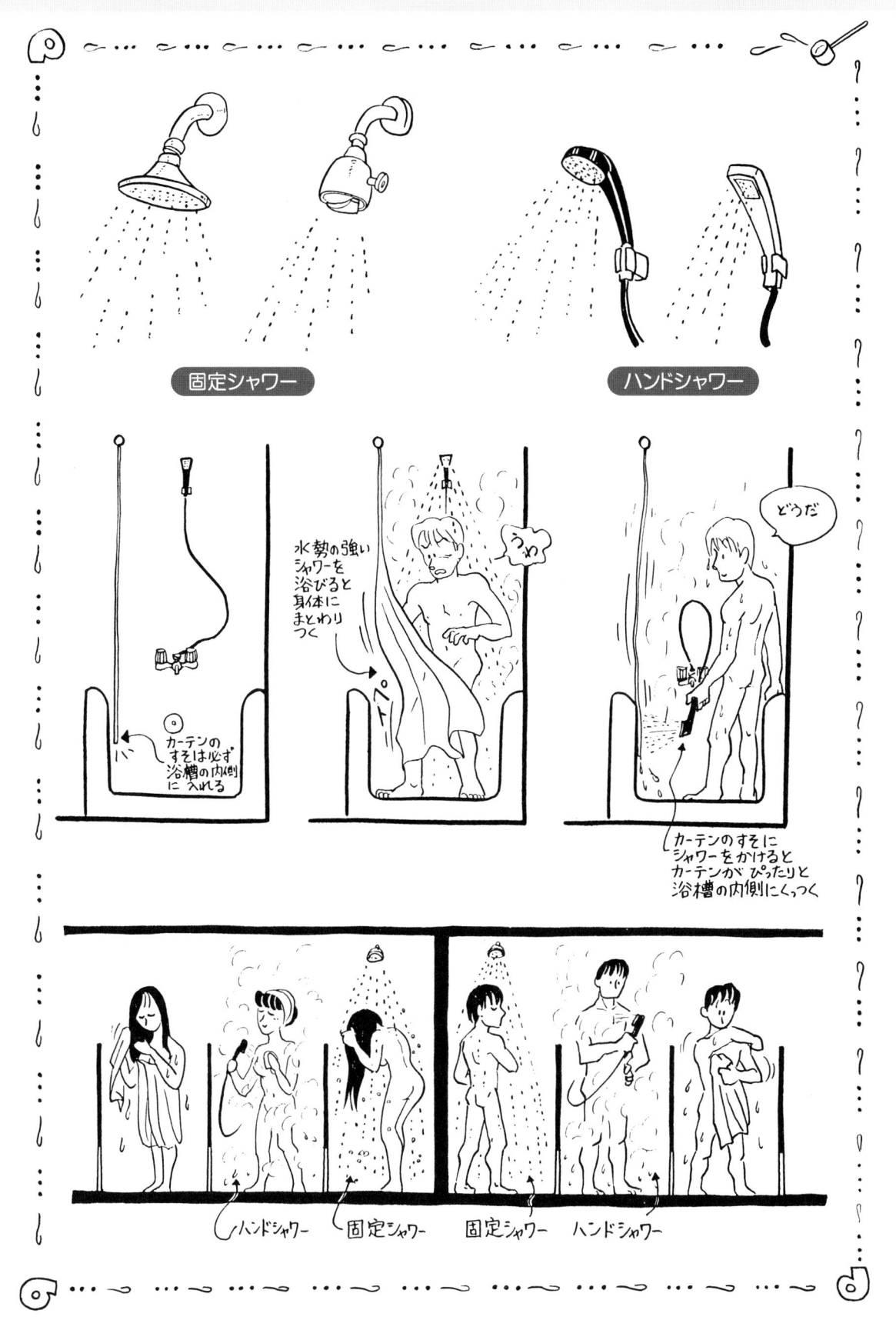

5章 ガス設備

厨房用や給湯用の熱源として用いる都市ガスやプロパンガスに係わる設備をガス設備といいます。ガス設備は換気を怠ると酸欠事故や一酸化炭素中毒に、ガス漏れが生じるとガス爆発の惨事につながります。

83 ガス設備とは？

　都市ガスや液化石油ガスなどの気体燃料、いわゆる"ガス"に係わる設備を総称して**ガス設備**といいますが、ガス設備は都市ガスの場合と液化石油ガスに分けて考えなければなりません。

　都市ガスの場合におけるガス設備、いわゆる**都市ガス設備**とは、ガス（都市ガス）を製造する製造設備、これを消費者に供給するために必要とするガス導管、ガスメータ、ガスバルブ、ガバナなどの供給設備、そして家庭やビルなどで使用するガス消費機器、給排気設備などの消費設備をひっくるめていいます。しかし建築設備を勉強する場合における都市ガスのガス設備は、消費設備を主体に供給設備の一部のみを考えるだけでよいのです。

　一方、液化石油ガスの場合におけるガス設備、いわゆる**液化石油ガス設備**とは、液化石油ガス貯蔵タンクおよび気化装置や消費設備などを含めた全体を総称していいます。

　本項ではまず都市ガス設備の説明をしますが、都市ガス設備の場合は、ガス会社からガス導管などの供給設備によって、消費者の敷地までガスの状態で供給されるため、ガス貯蔵施設をまったく必要としない大きな利点がありますが、一般的には液化石油ガスに比べてその値段が高くつきます。しかし都市ガスは消費者側における法規制はほとんどなく、手軽に消費でき、かつ広い敷地を必要とするガス貯蔵施設が不必要なので、都市ガスの供給エリアの家庭やビルなどはほとんど都市ガスが消費されています。

　また、都市ガスや液化石油ガスなどの気体燃料は、重油や灯油などの液体燃料に比べて値段は高いのですが、気体燃料いわゆるガスの特性上、簡単に完全燃焼でき、かつ、ばいじんや硫黄酸化物の発生はほとんどなく、窒素酸化物の発生量も減少させやすく、温室効果ガスのCO_2発生量も少ないなど、地球温暖化抑制に寄与する"クリーンエネルギー"であるため、公害規制上の見地から都心部のビルなどでは、ボイラや温水発生器、直焚き式吸収式冷温水器、ガスヒートポンプエアコンシステムなど大容量の燃料消費機器にも都市ガスが使用されています。都市ガスの消費者への供給方式はつぎの3方式に大別されます。

　低圧供給方式：ガス圧力を 0.1MPa 未満で供給するもので、一般家庭や小さなビルなどではすべてこの方式で、都市ガスの種類にもよりますが一般には 1～2.5MPa で供給されます。

　中圧供給方式：ガス圧力を 0.1MPa 以上 1MPa 未満で供給する方式で、詳しくは 0.3MPa 以上 1MPa 未満の**中圧A供給方式**と、0.1MPa 以上 0.3MPa 未満の**中圧B供給方式**に分けられ、ビルなどでは一般に後者で供給されます。

　高圧供給方式：ガス圧力を 1MPa 以上で供給する方式ですが、これは大きな工場などへの供給方式でビルなどにはほとんど採用されていません。

5・1 ガス設備のはなし

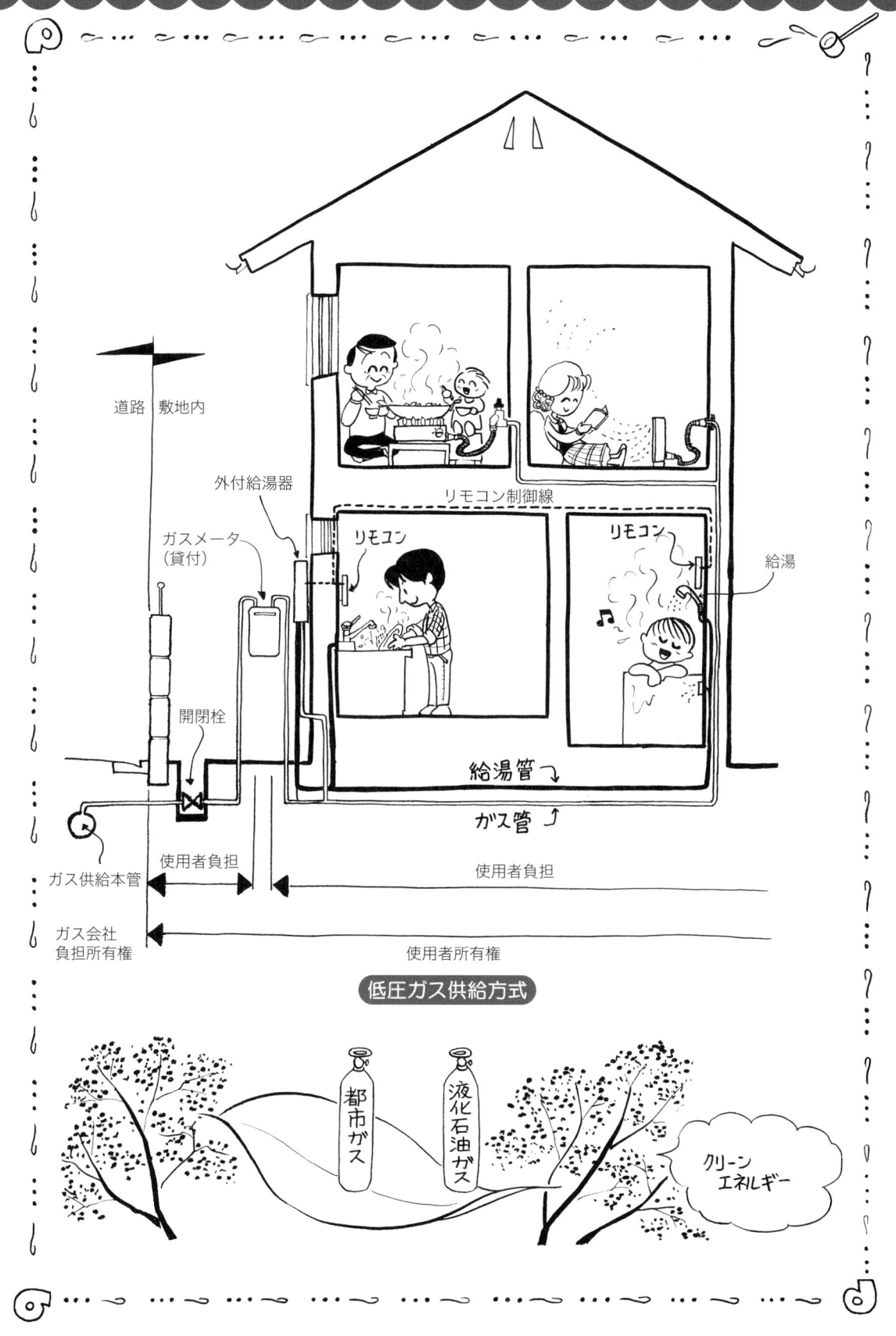

道路｜敷地内

外付給湯器
ガスメータ（貸付）
リモコン制御線
リモコン
リモコン
給湯
開閉栓
給湯管
ガス管

ガス供給本管
使用者負担
使用者負担
ガス会社負担所有権
使用者所有権

低圧ガス供給方式

都市ガス　液化石油ガス

クリーンエネルギー

84 中圧供給方式はビルの用途によっていろいろあるんだ！

ビルなどでは一般に中圧供給方式のうちの中圧B供給方式が採用されます。しかしひとくちに中圧供給方式といっても、詳しくは当該ビルなどの用途により、これに適合した方式で供給されます。すなわち、主につぎの4つの方式が採用されるわけです。

中圧供給器具ガバナ方式：中圧ガス本管から直接ビル内へそのままの圧力で引込み、大型ボイラや直焚き式吸収式冷温水器、ガスエンジン発電機など大容量のガス消費機器の器具ガバナで適正なガス圧力に減圧し、消費機器のガスバーナ設備へガスを供給する方式です。この方式は、空調・給湯システムはほとんどが中央方式を採用し、一般のガス器具（低圧ガス消費機器）をほとんど用いないオフィスビルなどに通用されます。

中圧供給専用ガバナ方式：敷地内または建物内に専用ガバナを設け、このガバナによってガス圧力を所定の低圧にまで減圧して供給する方式で、建物の付近に低圧ガス本管がなく、かつ、建物内で使用するガス消費機器のすべてが低圧用である場合に適用されます。

中圧供給器具ガバナ＋専用ガバナ方式：これは付近に中圧ガス本管のみしかない場合の業務用ビル（オフィスビル・病院・大型商業施設等）に採用される方式です。すなわちコジェネレーションシステムや大型ボイラ、直焚き式吸収式冷温水器などの大容量ガス消費機器には器具ガバナ方式でガスを供給し、テナントのレストランや喫茶店などで使用する低圧ガス消費機器には専用ガバナ方式で、所定のガス圧に減圧して供給する方式です。

低圧供給＋中圧供給方式：これは付近に中圧本管および低圧本管が施設されている場合の業務用テナントビルに通用される方式です。つまり、コジェネレーションシステムや大型ボイラ、直焚き式吸収式冷温水器などの大容量ガス消費機器には中圧本管より器具ガバナ方式で供給し、テナントのレストランや喫茶店などには低圧本管よりそのまま低圧供給方式でガスを供給する方式です。

---

note

▶ガバナって何のこと？

ガバナはガスガバナまたは整圧器、ガス圧力調整器ともいわれ、ガスの供給圧力を一定に制御保持するための減圧弁のことです。ガスバーナでガスを安全に燃焼させるには、ガス消費機器へのガス供給圧力をそれぞれの機器に適合したものとしてつねに一定して供給しなければなりません。つまりガバナは変動する供給圧力を所要の圧力に調整するものなのです。

ガバナは多種に分けられ、圧力別としてはガス会社の製造所から圧送された高圧ガスを中圧に減圧するための**高圧ガバナ**、中圧本管からの中圧ガスを所要の低圧ガスに減圧するための**中圧ガバナ**、低圧ガスをさらに低圧ガス消費機器の適正低圧にまで減圧させるための**低圧ガバナ**に分けられます。

用途別としては、ガス会社の供給地域ごとに適当な供給圧力に調整するための**地区ガバナ**、建物内へのガス供給圧力を一定に制御保持させるために用いる**専用ガバナ**、大容量ガス消費機器ごとにそのガス圧を一定に調整するための**器具ガバナ**に分けられます。

5・1 ガス設備のはなし

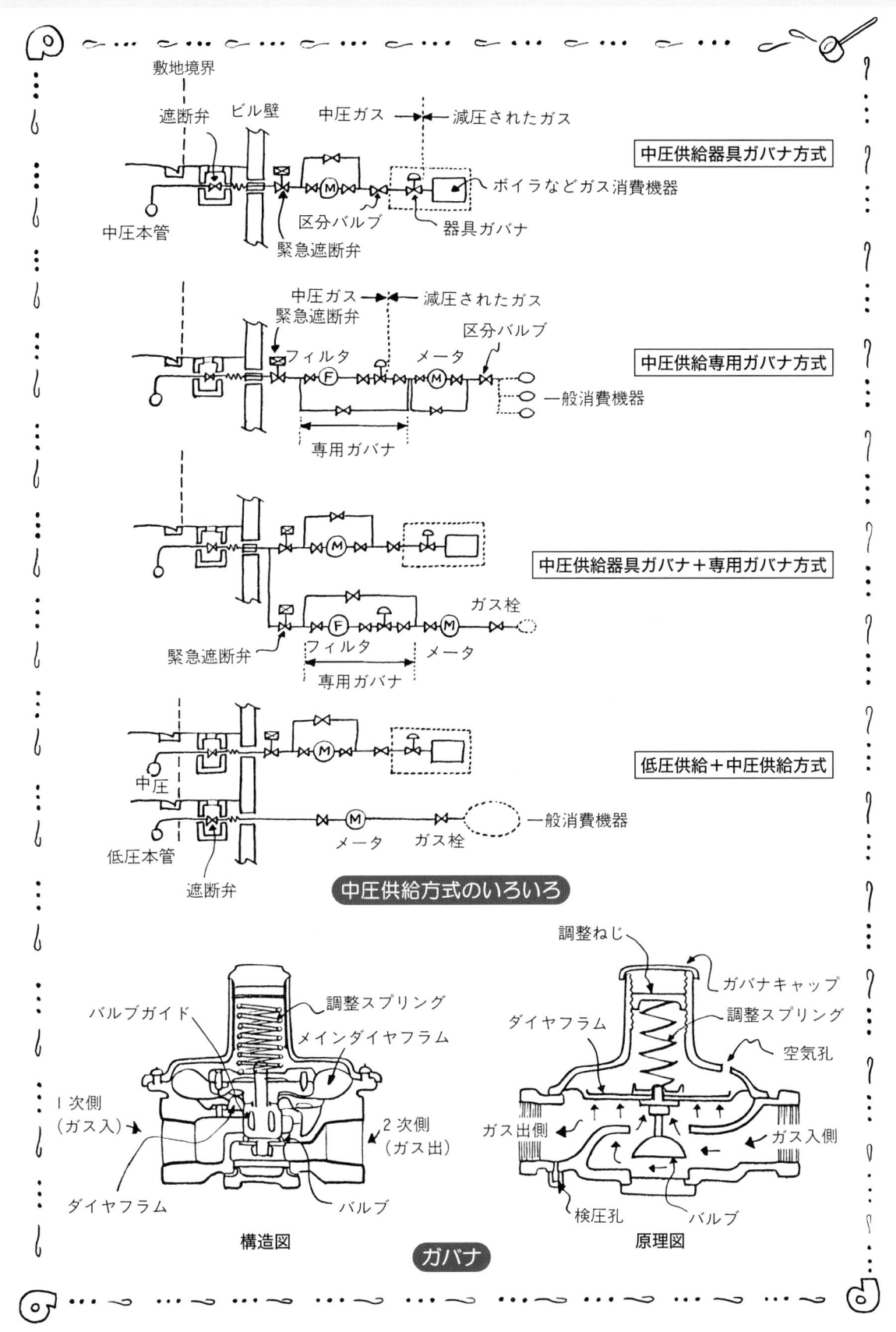

中圧供給方式のいろいろ

- 中圧供給器具ガバナ方式
- 中圧供給専用ガバナ方式
- 中圧供給器具ガバナ＋専用ガバナ方式
- 低圧供給＋中圧供給方式

ガバナ

構造図／原理図

85 ビルで使用するガス機器にはどんなものがあるかな？

　ガス機器とは都市ガスなどの気体燃料を消費（燃焼）する場合に用いる機器を総称していい、一般用機器と工業用機器に大別されます。
　また、その給排気方法によりつぎの4種に分けられます。
　開放式ガス機器：これは**開放燃焼式ガス機器**ともいい、ガスこんろやガスレンジ、小型ガス湯沸器などのように、燃焼用の空気を屋内からとり、燃焼後の排ガスをそのまま室内に排出する方式のガス機器をいいます。開放式ガス機器の使用に際しては、室内の換気を十分に行わないと燃焼に必要な新鮮な空気が不足しガス機器が不完全燃焼を起こし一酸化炭素中毒の原因となるため、注意が必要です。
　半密閉式ガス機器：これは**半密閉燃焼式ガス機器**ともいい、ガスの燃焼用空気を室内からとり、排ガスは排気筒を用いて屋外へ排出する方式のガス機器で、大型瞬間ガス湯沸器などがこれに該当します。半密閉式ガス機器は排気筒を正しく取り付け、かつ、機器が設置されている室内への給気を十分に行わないと、一酸化炭素中毒の原因となるので注意が必要です。
　密閉式ガス機器：これは**密閉燃焼式ガス機器**ともいい、燃焼に必要な空気を直接外気からとり、排気も排気筒や煙突から直接外気へ放出し、燃焼部分が室内に対して密閉されているガス機器をいい、密閉式ガス機器は給排気を自然通風によって行う**自然給排気式（BF式）**と、給気ファン排気ファンを併用して機械通風を行わせる**強制給排気式（FF式）**があります。そしてFF式は給気のみファンを用い、排気を押し出す形式の強制給気式と、排気のみにファンを用い給気を吸引させるようにした強制排気式もあります。　大型瞬間ガス湯沸器や家庭用ガス暖房機器などには、いわゆる密閉式ガス機器としたものが多く、この形式のものはガスの不完全燃焼や一酸化炭素中毒事故を防止するために開発されたもので、これらのガス機器を設置する場合には機器の屋外に出る部分（トップ）の周囲の給排気に支障のないような状態にしなければなりません。
　屋外式ガス機器：これは、屋外設置用に設計されたガス機器を用いて、屋外で給排気を行う方式です。屋外の床に設置する据置型、外壁面に取り付ける壁掛式があり、室内空気環境を汚染しないので、保安、衛生上もすぐれているガス機器といえます。

---

topics

▶**一酸化炭素は猛毒ガスだ！**
　一酸化炭素は化学記号COで示す無色・無味・無臭の気体で、燃料成分中の炭素（C）が不完全燃焼したときに生じる可燃性ガスで、人体にとっては一酸化炭素中毒となる猛毒ガスです。COは人体の血液中の酸素（O_2）の運搬体であるヘモグロビンとの結合力がO_2の約250倍もある気体で、そのため少量を吸入してもヘモグロビンとCOが結合し、血液の酸素運搬能力が著しく損われます。酸素欠乏によって起る症状が**一酸化炭素中毒**です。室内のCOの規制値は10 ppm以下です。

5・1 ガス設備のはなし

ガス機器のいろいろ

開放式ガス機器
給気 / 排気 / レンジ / 炊飯器

半密閉式ガス機器
排気 / 排気口 / 逆風止め / 給気口 / 給気

密閉式ガス機器
給気 / 排気 / ガス瞬間湯沸器

屋外式ガス機器
排気 / 給気

一酸化炭素中毒の症状

空気中における一酸化炭素濃度	吸入時間 と 中毒症状
0.02%	2~3時間で前頭部に軽度の頭痛
0.04%	1~2時間で前頭痛・吐き気　　2.5~3.5時間で後頭痛
0.08%	45分間で頭痛・めまい・吐き気・けいれん　　2時間で失神
0.16%	20分間で頭痛・めまい・吐き気　　2時間で死亡
0.32%	5分~10分間で頭痛・めまい　　30分で死亡
0.64%	1分~2分間で頭痛・めまい　　15~30分で死亡
1.28%	1~3分間で 死亡

86 ガス機器に必要な換気量は？

ガス機器はガスを燃焼させ、その生成熱つまり発熱量を利用して湯を沸かしたり、物を加熱したりするわけです。ガスつまり気体燃料の主成分である可燃性ガスは水素（H_2）、メタン（CH_4）、一酸化炭素（CO）、プロパン（C_3H_8）、ブタン（C_4H_{10}）などですが、つまり水素と炭素（C）ということです。燃料（CおよびH_2）が空気中の酸素O_2と化学反応して発熱する現象を**燃焼**といいます。炭素が燃焼（完全燃焼）すると、$C + O_2 = CO_2$、つまり二酸化炭素（CO_2）という燃焼生成物（排ガス）となり、約33,907 kJ/kgの熱量を発生します。つまり発熱量は33,907 kJ/kgというわけです。もし炭素が空気不足により不完全燃焼すると、$C + 1/2\ O_2 = CO$、つまり一酸化炭素という可燃ガスの排ガスとなり、その発熱量は10,088 kJと約1/3に減少します。水素が完全燃焼した場合は、$H_2 + 1/2\ O_2 = H_2O$、つまり水蒸気（H_2O）という排ガスとなり、発熱量は142,325.7 kJというわけです。

そして単位燃料量（気体燃料の場合は1 m^3、液体燃料の場合1 kg）を完全燃焼させるのに必要な計算上の空気量を**理論空気量**といいますが、実際には理論空気量だけでは完全燃焼は不可能で、理論空気量の20〜40％増しのプラスアルファの余分の**過剰空気**を必要とし、理論空気と過剰空気を合計したものを**実際空気量**というのです。すなわち、ガスバーナなどで実際にガスを完全燃焼させるには実際空気量が必要で、ガス機器にはつねに実際空気量以上の空気を供給（給気）し、かつ排ガスを排除（排気）してやらなければなりません。燃焼装置には必ず当該燃料の実際空気量以上の給排気つまり換気を行わなければならないのです。

火を使用する室に必要な換気量は、建築基準法施行令第20条の3の規定により、火を使用する設備・機器・器具がある場合の室の換気量は、下記のように定められています。

- フードがない場合　　　　V＝40KQ
- 煙突を用いる場合　　　　V＝2KQ
- フードを用いる場合①　　V＝20KQ
- フードを用いる場合②　　V＝30KQ

ここで、
V：有効換気量〔m^3/h〕
K：理論廃ガス量〔都市・LPガス：0.93m^3/kW・h〕
　　　　　　　　〔灯油：12.1m^3/kg〕
Q：燃料消費量〔kW、kg/h〕

また、シックハウス対策のため、24時間換気設備の設置が義務づけられ、例えば住宅の場合、原則として必要な換気量は0.5回/hと定めれています。トイレや洗面所、押入は0.3回/h以上の換気設備が必要となります。

▶**自然換気法と機械換気法！**

給気口と排気口を設け、風力または温度差による浮力によって室内の空気を屋外に排出するとともに、外気を取り入れる方法を**自然換気法**または**第4種換気法**といいます（右頁下図参照）。

ファンという機械力を用いて換気する方法を**機械換気法**といい、ファンの用い方により第1種、第2種、第3種の各換気法に分けられます。

5・1 ガス設備のはなし

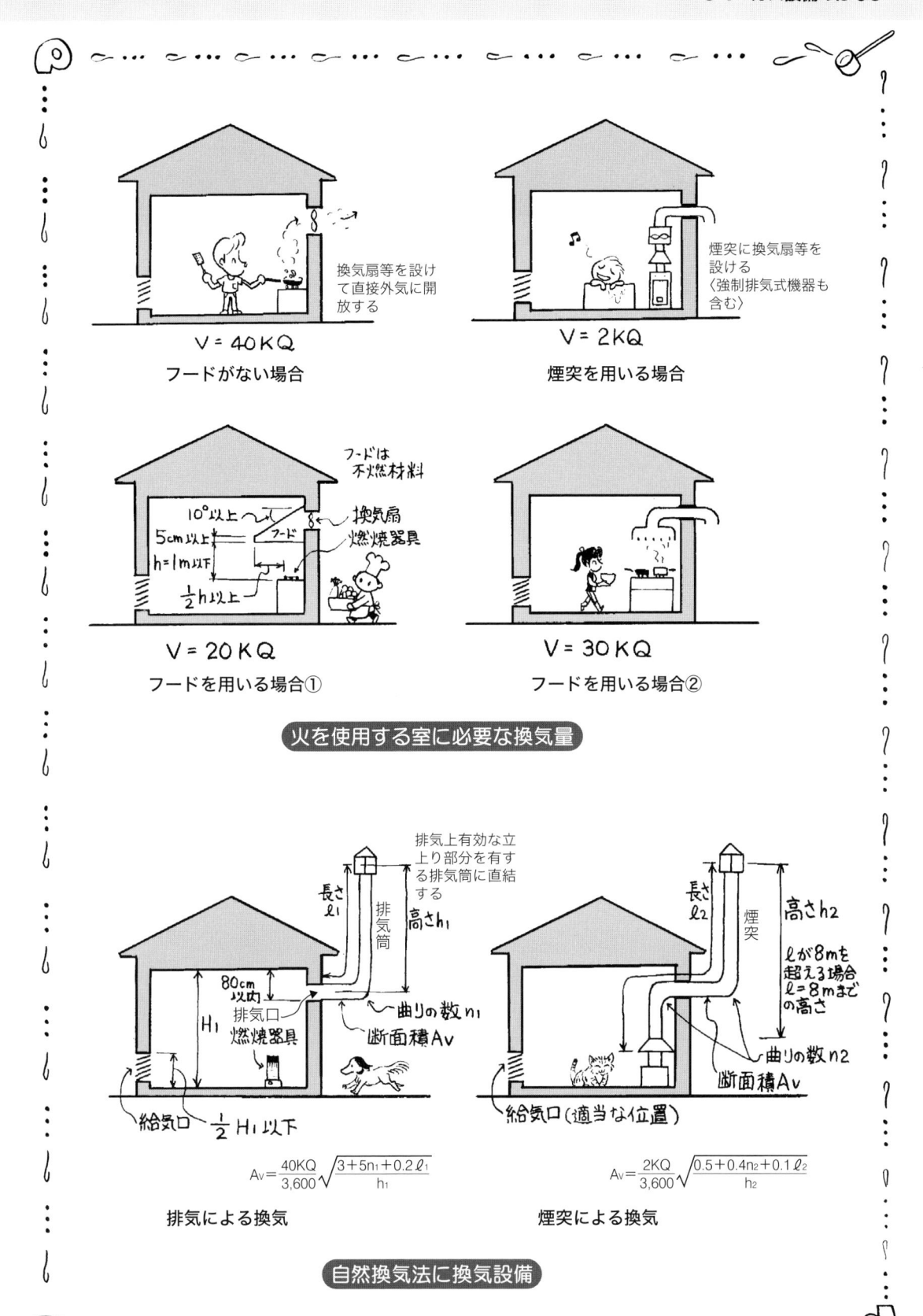

$V = 40KQ$
フードがない場合
換気扇等を設けて直接外気に開放する

$V = 2KQ$
煙突を用いる場合
煙突に換気扇等を設ける〈強制排気式機器も含む〉

$V = 20KQ$
フードを用いる場合①
フードは不燃材料
10°以上
5cm以上
$h = 1m$以下
$\frac{1}{2}h$以上
換気扇
燃焼器具

$V = 30KQ$
フードを用いる場合②

火を使用する室に必要な換気量

排気による換気
排気上有効な立上り部分を有する排気筒に直結する
80cm以内
排気口
燃焼器具
長さℓ_1
高さh_1
曲りの数n_1
断面積A_v
給気口 $\frac{1}{2}H_1$以下

$$A_v = \frac{40KQ}{3,600}\sqrt{\frac{3+5n_1+0.2\ell_1}{h_1}}$$

煙突による換気
長さℓ_2
高さh_2
煙突
ℓが8mを超える場合 $\ell = 8m$までの高さ
曲りの数n_2
断面積A_v
給気口（適当な位置）

$$A_v = \frac{2KQ}{3,600}\sqrt{\frac{0.5+0.4n_2+0.1\ell_2}{h_2}}$$

自然換気法に換気設備

87 ガス設備の安全装置は多岐にわたるんだ！

ガス設備はもちろん、"ガス"という気体燃料を消費するつまり燃焼させるための設備なわけですが、気体燃料はその特性上、重油などの液体燃料や石炭といった固体燃料に比べて、燃焼のプロセスがものすごく簡単できわめて燃えやすいものなのです。これは換言すれば設備からガスが漏れた場合、そこにライターの火や電気のスイッチの火花などちょっとした火種があれば引火して爆発し、いわゆる"ガス爆発"という惨事を起こしやすいということを意味します。

ガスはまた、ガス器具（ガスバーナ）へ供給するガスの圧力や流量が大きく変動すると、異常燃焼などを生じ、これまたガス爆発等トラブルにつながる危険性も持ち合わせているのです。

いずれにしても、ガスはクリーンエネルギーで燃焼もコントロールしやすいといった利点があり、一般家庭でも必要不可欠な重要な燃料であるのですが、油断をするとガス爆発という危険性があることを正しく認識しておくことが肝要です。したがって、ガス設備においては多岐にわたって安全装置が施されるのです。ガス設備の安全装置の主なものとしては、ガス遮断装置、マイコンメーター、ヒューズガス栓および安全接続具、ガス漏れ警報装置、ガス漏れ警報器などがあります。

---

note

▶ヒューズガス栓とは？
　これは過流出安全弁を内蔵するガス栓、すなわちガス器具側やガス栓側でゴム管がはずれたりした場合、内部のナイロン製の小球が出口を閉じて、自動的にガスを止めるようにしたガス栓です。特定地下街または特定地下室に設置するガス器具は、迅速継手でヒューズガス栓に接続または、金属可とう管・強化ガスホースを用いてガス栓を確実に接続しなければなりません。

▶ガス遮断装置とは？
　ガス漏れや火災発生あるいはガス圧の急変動など異常発生時にガスの供給をストップさせる装置で、つぎの3つに大別されます。

　引込み管ガス遮断弁：需要家遮断弁ともいい、緊急時に地上から操作して建物へのガスの供給を遮断するバルブで、超高層ビル、高層ビル、特定大規模建物、地下室や地下街などでガスが充満するおそれのある保安上重要な建物の引込み管に設置が義務づけられています。

　緊急ガス遮断弁：これは原則として建物内の外壁貫通部に近い箇所に設ける遮断弁で、緊急時にビルの防災センターなどから遠隔操作で閉止させてガスの供給を遮断するもので、特定地下街、特定地下室、超高層ビルのような特定大規模建物および、中圧ガスを供給されている建物には設けなければなりません。

　自動ガス遮断弁：ガスの流量やガス圧等の異常な状態を検知し自動的にガスを遮断する機能を有するもので、ガスの流量により異常を検知する方式とガス漏れセンサーにより検知する方式の2種に大別することができます。

▶ガス漏れ警報装置とは？
　ガス漏れを生じた場合、建物内の関係者や利用者に危険を知らせる警報設備で、ガス検知器、中継器、受信機および警報発生器などにより構成されます。特定地下街、特定地下室に設置されるガス器具に設けなければなりません。

▶ガス漏れ警報器とは？
　ガス漏れ警報器は、万一ガスが漏えいした場合、危険な濃度に達する前に警報を発する装置です。空気より軽いガス（天然ガス等）の場合は天井付近に、空気より重いガス（LPガス等）の場合は床面付近に設置します。

5・1 ガス設備のはなし

13A 都市ガスの組成例

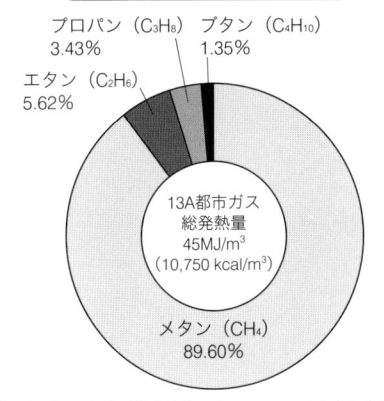

- プロパン（C_3H_8）3.43%
- ブタン（C_4H_{10}）1.35%
- エタン（C_2H_6）5.62%
- メタン（CH_4）89.60%

13A都市ガス 総発熱量 45MJ/m^3 （10,750 kcal/m^3）

（出典：東日本ガス株式会社のホームページをもとに作成）

天然ガスと他の燃料との性質の比較

天然ガスは、空気より軽く、液体燃料のように地上に滞留せず、上方に拡散する。燃焼することのできる空気中の燃焼濃度の下限、燃焼下限界が、他燃焼に比べて約4.5%高い、自然発火温度も高いことからも、安全性が高い。また、一酸化炭素（CO）等の毒性物質が含まれていないので、ガス中毒の心配がない。

	比重（空気＝1.00）	空気中での可燃濃度範囲
天然ガス	0.65	4.4～14.3%
プロパン	1.548	2.4～9.5%
ブタン	1.986	1.8～8.4%
ガソリン	3.4	1.0～7.6%

（出典：同左）

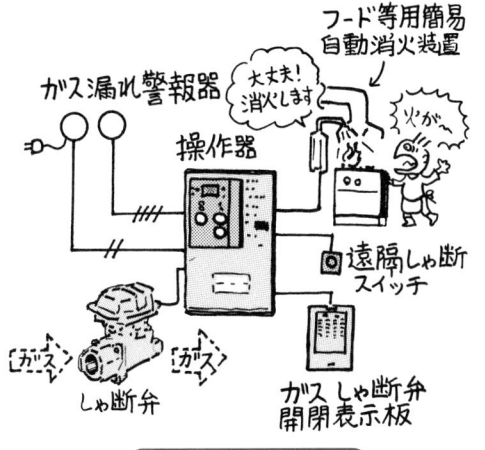

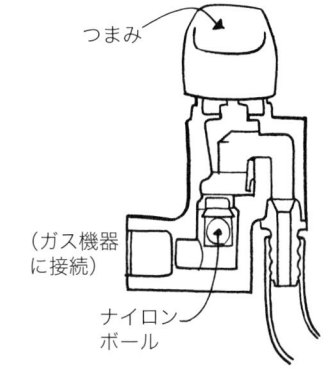

自動ガス遮断装置

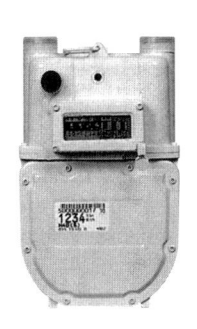

ヒューズガス栓

マイコンメーター
マイコンメーターは、マイコン制御を組み込んだ、ガス遮断装置付ガスメーター
（提供：大阪ガス）

ガス漏れ警報器

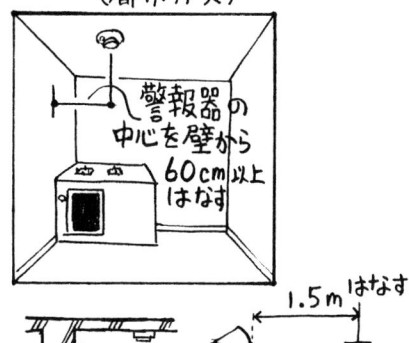

天井取付用

壁掛用
（提供：同左）

88 ガス配管における留意点

ガス設備はその安全確保の見地から、都市ガスの場合の配管やこれに関連するすべての工事は、ガス事業法によるガス会社またはその指定工事店しか施工できないし、液化石油ガスの場合は液化石油ガスの保安の確保および取引の適正化に関する法律による"液化石油ガス設備士"の有資格者でなければ施工できません。つまり誰でも自由に施工できないのです。

ガス配管の材料としては、道路などに埋設されるガス導管などとしてはガス用ポリエチレン管（PE管）、鋳鉄管、鋼管が用いられますが、敷地内や建物内における配管用としては配管用炭素鋼鋼管（亜鉛めっきを施した白ガス管）を主に、ガス用ポリエチレン管、可とう性を持たせた**ガス用ステンレス鋼フレキシブル管**などが用いられます。都市ガスの一般的な配管方法は、道路埋設の供給本管より分岐した引込み管に開閉栓を取り付けて、ガスメータまで地中埋設配管とし、さらにガスメータから各階のガス栓まで配管してガス器具にガスを供給します。

供給本管から分岐した引込み管は、路面からの荷重に耐えるため地中埋設の深さを一般的に 60 cm 以上としています。そして地中に埋設する配管には、現在腐食に強いガス管、ポリエチレン管（PE）、ポリエチレン被覆鋼管（PLP）、塩化ビニル被覆鋼管（ELP）を使用します。

この他、ガス配管における主な留意点を示すとつぎのとおりです。

①コンクリート埋込み配管は原則として行わない。木造壁でも露出配管とするのがよい。

②電気配線とは、低圧ガス配管で 100 mm、高圧ガス配管では 150 mm 以上離し、接地がとってある電線管とはガス管が接触しなければよいのです。接触するおそれのある場合は絶縁措置を施します。

③避雷針の導線とは 1.5 m 以上離します。

④ガス配管の末端のガス栓やガスコンセントは、電気コンセントやスイッチとは 150 mm 以上離した位置に設けなければなりません。

⑤配管工事完了後は、ガス供給最大圧力の 1.1 倍以上の空気圧により 5 分間以上（1 m³ 以上 10 m³ 未満、1 m³ 未満は 1 分）の**空気圧試験**またはガス漏れ検知器による漏洩検査により、漏れがないことを確認します。

ポリエチレン管（PE）

ポリエチレン被覆鋼管（PLP）(提供：大阪ガス)

5・1 ガス設備のはなし

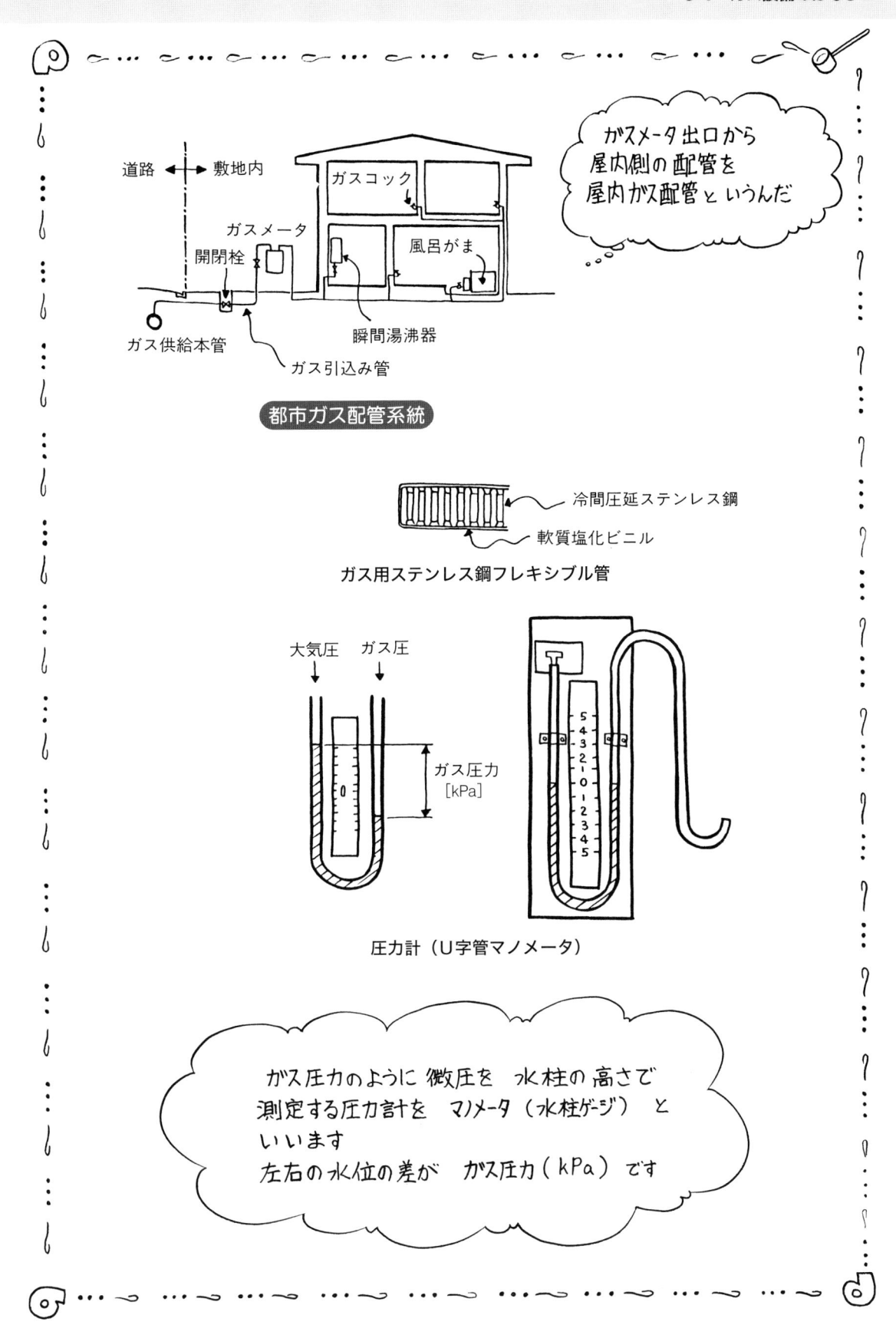

> ガスメータ出口から屋内側の配管を屋内ガス配管というんだ

都市ガス配管系統

図中ラベル: 道路／敷地内／ガスコック／ガスメータ／開閉栓／風呂がま／ガス供給本管／ガス引込み管／瞬間湯沸器

ガス用ステンレス鋼フレキシブル管
- 冷間圧延ステンレス鋼
- 軟質塩化ビニル

圧力計（U字管マノメータ）

図中ラベル: 大気圧／ガス圧／ガス圧力 [kPa]

> ガス圧力のように微圧を水柱の高さで測定する圧力計をマノメータ（水柱ゲージ）といいます
> 左右の水位の差がガス圧力（kPa）です

89 都市ガスは便利だね！

都市ガスとはガス事業法により許可されたガス事業会社（東京ガス、東邦ガス、大阪ガスなど）のガス製造工場より、導管（ガス配管）により消費者の建物内の各ガス器具に供給される気体燃料をいいます。都市ガスの原料には、LNG（液化天然ガス）と国産天然ガスの天然ガス系原料とLPG（液化石油ガス）などの石油系原料があります。現在では、都市ガスの原料構成の9割以上が天然ガス系となっています。

ガス事業法では、全国の都市ガスを7種類のガスグループに分類し、この範囲内のガスを供給するように義務づけられています。

都市ガスはガス会社のガス製造工場より、導管によって各消費者まで供給されますので、液化石油ガスの場合のように貯蔵施設や気化設備を必要としない利点があります。とともに都市ガスの消費（燃焼）に関しては何らの法規制も受けることはありません。

都市ガスは7グループ（13種類）もあり、それぞれ発熱量や燃焼速度、ガス圧など特性が異なりますので、当該地域に供給される都市ガス例えば13Aのガスが供給される地域では、13Aガスに適応したガス器具や燃焼装置を設けなければなりません。都市ガスが供給されている地域に液化石油ガス専用のガス器具を設置すれば、危険な事態に至ります。この点はよく留意してください。

---

memo

▶発熱量とは？

1 kg 当り（液体燃料および固体燃料の場合）または1 Nm³ 当り（気体燃料）の単位燃料が、完全燃焼するときに発生する熱量 kcal（kJ）をいいます。発熱量は高位発熱量と低位発熱量に分けられます。

高位発熱量：これは**総発熱量**ともいい、燃料の発熱量を表示する方法の1つで、熱量計によって測定された値で水蒸気の蒸発熱を含んだ発熱量をいいます。

低位発熱量：これは**真発熱量**ともいい、高位発熱量から、燃焼ガス中に生じる水蒸気分の蒸発熱を減じた発熱量をいうのです。水蒸気分の蒸発熱は一般に利用することができず、煙突より排出されてしまうので、燃焼装置の熱勘定などにおける燃料の発熱量としては低位発熱量が用いられます。

気体燃料における低位発熱量の値は高位発熱量の90〜92.5%と考えればよいのです。

▶ブタンガスには空気を混合するんだ

ブタンガスは液化石油ガスの一種類ですが、ブタンは蒸気圧が低いので気化しても再液化しやすいのです。液化したガスをガス器具に供給すると大変危険なことになります。したがって、ガス配管中での再液化を防止する措置として、ミキサーによってブタンガスを空気で混合希釈して供給するのです。この空気で稀釈したブタンガスを**ブタンエアガス**といいます。

▶天然ガスの可採年数

シェールガスをはじめとする非在来型天然ガスの生産拡大により、可採年数は約4倍（250年）に伸びる可能性もあります（右表参照）。

シェールガスは、泥岩に含まれる天然ガスです。タイトガスといわれる天然ガスは、浸透性が低い砂岩に含まれています。またコールヘッドメタンは、石炭層に吸着したメタンです。

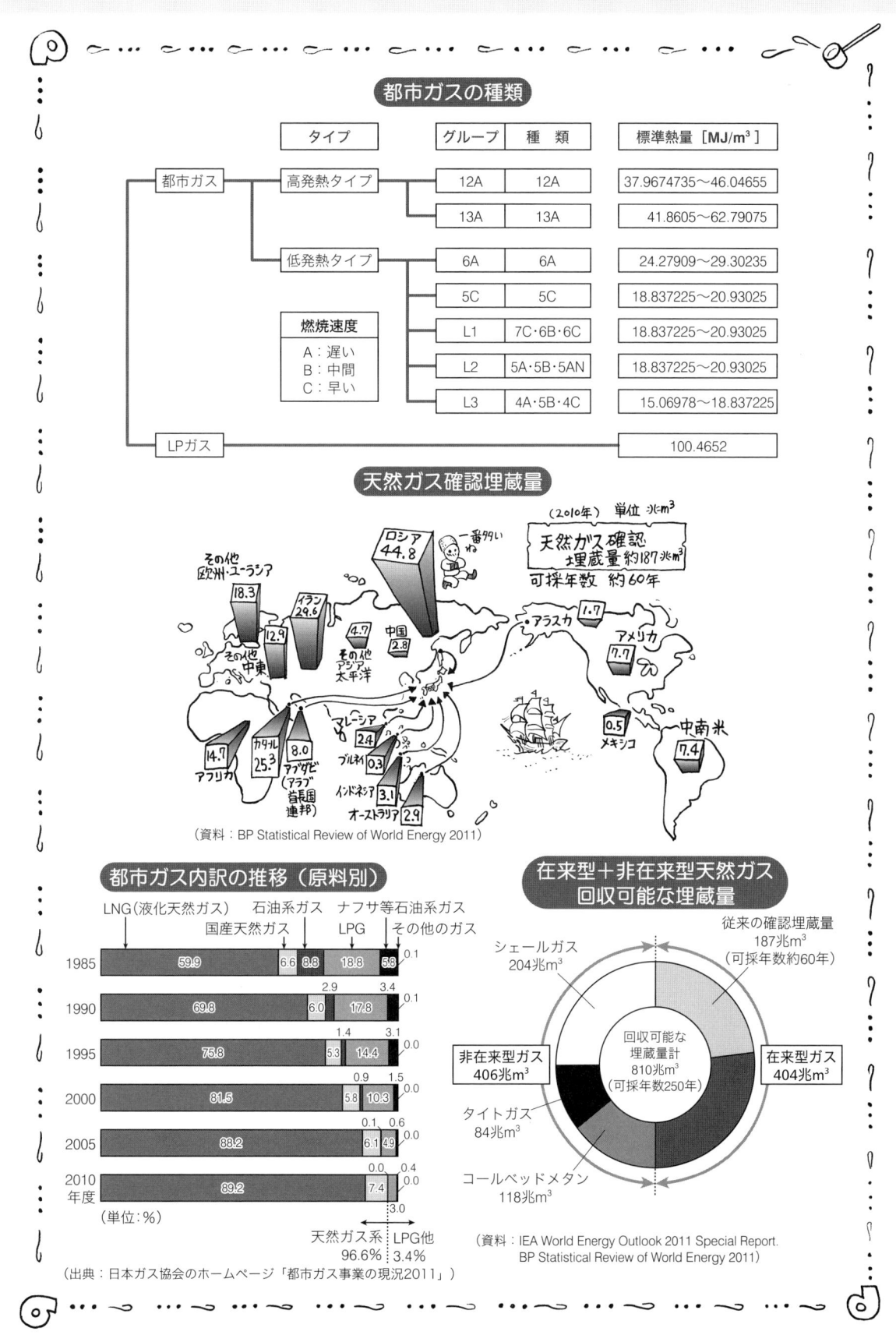

5・2 ガスは都市ガスと液化石油ガスがあるんだ！

都市ガスの種類

タイプ	グループ	種類	標準熱量 [MJ/m³]
高発熱タイプ	12A	12A	37.9674735〜46.04655
	13A	13A	41.8605〜62.79075
低発熱タイプ	6A	6A	24.27909〜29.30235
	5C	5C	18.837225〜20.93025
	L1	7C・6B・6C	18.837225〜20.93025
	L2	5A・5B・5AN	18.837225〜20.93025
	L3	4A・5B・4C	15.06978〜18.837225

都市ガス

燃焼速度
A：遅い
B：中間
C：早い

LPガス　100.4652

天然ガス確認埋蔵量

(2010年) 単位：兆m³

天然ガス確認埋蔵量 約187兆m³
可採年数 約60年

- ロシア 44.8（一番多いね）
- その他欧州・ユーラシア 18.3
- イラン 29.6
- その他中東 12.9
- 中国 2.8
- その他アジア太平洋 4.7
- アラスカ 1.7
- アメリカ 7.7
- メキシコ 0.5
- 中南米 7.4
- カタール 25.3
- アブダビ（アラブ首長国連邦）8.0
- アフリカ 14.7
- マレーシア 2.4
- ブルネイ 0.3
- インドネシア 3.1
- オーストラリア 2.9

（資料：BP Statistical Review of World Energy 2011）

都市ガス内訳の推移（原料別）

LNG（液化天然ガス）／国産天然ガス／石油系ガス／LPG／ナフサ等石油系ガス／その他のガス

年度	LNG・国産天然ガス	石油系ガス	LPG	ナフサ等石油系ガス	その他のガス
1985	59.9	6.6	8.8	18.8	5.8 / 0.1
1990	69.8	2.9	6.0	17.8	3.4 / 0.1
1995	75.8	1.4	5.3	14.4	3.1 / 0.0
2000	81.5	0.9	5.8	10.3	1.5 / 0.0
2005	88.2	0.1	6.1	4.9	0.6 / 0.0
2010	89.2	0.0	7.4	3.0	0.4 / 0.0

（単位：%）

天然ガス系 96.6%　LPG他 3.4%

（出典：日本ガス協会のホームページ「都市ガス事業の現況2011」）

在来型＋非在来型天然ガス 回収可能な埋蔵量

回収可能な埋蔵量計 810兆m³（可採年数250年）

- 従来の確認埋蔵量 187兆m³（可採年数約60年）
- 在来型ガス 404兆m³
- 非在来型ガス 406兆m³
- シェールガス 204兆m³
- タイトガス 84兆m³
- コールベッドメタン 118兆m³

（資料：IEA World Energy Outlook 2011 Special Report. BP Statistical Review of World Energy 2011）

185

90 液化石油ガスは厳しい法規制を受けるんだ！

　液化石油ガスは一般にプロパンガスといわれ、都市ガスの供給地域外で用いられるものです。液化石油ガスは英語名の Liquefied Petroleum Gas の頭文字をとって**LPガス**と略称され、石油の精製の際に副産物として得られる臨界温度が高いプロパン、ブタンが主体の圧縮液化ガスで、常温では気体ですが、これを常温で低い圧力（1MPa以下）を加圧することで簡単に液化し、ガソリンに似た液体となり体積が 1/250 に縮小され、ボンベ（耐圧容器）に封入するだけで常温で液化が保たれ、圧力を除くと容易に再気化してガスとなる性質があります。

　液化石油ガスは JIS により6種類に分類されますが、主に用いられるのはプロパンを主成分とする"プロパンガス"と、ブタンを主成分とする**ブタンガス**です。**液化石油ガスの設備**は貯蔵設備（LPガスボンベ、大容量の場合はLPガス貯蔵タンク）、気化装置、圧力調整器、ガス配管などにより構成されますが、液化石油ガスの保安の確保および取引の適正化に関する法律の適用を受け、この他、必要に応じて消防法やガス事業法の規制も受けます。

　LPガスの供給方法としてはボンベ供給方式と導管供給方式があります。

　ボンベ供給方式は**自然気化供給方式**ともいい、充てん容器（ボンベ）の周囲の空気の保有熱を主な気化エネルギーとして、ボンベ内のLPガスの液体を気化いわゆる自然気化させ、圧力調整器で所定の低圧（標準圧力 2.8kPa で 2.3～3.3kPa の範囲）に減圧して、ガス機器に供給する簡単な方法で、家庭用などに広く用いられます。

　導管供給方式は**強制気化供給方式**ともいい、大型ボンベを複数以上集中設置するかストレージタンクを設置し、気化装置に液体を送り、ここで強制気化させ、さらに圧力調整器で中圧（147.1 kPa 程度で 19.61～196.13 kPa の範囲）に調整して、導管（ガス配管）によりガスを供給する方法で、ビルや工場などではこの方式が採用されます。

　LPガスはつぎのような特徴があります。

① 発熱量は都市ガスの2倍以上（プロパンガスでは 99MJ/m^3、ブタンガスで 128MJ/m^3）あり、したがって燃焼に必要な実際空気量も同じ倍数となります。

② LPガスの比重は都市ガスより大きく、空気よりも重いため、ガスが漏れた場合に拡散することなく、床面や地表面などの低所に滞留するため、ガス爆発の災害をきたしやすいという危険性がきわめて高いのです。都市ガスの比重は 6A（ブタンエアガス）の 1.23 を除いて 0.46～0.82 ですが、プロパンガスの比重は 1.5、ブタンガスのそれは 2.0 です。

③ LPガスの供給圧力は都市ガスの3倍程度高く、配管工事は都市ガスの場合よりも入念に行う必要があります。

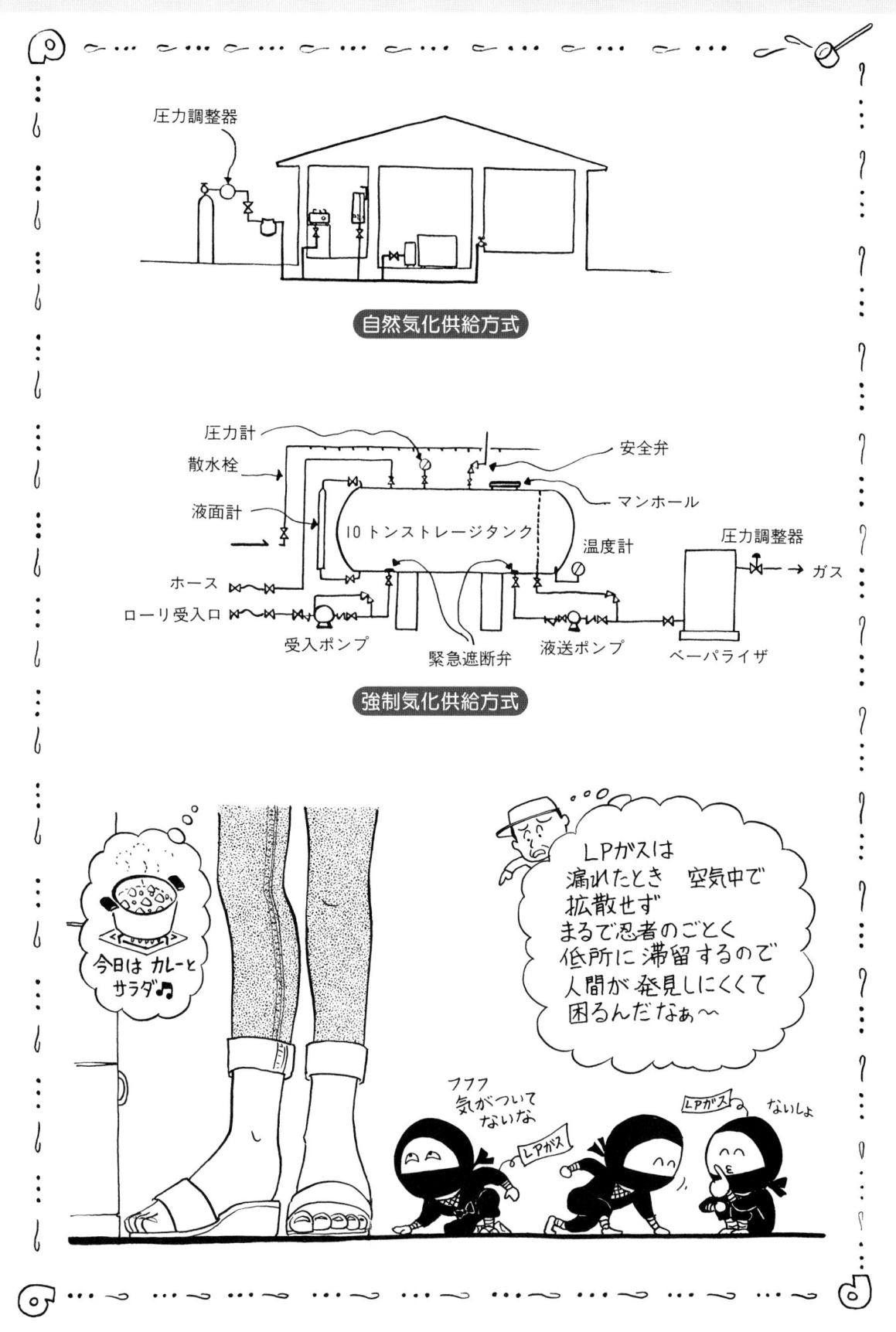

5・2 ガスは都市ガスと液化石油ガスがあるんだ！

圧力調整器

自然気化供給方式

圧力計
散水栓
安全弁
液面計
マンホール
10トンストレージタンク
温度計
圧力調整器
ホース
→ ガス
ローリ受入口
受入ポンプ
緊急遮断弁
液送ポンプ
ベーパライザ

強制気化供給方式

今日は カレーと サラダ♪

LPガスは 漏れたとき 空気中で 拡散せず まるで忍者のごとく 低所に滞留するので 人間が発見しにくくて 困るんだなぁ〜

フフフ 気がついて ないな

レアガス

LPガス

ないしょ

187

91 ベーパライザって何のこと？

　ベーパライザは**気化器**または**蒸発器**ともいい、液状のLPガスを強制的に気化つまりガス化させる装置で、液化石油ガスの強制気化供給方式の場合に用いられます。ベーパライザは加熱方式により、温水式、蒸気式、電熱式などに分類されますが、一般に電熱を熱源として温水をつくり、この温水（熱媒）でガス液を加熱し気化させる**温水式ベーパライザ**が主に用いられます。温水式でも大量にLPガスを消費するビルなどでは、気化速度を速めるために熱交換器部をコイル状（蛇管）にして熱媒つまり温水の受熱面積を多くした**瞬間蒸発方式温水式ベーパライザ**が用いられます。

　液化石油ガスのガス設備でベーパライザの他に必要不可欠とする重要な機器として圧力調整器があります。**圧力調整器**は**調整器**ともいい、自然気化供給方式や強制気化供給方式の如何を問わず、ガス化されたLPガスは圧力が高く、かつ、その圧力に変動があり、これをそのままガス器具などに供給することは危険です。このため気化されたものを所定の圧力範囲に減圧するために用いるのが調整器で、これは一種の減圧弁で都市ガス設備におけるガバナと同じようなものです。2.3〜3.3kPaの圧力に減圧するものを**低圧調整器**といい、147.1 kPa以下に減圧するものを**中圧調整器**といいます。LPガス用のガス器具やガスバーナに適正なガス圧力は2.0〜3.3kPaですので、強制気化供給方式の場合には貯蔵施設を出たところの中圧調整器を1次用調整器として中圧供給し、例えばマンションの入口部（ガス機器側）に、2次用調整器として低圧調整器を配置し、ガス器具に低圧供給するという**2段調整方式（2段減圧方式）**が採用されます。

▶**ボンベは風通しのよい屋外へ立てるんだ！**

　自然気化供給方式においては、ボンベに充てんされたLPガス液が気化するには蒸発潜熱を奪うのであり、この気化に必要な熱量はLPガス自体が保有する熱量と外気からボンベの壁体を通過する熱量であって、つまりボンベ周囲の空気の保有熱量がLPガス気化の主なエネルギー源なのです。ボンベのいわゆる容器バルブを開いてガス状のLPガスを消費すると、補充するため液体のLPガスが気化しますが、そのときボンベ周囲の風通しがきわめて悪く、外気からボンベ壁体を通過する熱量が不足すると、気化のために液体自体の保有する熱量を多く奪うことになって液体の温度は低下し、そのため気化能力が低下することになるのです。急激に多量のガスを消費する場合、ボンベの外壁に霜や氷が付着するのはこのためなのです。

　そしてボンベを立てて置く理由は、ボンベ内の液の自然気化のプロセスから、ボンベ上部にある容器バルブ部分を気相（気体）の状態にするためです。

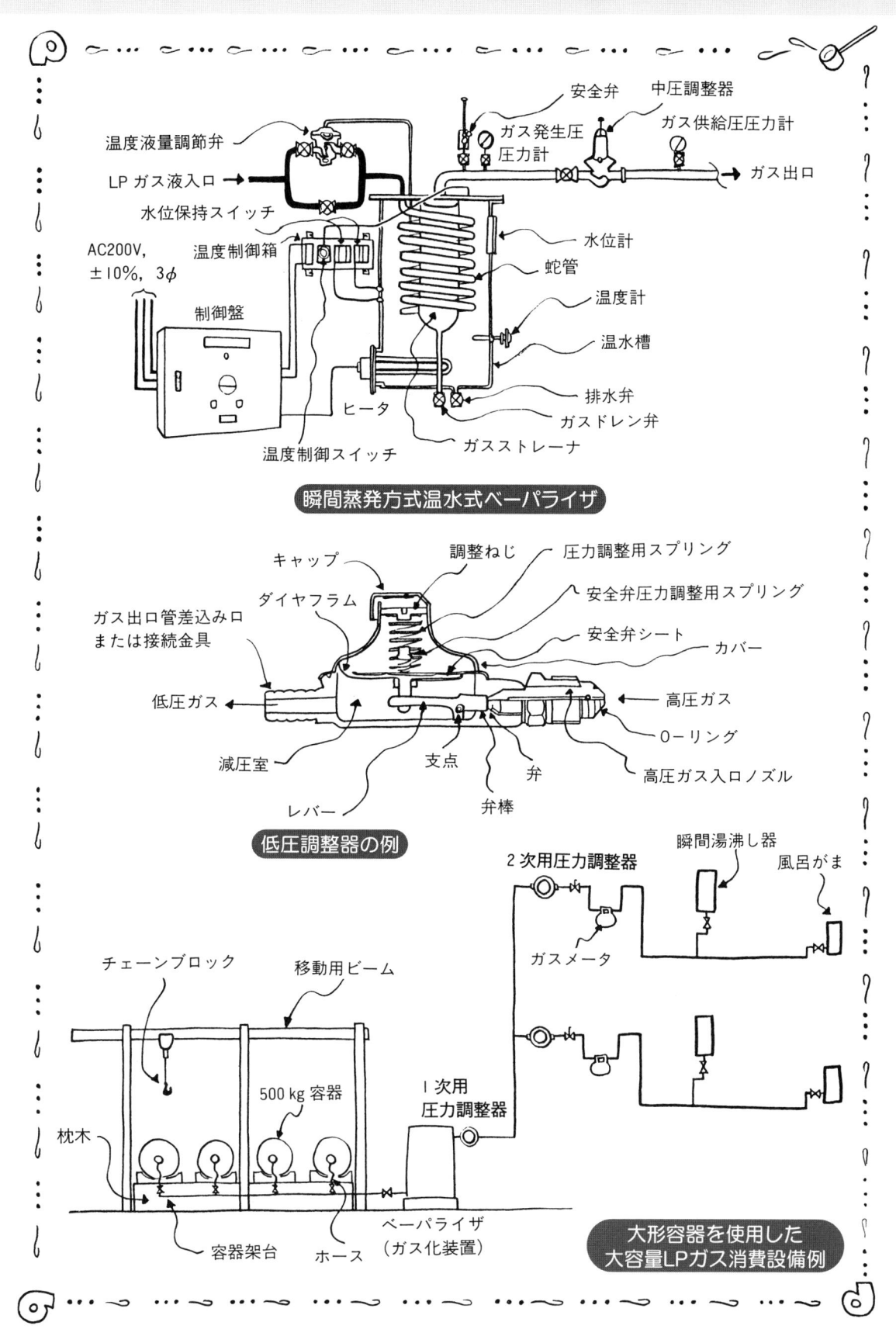

5・2 ガスは都市ガスと液化石油ガスがあるんだ！

瞬間蒸発方式温水式ベーパライザ

- 温度液量調節弁
- LPガス液入口
- 水位保持スイッチ
- AC200V, ±10%, 3φ
- 温度制御箱
- 制御盤
- ヒータ
- 温度制御スイッチ
- 安全弁
- 中圧調整器
- ガス発生圧圧力計
- ガス供給圧圧力計
- ガス出口
- 水位計
- 蛇管
- 温度計
- 温水槽
- 排水弁
- ガスドレン弁
- ガスストレーナ

低圧調整器の例

- キャップ
- 調整ねじ
- 圧力調整用スプリング
- ダイヤフラム
- 安全弁圧力調整用スプリング
- ガス出口管差込み口または接続金具
- 安全弁シート
- カバー
- 低圧ガス
- 高圧ガス
- 減圧室
- O-リング
- 支点
- 弁
- 高圧ガス入口ノズル
- レバー
- 弁棒

大形容器を使用した大容量LPガス消費設備例

- チェーンブロック
- 移動用ビーム
- 2次用圧力調整器
- 瞬間湯沸し器
- 風呂がま
- ガスメータ
- 500 kg 容器
- 1次用圧力調整器
- 枕木
- 容器架台
- ホース
- ベーパライザ（ガス化装置）

SI 単位ってなんのこと？

現在わが国では"メートル法"による単位を原則としています。メートル法は計量単位の国際統一をめざして、18世紀末にフランスが提唱した単位系であり、日本も昭和26年（1951年）からはメートル法に統一されました。

ところが、国際的に共通するはずのメートル系単位も、学問や工業分野で、それぞれ都合のよいように応用されてきたため、メートル法といっても種々の単位系ができてしまい、メートル法の範囲内でありながら、相容れない単位が多くなってきたのです。このため1960年に単位制度について世界的な事業として、メートル

量の名称	SI 単位		在来の単位（メートル系、ヤード・ポンド法などによる非 SI 単位）		SI 単位への換算率
	単位の名称	単位記号	単位の名称	単位記号	
長さ	マイクロメートル （※ SI 基本単位はメートル［m］）	μm	ミクロン	μ	$1\,\mu = 1\,\mu m = 0.000001$ m
回転速度・回転数	毎秒	s^{-1}	回毎秒	r/s（rps）	1 r/s $= 1\,s^{-1}$
			回毎分	r/min （rpm、min^{-1}）	1 r/min $= 0.01667\,s^{-1}$
			回毎時	r/h（rph、h^{-1}）	1 r/h $= (1/3,600)\,s^{-1}$
重量	ニュートン	N	ダイン	dyn	1 dyn $= 0.00001$ N
			重量キログラム	kgf	1 kgf $= 9.80665$ N
			重量トン	tf	1 tf $= 9,806.65$ N
			重量ポンド	lbf	1 lbf $= 4.44822$ N
圧力	パスカル ニュートン毎平方メートル （※ 1 Pa = 1 N/m²）	Pa N/m²	重量キログラム毎平方メートル	kgf/m²（kgw/m²）	1 kgf/m² $= 9.80665$ Pa
			重量キログラム毎平方センチメートル	kgf/cm² （kgw/cm²、kg/cm²）	1 kgf/cm² $= 98,066.5$ Pa
			水柱メートル （メータアクア）	mAq（mH₂O）	1 mAq $= 9,806.65$ Pa
			水柱ミリメートル （ミリメータアクア）	mmAq（mmH₂O）	1 mmAq $= 9.80665$ Pa
			水銀柱メートル	mHg	1 mHg $= 133.322$ Pa
			水銀柱ミリメートル	mmHg	1 mmHg $= 133.322$ Pa
			工学気圧	at	1 at $= 98,066.5$ Pa
			気圧（標準大気圧）	atm	1 atm $= 101,325$ Pa
			バール	bar（b）	1 bar $= 100,000$ Pa
			ミリバール（※バール、ミリバールは SI 併用単位）	mbar（mb）	1 mbar $= 100$ Pa
応力	パスカル ニュートン毎平方メートル （※ 1 Pa = 1 N/m²）	Pa N/m²	重量キログラム毎平方メートル	kgf/m²（kgw/m²）	1 kgf/m² $= 9.80665$ Pa
			重量キログラム毎平方ミリメートル	kg/mm² （kgw/mm²、kg/mm²）	1 kgf/mm² $= (9.80665 \times 10^6)$ Pa $\fallingdotseq 9.80665$ MPa ［メガパスカル］
			重量ポンド毎平方インチ	lbf/in²（pis）	1 lbf/in² $= 6.894757293$ kPa ［キロパスカル］
粘度	パスカル秒 ニュートン秒毎平方メートル （※ 1 Pa·s = 1 N·s/m²）	Pa·s N·s/m²	ポアズ	P	1 P $= 0.1$ Pa·s
			センチポアズ （ポアズ、センチポアズは SI 暫定併用単位）	cP	1 cP $= 0.001$ Pa·s
			重量キログラム秒毎平方メートル	kgf·s/m²	1 kgf·s/m² $= 9.80665$ Pa·s
			重量ポンド秒毎平方インチ	lbf·s/in²（reyn）	1 lbf·s/in² $= (6.894757293 \times 10^3)$ Pa·s $\fallingdotseq 6.895$ kPa·s

系への統一総仕上げともいうべき"国際単位系"（フランス語で Système International d'Unités、SI と略称）の採用が国際機関で決議されました。

これによりわが国も国際単位系、いわゆる SI 単位に移行すべく、平成 3 年（1991 年）に計量法が改正され、平成 4 年 4 月から施行されます。そして単位に応じて 3 年、5 年、7 年と段階的な猶予期間を経て、SI 単位の使用が義務づけられました。つまり、平成 11 年から、SI 単位の使用が完全に義務づけられることになりました。

量の名称	SI 単位		在来の単位（メートル系、ヤード・ポンド法などによる非 SI 単位）		SI 単位への換算率
	単位の名称	単位記号	単位の名称	単位記号	
動粘度	平方メートル毎秒	m^2/s	ストークス	St	1 St = 0.0001 m^2/s
			センチストークス（※ストークス、センチストークスは SI 暫定併用単位）	cSt	1 cSt = 0.000001 m^2/s
			平方フート毎秒	ft^2/s	1 ft^2/s = 0.0929 m^2/s
仕事率・工率・動力	ワット	W	重量キログラムメートル毎秒	kgf·m/s	1 kgf·m/s = 9.80665 W
			エルグ毎秒	erg/s	1 erg/s = 0.0000001 W
			仏馬力	PS	1 PS = 735.49875 W
			英馬力	HP（hp, HP）	1 HP = 745.69987 W
			フート重量ポンド毎秒	ft·1bf/s	1 ft·bf/s = 1.35582 W
熱力学温度	ケルビン	K			
セルシウス温度	セルシウス度（摂氏度）または度	℃	カ氏度	℉	1 ℉ = $\frac{5}{9}$(t − 32) ℃ 1 ℉ = $\frac{5}{9}$(t − 32) + 273.15 K
			ランキン度	°R	1 °R = $\frac{5}{9}$t − 273.15 ℃ 1 °R = $\frac{5}{9}$tK
温度差	ケルビン セルシウス度、度	K ℃	度	deg	1 deg = 1 K = 1 ℃
熱・熱量	ジュール ワット秒 （※ 1 J = 1 W·s）	J W·s	ワット時（※ SI 併用単位）	W·h	1 W·h = 3,600 J
			エルグ	erg	1 erg = 0.0000001 J
			重量キログラムメートル	kgf·m	1 kgf·m = 9.80655 J
			t 度カロリー カロリー	cal	1 cal = 4.18605 J
			キロカロリー	kcal	1 kcal = 4,186.05 J
			15 度カロリー	cal_{15}	1 cal_{15} = 4.1855 J
			I.T. カロリー	cal_{IT}	1 cal_{IT} = 4.1868 J
			熱化学カロリー	cal_{th}	1 cal_{th} = 4.184 J
			英熱量（ビーティユウ）	Btu	1 Btu = 1,055.06 J
熱流	ワット	W	I.T. カロリー毎時	cal_{IT}/h	1 cal_{IT}/h = 0.001163 W
			英熱量毎時	Btu/h	1 Btu/h = 0.293071 W
			日本冷凍トン	JRT	1 JRT = 3,860.47 W
			米国冷凍トン	USRT	1 USRT = 3,516.28 W
比熱	ジュール毎キログラム毎ケルビン ジュール毎キログラム毎度	J/(kg·K) J/(kg·℃)	カロリー毎キログラム毎度	cal/(kg·℃)	1 cal/(kg·℃) = 4.18605 J/(kg·K)
			I.T. カロリー毎グラム毎ケルビン	cal_{IT}(g·K)	1 cal_{IT}(g·K) = 4,186.8 J/(kg·K)
			熱化学カロリー毎グラム毎ケルビン	cal_{th}/(g·K)	1 cal_{th}/(g·K) = 4,184 J/(kg·K)

索引

●英数

BF式	176
BOD	124
COD	124
f.u.D.	128
FF式	176
FRP製	46
LPガス	186
Pa	32
pH	18
SEダクト	82
T（ティ）	40
TOC	124
TOD	124
T字管	40
Uダクト	82
Uトラップ	110
VP管	98
VU	98
2段減圧方式	188
2段調整方式	188

●あ行

青水	84
赤水	84
赤水防止剤	86
圧縮性流体	62
圧力	32
圧力給水方式	12
圧力計	32
圧力式バキュームブレーカ	114
圧力水槽	46
圧力水槽給水方式	12
圧力水頭	32
圧力タンク式給水方式	14
圧力調整器	188
圧力逃し弁	42
油だき温水ボイラ方式	64
油だきボイラ	76
あふれ縁	60
雨水	90
洗落し式洋風大便器	138
洗出し式和風大便器	140
アングル弁	42
安全弁	42
アンダカウンタ洗面器	132
案内羽根	52
往き管	68
行詰り	100, 102
行き止まり式配管方式	68

異形管	98
異種金属接触腐食	86
一管式配管方式	68
一穴式便所	140
一酸化炭素中毒	176
インキ試験	126
インバートます	118
インペラ	52
飲料水	18
飲料水の水質検査	20
飲料用の赤水防止剤	86
ウェア	106
ウォータハンマ	62
ウォータハンマ防止用逆止め弁	62
雨水系統	92
雨水槽	120
雨水ます	118
うずまきポンプ	52
上向き給水配管方式	36
上向き下向き混合配管方式	36
エアバッグ型ウォータハンマ防止器	62
エアロック	70
衛生器具	126
衛生器具設備	126
衛生設備	8
衛生陶器	126
液化石油ガス	186
液化石油ガス設備	172
液化石油ガスの設備	186
枝管	36
エルボ	40
塩化ビニル管	38
鉛管	38
遠心式ポンプ	52
塩素消毒	18, 24
塩素消毒剤	24
塩素注入機	24
塩素滅菌	24
塩素滅菌機	24
塩ビ管	38
大型湯沸器	82
オーバーカウンタ式洗面器	132
オーバーフロー管	46
オーバーフロー装置	132
屋外式ガス機器	176
屋外消火栓設備	34
屋外配管	98
屋外排水管	98

屋内ガス配管	183
屋内消火栓設備	34
屋内配管	98
屋内排水管	98
送り管	68
汚水	12, 90
汚水管	102
汚水系統	92
汚水槽	120
汚水ポンプ	52
汚水ます	118
乙種第4類危険物取扱者	76
汚物流し	134
温水缶	80
温水器	78
温水混合栓	44
温水式ベーパライザ	188
温水ヒータ	78
温水ボイラ	76
温度差電池腐食	86
温度調節弁	80

●か行

加圧式塩素注入機	24
会所ます	118
開放式ガス機器	176
開放式タンク	46
開放式便所	166
開放式膨張水槽	72
開放式水逃し装置	72
開放燃焼式ガス機器	176
回路通気管	114
回路通気方式	112
カウンタ洗面器	132
返り管	68
家屋トラップ	110
化学水栓	44
化学的な臭気軽減方法	154
架橋ポリエチレン管	38
過剰空気	178
ガス圧力調整器	174
ガス加熱器方式	64
ガスガバナ	174
ガス機器	176
ガス遮断装置	180
ガス瞬間湯沸器	82
ガスだきボイラ	76
ガス常圧貯蔵湯沸器	82
ガス爆発	180
ガス爆発事故	78
ガス漏れ警報装置	180
ガス湯沸器	82
ガス用ステンレス鋼フレキ	

シブル管	182
片締め	56
各個通気管	114
各個通気方式	112
合併処理方式	124
加熱器付き貯湯槽	80
ガバナ	174
壁掛小便器	156
壁掛ストール小便器	156
壁掛洗面器	132
カラン	44
管	38
管径	38
乾食	86
間接加熱給湯方式	64
間接加熱貯湯槽	80
間接加熱方式	64, 76
間接給湯方式	64
間接クロスコネクション	58
間接排水	46, 94
感知自動洗浄方式	162
感知フラッシュバルブ	162
貫通ピース	100
管継手	40
管トラップ	104
管フランジ	40
環流	100
気圧給水方式	12
機械換気法	178
機械式排水方式	120
気化器	188
器具	126
器具ガバナ	174
器具給水単位	128
器具給水負荷単位	128
器具給湯単位	128
器具使用時間	130
器具占有時間	130
器具単位法	128
器具通気管	114
器具同時使用率	128
器具トラップ	104
器具排水管	108
器具排水単位	128
器具排水負荷単位	128
気泡浴槽	168
逆勾配	100
逆サイホン作用	60
逆止め弁	42
逆流	60
キャップ	40
吸引作用	106
給水圧力	34

給水管	16, 36
給水器具	44, 126
給水設備	12
給水設備におけるバックフ	
ロー	60
給水栓	44
給水槽	46
給水装置	16
給水単位	128
給水タンク	30
給水配管	36
給水負荷	28
給水方式	12
給水ポンプ	52
給水量	28
吸着法	154
給湯使用温度	66
給湯設備	64
給湯配管	68
給湯用ボイラ	76
給排水衛生設備	8
給排水衛生設備技術規準	10
給排水設備基準	10
強制気化供給方式	186
強制給排気式	176
強制循環方式	68
共用給排気筒方式	82
共用通気管	114
局所給湯方式	64
局所式直接加熱給湯方式	64
曲率半径	102
金隠し	140
緊急ガス遮断弁	180
空気圧試験	116, 182
空気だまり	70
空調用ボイラ	76
鎖付きゴム排水栓	133
グリース阻集器	110
グローブ弁	42
クロス	40
クロスコネクション	58
黒水	84
径違い管継手	40
ゲージ圧力	32
ゲート弁	42
下水	90
下水ガス	104
下水道	90, 92
結合残留塩素	26
結合通気管	114
結露	74
煙試験	116
減圧蒸気	78
減圧弁付き高置水槽給水方	
式	14

嫌気性処理方式	124
検出端	162
建築基準法	10
建築設備における給水装置	16
建築物環境衛生管理技術者	20
建築物における衛生的環境	
の確保に関する法律	20
高圧ガバナ	174
高圧供給方式	172
高位発熱量	184
好気性処理方式	124
公共下水道	92
硬質塩化ビニル管	98
硬水	18
高置水槽	46
高置水槽給水方式	12
高置水槽の水面制御	50
硬度	18
勾配	100
合流式下水道	92
合流式公共下水道	91
小型貫流ボイラ	76
小型湯沸器	82
腰かけ式大便器	138
固定式水栓	44
固定シャワー	170
個別感知自動洗浄方式	162
個別給湯方式	64
コマ	44
コマ式水栓	44
コロージョン	86
混交配管	58
混合弁	44
●さ行	
サージング	54
差圧計	32
最高使用水頭圧	72
サイホン式トラップ	104
サイホン式洋風大便器	138
サイホンゼット式洋風大便	
器	138
サイホンボルテックス式洋	
風大便器	138
先止め式ガス瞬間湯沸器	82
差込み結合方式	40
差込み継手	40
差込み溶接式	40
雑排水	12, 90
雑排水管	102
雑排水系統	92
雑排水槽	120
雑用水	12
雑用水系統	12
雑用水道	12

酸化被膜	88
酸素欠乏空気	122
酸素欠乏症	122
酸素濃淡電池腐食	86
残留塩素	26
ジェットバス	168
時間給水負荷	28
時間最大給水量	28
時間最大予想給水量	28
時間平均給水量	28
時間平均予想給水量	28
敷地排水管	98
仕切り弁	42
自己サイホン作用による破	
封	106
自在水栓	44
死水	30
死水域	30
自然換気法	178
自然気化供給方式	186
自然給排気式	176
自然循環方式	68
下向き給水配管方式	36
実験用流し	134
実際空気量	178
湿食	86
実揚程	54
指定水道工事店	16
自動ガス遮断弁	180
自動空気抜き弁	71
自動サイホン式洗浄方式	160
自動サイホン装置	160
自動制御弁	42
自動フラッシュバルブ式洗	
浄方式	160
自動弁	42
し尿浄化槽	124
脂肪トラップ	110
湿り通気管	114
しゃがみ式大便器	140
蛇口	44
シャワー	170
シャワーカーテン	170
シャワー給水栓	170
シャワーヘッド	170
十字管	40
重力式排水方式	96
主管	36
受水槽	46
手動洗浄弁方式	158
手動フラッシュバルブ方式	
	158
需要家遮断弁	180
瞬間蒸発方式温水式ベーパ	
ライザ	188
循環ポンプ	52, 68

順勾配	100
瞬時給水負荷	28
瞬時最大給水量	28
瞬時最大予想給水量	28
浄化槽	120, 124
蒸気ボイラ	76
消臭法	154
上水	12
上水系統	12
使用水量	28
焦電センサ	162
焦電センサ感知自動洗浄方	
式	162
蒸発器	188
蒸発による破封	106
小便器	156
小便器の洗浄方式	158
小便器フラッシュバルブ	158
小便洗浄弁	158
白水	84
厨芥阻集器	110
シンク	134
真空	32
真空計	32
真空式温水ヒータ	78
真空蒸気	78
真空防止器	60
伸縮管継手	70
伸頂通気管	114
伸頂通気方式	112
真発熱量	184
水圧	32
水圧試験	116
水撃	62
水撃作用	62
水高計	32
水質管理	20
水質検査	20
水栓	44
吸出し作用	96, 106
水柱ゲージ	183
水中電動ポンプ	122
水中ブレードレスポンプ	122
水中ポンプ	122
水中モータポンプ	122
水頭	32
水頭圧	32
水道事業者	16
水道施設	16
水道水	12
水道水の水質基準	18
水道直結給水方式	12
水道法にいう給水装置	16
水道用鉛管	38
水道用硬質塩化ビニル管	38
水道用硬質塩化ビニルライ	

193

ニング鋼管	38	●た行		調整器	188	都市下水路	92
水道用ポリエチレン管	38	タービンポンプ	52	直接加熱給湯方式	64	吐水口空間	60, 94
水封	106	ターボポンプ	52	直接加熱式貯湯槽	80	止め弁	42
水面制御	48	第1種圧力容器	80	直接加熱方式	64	トラップ	104
スイング式逆止め弁	42	大気圧式バキュームブレー		直接給湯方式	64	トラップ着脱小便器	156
ステップアップ式給水方式	14	カ	144	直接クロスコネクション	58	トラップの自浄作用	104
ステンレス鋼	88	第3種換気法	82	直接排水	94	トラップます	118
ストール小便器	156	大小便切り替えハンドルレ		貯水槽	30, 46	ドラムトラップ	104
ストレージタンク	80	バー	150	貯水量	30	泥だめます	118
砂阻集器	110	大腸菌	22	直結増圧給水方式	12	ドロップます	118
スネークワイヤ	164	大腸菌群	18, 22	貯湯式ガス湯沸器	82		
スプリングリターン式逆止		第2種圧力容器	46	貯湯槽	80	●な行	
め弁	62	耐熱性硬質塩化ビニル管	70			軟水	18
スリーブ	100	耐熱性硬質塩化ビニルライ		通気枝管	114		
スルース弁	42	ニング鋼管	70	通気管	96, 112	二重トラップ	108
スロップシンク	134	大便器	138	通気管管末	112	ニップル	40
		大便器洗浄弁	144	通気設備	112	尿石	164
正圧	32	大便器洗浄弁方式	142	通気立て管	114		
整圧器	174	大便器ハイタンク方式	142	通気筒	112	ねじ込み結合方式	40
性能曲線	54	大便器ロータンク方式		通気ヘッダ	114	ねじ込み式管継手	40
生物化学的酸素要求量	124		142, 148	通気横管の勾配	112	寝浴槽	168
赤外線感知自動洗浄方式	162	第4種換気法	178	突合せ溶接式	40	燃焼	178
赤外線感知フラッシュバル		多機能便座	166	継手	40		
ブ	162	宅地排水管	98	造付けトラップ	104	逃し管	72
析出	164	多段ディフューザポンプ	52	吊りコマ式水栓	44	逃し通気管	114
セクショナルボイラ	76	立上り管	36			逃し弁	42, 72
節水形大便器	144	立下り管	36	手洗衛生水栓	44		
絶対圧力	32	立て管	36	手洗衛生フラッシュ弁	44	●は行	
設備階	128	立て水栓	44	手洗器	134	バイオグリーストラップ	110
設備スペース	128	玉形弁	42	手洗い付きロータンク	148	媒介継手	40, 70
セルフリミング式洗面器	132	ためます	118	手洗い無しロータンク	148	配管	36
栓	40	多目的トイレ	166	低圧ガバナ	74	配管シャフト	128
洗眼水栓	44	単管式配管方式	68	低圧供給+中圧供給方式	174	配管用ステンレス鋼管	70
センサ	162	タンクレギュレータ	80	低圧供給方式	172	配管用銅管	70
洗浄水栓方式	158	タンクレス加圧給水方式	12	低圧調整器	188	排水	90
洗浄弁	144	単段ディフューザポンプ	52	低位発熱量	184	排水受け	94
洗浄弁方式	142	単独処理方式	124	定水位弁	48	排水管	90
洗浄リム	156			ディップ	106	排水器具	126
洗濯場阻集器	110	チーズ	40	ディフューザポンプ	52	排水口空間	94
洗濯用流し	134	チェッキ弁	42	鉄分	22	排水口空間用金物	94
洗面器	132	地区ガバナ	174	電気加熱器方式	64	排水設備におけるバックフ	
洗面器用止水栓	132	中圧A供給方式	172	電極棒スイッチ方式	50	ロー	60
占有時間	130	中圧B供給方式	172	電磁弁	42	排水槽	120
専用ガバナ	174	中圧ガバナ	174	点食	88	排水立て管のオフセット	100
全揚程	54	中圧供給器具ガバナ+専用		点滴式塩素注入機	24	排水ためます	120
		ガバナ方式	174	電動弁	42	排水通気設備	96
掃除口	102	中圧供給器具ガバナ方式	174			排水トラップ	104
掃除流し	134	中圧供給専用ガバナ方式	174	等間隔自動洗浄方式	160	排水ピット	120
総発熱量	184	中圧供給方式	172	導管供給方式	186	排水ポンプ	122
ゾーニング	14	中圧調整器	188	同時使用率	128	排水ます	118
ゾーン	14	中央給湯方式	64	土管	98	排水用鉛管	98
ゾーン別給水方式	14	中央式間接加熱給湯方式	64	特殊トラップ	110	排水用硬質塩化ビニル管継	
ソケット	40	中継式給水方式	14	特殊排水	90	手	98
阻集器	110	中水道	12	特殊排水系統	92	排水用鋳鉄管	98
		鋳鉄ボイラ	76	特定建築物	20		
		調圧ポンプ式給水方式	14	都市ガス	184		
				都市ガス設備	172		

パイプシャフト	128	プラミングコード	10	マスキング法	154	横引管	36
背部通気方式	112	フランジ	40	マノメータ	32, 183	呼び径	38
バキュームブレーカ	60, 144	フレーム式洗面器	132	満管流	100, 106	呼び水	54
パスカル	32	フレキシブルワイヤ	164	マンホール	118	呼び水装置	54
バスタブ	168	ブローアウト式洋風大便器		水受け器	94		
バスルーム	168		138	水受け皿	94	●ら行	
裸配管	74	フロートスイッチ	50	水受け容器	126	ランドリートラップ	110
ハッカ試験	116	フロートスイッチ方式水面		水石けん供給器	132	ランニングトラップ	110
バックハンガ式洗面器	132	制御	50	水逃し装置	72	リップ	156
バックフロー	60	フロート弁	48	密閉式ガス機器	176	リフト式逆止め弁	42
バックフロー防止器	60	フロートレススイッチ方式		密閉式便所	166	流量計	36
発熱量	184	水面制御	50	密閉式膨張タンク	72	理論空気量	178
羽根車	52	プロパンガス	186	密閉式水逃し装置	72		
跳出し作用	96, 106	分岐管	36	密閉燃焼式ガス機器	176	ループ通気管	114
破封	106	分流式下水道	92	無圧式温水ヒータ	78	ループ通気方式	112
はめ込み洗面器	132	分流式公共下水道	91	無効トラップ	106	ルーフドレン	110
バルコニードレン	110					連成計	32
バルブ	42	ベーパライザ	188	メイントラップ	110	連立感知自動洗浄方式	162
ハンドシャワー	170	ベッセル式洗面器	132				
半密閉式ガス機器	176	ヘッド	32	毛管現象による破封	106	ロータンク	148
半密閉燃焼式ガス機器	176	べら管	98	毛髪阻集器	110	ロータンク内の貯水量	150
		ベルトラップ	104	元止め式ガス瞬間湯沸器	82	ロータンクの補助水管	150
非圧縮性	62	ベローズ型ウォータハンマ		戻り管	68	ロータンク方式	142, 148
非圧縮性流体	62	防止器	62	戻り止め弁	42	ろく屋根	110
引込み管ガス遮断弁	180	弁	42			露点	74
非サイホン式トラップ	104	便器	138	●や行		炉筒煙管ボイラ	76
非常用シャワー	170			有効水量	30		
比色法	26	ボイラ	76	有効封水深	106	●わ行	
ピッチング	86	ボイラ技士	76	湧水槽	120	和風大便器	140
ビデ	136	防湿工事	74	誘導サイホン作用	106	和風浴槽	168
ヒューズガス栓	180	防臭トラップ	104	誘導サイホン作用による破		和洋折衷浴槽	168
ビル管理法	20	防食管継手	70	封	106	わんトラップ	104
		防食ジョイントシート	88	遊離残留塩素	26	ワンピース洋風大便器	138
負圧	32	防食ペースト	88	床排水金物	108		
封水	106	防錆剤	86	床排水トラップ	108		
封水深	106	膨張管	72				
封水トラップ	104	防露工事	74	湯水混合栓	44		
フート弁	54	ボールタップ	48	ユニオン	40		
吹出し作用	106	保温	74	湯沸室	82		
複管式給湯配管方式	68	保温材	74				
複管式強制循環給湯配管方		ポップアップ式排水栓	133	溶化素地質	126		
式	68	ポリブデン管	38	揚水管	36		
複管式自然循環給湯配管方		ボリュートポンプ	52	揚水ポンプ	52		
式	68	保冷	74	溶接結合式管継手	40		
複式自動給水弁	48	ポンプ	52	溶接結合方式	40		
副受水槽	46	ポンプアップ	54	揚程	54		
不銹（錆）鋼	88	ポンプ効率	54	用途別使用温度	66		
腐食	86	ポンプ直送給水方式	12	洋風大便器	138		
腐食抑制剤	86	ポンプの口径	54	洋風バス	168		
ブタンエアガス	184	ポンプの性能曲線	54	洋風浴槽	168		
ブタンガス	184, 186	ポンプ揚程	54	ヨーク通気管	114		
プラグ	40			浴槽	168		
ブラケット式洗面器	132	●ま行		横水栓	44		
プラスタ阻集器	110	摩擦損失水頭	54	横走り管	36		
フラッシュバルブ	144	増し締め	56				
フラッシュバルブ方式	142	ます	118				
フラッシングリム	156						

初版へのあとがき

　給排水衛生設備の施工あるいは保全管理の業務に参入を希望される初心者の方々に、給排水衛生に関する技術をスムーズに理解していただければとの思いを込めて、イラストレーター石田芳子先生のご協力のもと、本書を執筆した次第ですが、初めて給排水衛生設備について学ばれる皆様方の学習書、参考書としてお役に立てたでしょうか。

　本書は肩が凝らないよう、初歩的なレベルの給排水衛生設備の技術を解説しましたので、なにか物足りない感は否めないと思いますが、この書で学んでいただいたことをバネにして、専門的な知識にチャレンジしてくださることを念願してやみません。

　斯界での飛躍の糧となる専門的な学習書、参考書は多種出版されており、これからの勉強のための書物の選択には少し戸惑われると思いますが、筆者が本書を執筆するに際して、参考にさせていただいた書籍をつぎに示しておきます。（順不同）

①日本建築センター編『建築設備検査資格者講習テキスト』〔上・下巻〕（日本建築センター）
②ビル管理教育センター編『ビルの環境衛生管理』〔上・下巻〕（ビル管理教育センター）
③大庭孝雄著『給排水設備の設計法』（学芸出版社）
④大庭孝雄著『建築設備の設計法』（学芸出版社）
⑤平田純一著『住宅三備心得帳』（学芸出版社）
⑥建築設備トラブル研究会著『衛生設備のトラブル50』（学芸出版社）
⑦渡辺要、柳町政之助、井上宇市共編『建築設備ハンドブック』（朝倉書店）
⑧配管工学研究会編『配管ハンドブック』（産業図書）
⑨空気調和・衛生工学会編『空気調和・衛生用語辞典』（オーム社）
⑩塩澤忠義著『絵ときビル設備管理実務用語早わかり』（オーム社）
⑪塩澤忠義著『新入社員のための実践ビル管理入門』（オーム社）
⑫新雅夫、泉忠之、太田守一共著『給排水設備一問一答』（明現社）
⑬新雅夫、泉忠之、太田守一共著『続給排水設備一問一答』（明現社）
⑭藤井文雄、神原吾市共著『図解Q＆A給排水設備』（井上書院）
⑮中井多喜雄著『ガスだきボイラーの実務』（日刊工業新聞社）
⑯中井多喜雄著『ボイラー技士のための自動制御読本』（明現社）
⑰中井多喜雄著『鋳鉄製ボイラと真空式温水ヒータ』（燃焼社）
⑱ボイラー用語研究会（中井多喜雄）編『図解ボイラー用語辞典』（日刊工業新聞社）
⑲配管用語研究会（中井多喜雄）編『図解配管用語辞典』（日刊工業新聞社）
⑳国際単位研究会（中井多喜雄）編『SI単位ポケットブック』（日刊工業新聞社）

　給排水衛生設備に関係する専門書は以上のほか多種ありますが、ご自分の希望職種やレベルに適したものを選択されるのが良いかと思います。

　そして、斯界で活躍されるには関係する法的な資格を必要不可欠とします。給排水衛生設備に関連するおもな法的資格はつぎのようなものです。建築設備士、管工事施工管理技士（1級、2級）、建築設備検査資格者、建築物環境衛生管理技術者、貯水槽清掃作業監督者など。

　いずれにいたしましても、本書をマスターされた後、斯界における専門家をめざしてチャレンジされることを祈っております。

　1992年11月

中井多喜雄

改訂版へのあとがき

　本書を執筆し出版していただいのは 1992 年 12 月で、既に 20 年を過ぎました。

　日進月歩の斯界ではこの間に次々と新しい技術・システムが開発され"隔世の感"があるのは否めません。

　そこで、新しく開発された技術・システム等について、田ノ畑好幸先生ご指導のもと加筆・アレンジをした改訂版を今回出版していただいた次第です。

　十分にご理解をえられないテーマ・用語があるかも知れませんが、このような場合はその箇所を読み直していただければと思っております。

　"読書百回意自ずと通ず"という諺もあります。

　いずれにしても、本書をバネにしてより高度なもろもろについて勉強していただければと思っております。

　2012 年 7 月

中井多喜雄

改訂版の参考文献

- 国土交通省大臣官房官庁営繕部設備・環境課監修、社団法人公共建築協会編集『建築設備設計基準　平成 21 年版』(財団法人全国建設研修センター)
- 『空気調和・衛生工学便覧』(空気調和・衛生工学会)
- 『SHASE-S　206-2009　給排水衛生設備規準・同解説』(空気調和・衛生工学会)
- 原子力安全保安院『ガス工作物技術基準・同解釈例の解説（4 次改訂版）』（日本ガス協会）
- 経済産業省原子力安全・保安院ガス安全課、全国消防長会監修『ガス機器の設置基準及び実務指針』（日本ガス機器検査協会）
- 山田信亮著『図解　給排水衛生設備の基礎』(ナツメ社)
- 山田浩幸監修『世界で一番やさしい建築設備』(エクスナレッジ)

● 改訂監修者

田ノ畑 好幸（たのはた よしゆき）

1979 年	株式会社竹中工務店入社
2003 年	同社大阪本店設計部設備部長
2007 年	同社大阪本店設備部設備部長
2010 年	同社大阪本店次長
2014 年	同社役員補佐
	スマートコミュニティ推進室　副室長（兼務）
	西日本設備統轄（兼務）
2015 年	同社執行役員
	スマートコミュニティ推進室　副室長
2018 年	同社常務執行役員
	エンジニアリング・設備担当
	スマートコミュニティ推進室　副室長
2021 年	同社専務執行役員
	設備領域・エンジニアリング総括担当
2023 年	同社取締役　執行役員副社長
	設備領域・エンジニアリング総括担当

〈おもな著書〉
共著に、『「地域開発と情報化」事典』（フジ・テクノシステム）
『改訂版　建築物の環境配慮技術の手引き』（大阪府・大阪府建築士事務所協会）
『図解　燃料電池のすべて』（工業調査会）
改訂監修に、『改訂版　イラストでわかる空調の技術』（学芸出版社）

● 著者

中井 多喜雄（なかい たきお）

1950 年	京都市立四条商業学校卒業
	垂井化学工業株式会社入社
1960 年	株式会社三菱銀行入社
現　在	技術評論家

〈おもな著書〉
『改訂版　イラストでわかる空調の技術』
『イラストでわかる防災・消防設備の技術』
『イラストでわかる建築電気・エレベータの技術』
『イラストでわかるビル清掃・防鼠防虫の技術』
『イラストでわかる空調設備のメンテナンス』
『イラストでわかる給排水・衛生設備のメンテナンス』
『イラストでわかる建築電気設備のメンテナンス』
『イラストでわかる消防設備士用語集』
『イラストでわかるインテリアコーディネータ用語集』
『イラストでわかる管工事用語集』
『イラストでわかる一級・二級建築士用語集』
『マンション管理士用語集』（以上、学芸出版社）
『図解空調技術用語辞典（編著）』（日刊工業新聞社）

〈法定資格〉
建築物環境衛生管理技術者／建築設備検査資格者／特級ボイラー技士／第1種冷凍保安責任者／甲種危険物取扱者

石田 芳子（いしだ よしこ）

1981 年	大阪市立工芸高校建築科卒業
	青柳構造設計に7年勤務
	二級建築士
現　在	石田（旧木村）アートオフィス主宰

〈おもな著書〉
『改訂版　イラストでわかる空調設備のメンテナンス』
『改訂版　イラストでわかる給排水・衛生設備のメンテナンス』
『改訂版　イラストでわかる空調の技術』
『改訂版　イラストでわかる消防設備の技術』
『第三版　イラストでわかる一級建築士用語集』
『改訂版　イラストでわかる二級建築士用語集』
『新版　イラストでわかるビル管理用語集』
『イラストでわかる建築電気・エレベータの技術』
『イラストでわかるビル清掃・防鼠防虫の技術』
『イラストでわかる建築電気設備のメンテナンス』
『イラストでわかる消防設備士用語集』
『イラストでわかる管工事用語集』（以上、学芸出版社）
他に、春乃すずなブログ小説「陽気な日曜日」のイラストを担当（ペンネーム：きむらのほうし）。同ブログに、漫画「ガスコーニュのつわものたち」を連載中。

改訂版　イラストでわかる給排水・衛生設備の技術

1992 年 12 月 10 日	第 1 版第 1 刷発行
2011 年 4 月 20 日	第 1 版第 20 刷発行
2012 年 8 月 1 日	改訂版第 1 刷発行
2025 年 3 月 20 日	改訂版第 5 刷発行

改訂監修者　田ノ畑好幸
著　　　者　中井多喜雄・石田芳子
発　行　者　井口夏実
発　行　所　株式会社　学芸出版社
　　　　　　京都市下京区木津屋橋通西洞院東入
　　　　　　〒600-8216　Tel 075-343-0811

装丁：KOTO DESIGN Inc.
印刷：創栄図書印刷／製本：新生製本

JCOPY〈(社)出版者著作権管理機構委託出版物〉
本書の無断複写（電子化を含む）は著作権法上での例外を除き禁じられています。複写される場合は、そのつど事前に、(社)出版者著作権管理機構（電話 03-5244-5088、FAX 03-5244-5089、e-mail: info@jcopy.or.jp）の許諾を得てください。
また本書を代行業者等の第三者に依頼してスキャンやデジタル化することは、たとえ個人や家庭内での利用でも著作権法違反です。

Ⓒ田ノ畑好幸・中井多喜雄・石田芳子、2012　　Printed in Japan
ISBN978-4-7615-3199-7

好評既刊

改訂版 イラストでわかる空調の技術
田ノ畑好幸 改訂監修　中井多喜雄 著　石田芳子 イラスト　B5判・216頁・定価 本体3000円+税

親しみやすい文章とイラストで、初心者にわかりやすいと大好評。空気調和設備のしくみと考え方を学ぶ一番やさしい入門書として、現場の技術者やメンテナンスの方に読み継がれてきたテキスト待望の改訂版。最新データや法規に準拠し、イラストも含めて改訂するとともに、耐震や環境に配慮した新しい設備についても加筆した。

改訂版 イラストでわかる消防設備の技術　B5判・208頁・定価 本体3000円+税
日本建築協会 企画　赤澤正治・岩田雅之・西博康 改訂監修　中井多喜雄 著　石田芳子 イラスト

建築物の高層化・複雑化に伴い、その重要性を増す消防設備。その技術の全てをわかりやすいイラストで解説し、ビル管理・設備・消防関係分野で幅広く読み継がれてきた『イラストでわかる防災・消防設備の技術』、待望の改訂版。最新の法令・データに準拠するとともに、現場での使いやすさのための項目配列の見直しを行った。

イラストでわかる建築電気エレベータの技術
中井多喜雄 著　木村芳子 イラスト　B5判・208頁・定価 本体3000円+税

建築物の高層化に伴い建築設備の重要性が顕著となってきた。特に空気設備や給排水設備などを含む建築設備のすべてが電気なしでは機能しない。この建築電気設備とエレベータ・エスカレータの技術について、初心者にわかりやすいよう、電気の基礎知識に重点をおいて解説した。わかりやすいと大好評のシリーズ第4弾！

改訂版 イラストでわかる給排水・衛生設備のメンテナンス（2色刷）
田中毅弘 改訂監修　中井多喜雄 著　石田芳子 イラスト　B5判・208頁・定価 本体3000円+税

ビルメンテナンスの現場で読み継がれる入門書、待望のリニューアル！最新データや法規にもしっかり対応。今更人には聞けない"水の設備"のキホンから、日々の管理の落とし穴、現場で役立つ点検のコツまで総ざらい。見やすくなった2色イラストで、水の通り道や器具の構造、重要語句も一目瞭然。時短でサクサク学びきろう！

改訂版 イラストでわかる空調設備のメンテナンス
田中毅弘 改訂監修　中井多喜雄 著　石田芳子 著　B5判・208頁・本体3000円+税

ビルメンテナンスの現場で読み継がれる入門書、待望のリニューアル！最新データや法規にもしっかり対応。今更人には聞けない"空調設備のキホン"から、日々の管理の落とし穴、現場で役立つ点検のコツまで総ざらい。見やすくなった2色イラストで、空気の通り道や器具の構造、重要語句も一目瞭然。時短でサクサク学びきろう！

新版 イラストでわかるビル管理用語集
田中毅弘 改訂監修　中井多喜雄・石田芳子 著　A5判・368頁・本体3200円+税

建築物環境衛生管理技術者(ビル管理技術者)の資格取得や実務に不可欠な約2000語を厳選し解説。軽妙な2色イラスト図解を豊富に盛り込み、受験生から実務初心者までの基礎知識習得を広くサポート。効率的にステップアップできるよう各種用語は3段階の重要度で示し、巻末の索引は用語辞典としても活用できるように工夫した。

イラストでわかる管工事用語集
中井多喜雄 著　石田芳子 イラスト　A5判・320頁・定価 本体3000円+税

配管工事の高度化、複雑化にともない、管工事施工技術者の技術の向上、技術力の確保は極めて重要である。本書は「二級管工事施工管理技士」資格試験の受験対応テキストとしても活用できるよう、見開き構成で、左頁に関連用語と解説を、右頁はイラストを用いてできる限りわかりやすくした。巻末には便利な2000語の索引を掲載。

イラストでわかる建築施工管理用語集
中井多喜雄 著　石田芳子 イラスト　A5判・336頁・定価 本体3000円+税

建築施工管理技士試験の受験に必要不可欠とする用語を関連分野ごとにまとめ、わかりやすく解説。2000余りにおよぶ用語には、すべてルビを付け、さらに、内容をよりやすく理解できるように見開き構成として、右ページにイラストや図表を配している。また、巻末の索引は、建築施工管理用語辞典として活用できるよう工夫した。

第三版 イラストでわかる一級建築士用語集
大西正宜 改訂監修　中井多喜雄・石田芳子 著　A5判・384頁・本体3200円+税

学科試験の項目ごとに重要な用語を厳選。用語の内容を正確に押さえ、見開きで一つのストーリーとして語ることで、項目内の用語を相互に関連させながら学べる平易で便利な用語集。一級建築士受験に必要不可欠な2000語を、温かいタッチのイラストをまじえて解説した。巻末索引の利用で、手軽な建築用語事典として現場でも役立つ。